普通高等院校"十四五"规划化学专业特色教材
普通高等院校化学信息学精品教材

化学信息检索与科技绘图

主　编　陈连清　严　军　宋娟娟
副主编　黄　涛　谭学才　段莉梅
编　者　李春涯　唐定国　李　覃
　　　　杜方凯　朱伟伟　吴叶宇
　　　　徐　玲　王丽辉　王　斌

华中科技大学出版社
http://press.hust.edu.cn
中国·武汉

内 容 简 介

本书共分为10章,在概述化学信息学、文献信息相关知识的基础上,详细介绍了图书、期刊、专利、其他文献、文摘数据库、引文数据库相对应的检索方法和资源,同时还介绍了Office软件在化学化工中的应用,以及文献检索与管理软件EndNote、化学绘图软件ChemOffice、科研绘图及数据处理软件Origin、图像处理与图形可视化软件Matlab、量子化学计算软件Gaussian、化工制图软件AutoCAD的功能与使用等内容。为了满足教学和实验操作的需要,每章配备了习题,附录给出部分答案,并提供了国内外化学化工文献的数据库名称和网址。

本书可作为化学化工、应用化学、生物制药、生物科学与生物工程、食品、环境、材料等专业的教科书,也可供从事化学化工等相关专业的工作人员参考。

图书在版编目(CIP)数据

化学信息检索与科技绘图/陈连清,严军,宋娟娟主编.—武汉:华中科技大学出版社,2023.5
ISBN 978-7-5680-9341-5

Ⅰ.①化… Ⅱ.①陈… ②严… ③宋… Ⅲ.①计算机应用-化学-信息检索 Ⅳ.①G254.97

中国国家版本馆 CIP 数据核字(2023)第 064610 号

化学信息检索与科技绘图　　　　　　　　　　　陈连清　严　军　宋娟娟　主编
Huaxue Xinxi Jiansuo yu Keji Huitu

策划编辑:	王汉江　傅　文
责任编辑:	王汉江
封面设计:	廖亚萍
责任监印:	周治超
出版发行:	华中科技大学出版社(中国•武汉)　电话:(027)81321913
	武汉市东湖新技术开发区华工科技园　邮编:430223
录　　排:	武汉楚海文化传播有限公司
印　　刷:	武汉开心印印刷有限公司
开　　本:	787mm×1092mm　1/16
印　　张:	16
字　　数:	417 千字
印　　次:	2023 年 5 月第 1 版第 1 次印刷
定　　价:	48.00 元

本书若有印装质量问题,请向出版社营销中心调换
全国免费服务热线:400-6679-118　竭诚为您服务
版权所有　侵权必究

PREFACE
前言

  化学信息检索和科技绘图是高等院校化学化工类本科生和研究生必须具备的一项基本能力,信息素质和论文写作能力的培养是文献检索与科技论文写作课程的教学目标。按照中国工程教育专业认证的毕业要求,学生应该能够在解决复杂工程问题的过程中,具有使用现代工具获取相关文献资料和信息的能力。目前,该课程的教学主要侧重于对学生进行信息知识和能力的教育,培养和提高学生的信息素质,对学生吸取新知识、改善知识结构、提高自学和研究能力都具有重要意义。

  为了培养学生具备计算机基础知识、将计算机知识应用到化学信息的查找等方面的基本技能,以及相关的上机训练知识和较强的文献查找能力,具有化学研究方面的科学思维和科学训练,为此我们编写了这本符合化学化工类人才培养目标的集基础知识与上机训练的教学用书。

  基于专业教育培养目标及教学时数等诸多方面不同,学生迫切需要更加简明、更具实际指导意义的教材,在他们对不同文献信息特点的认识、获取及利用上,特别是在他们完成毕业论文等重要学习过程以至于在未来的研究工作中,都需要得到有效的引领及指导。全书教学内容具有很强的应用性,学生可通过计算机上机活动达到理论联系实际的目的,同时培养学生进行创造性的学习,提高学生上机训练技能及分析问题和解决问题的能力。通过上网查询与上机作图,培养学生独立思考、创新能力及团队协作精神,使其初步具备独立上网查文献、利用软件画图的能力。学生通过系统学习,掌握科技文献检索和科技论文写作的方法,可以为今后从事生产和相关领域的科学研究与技术开发工作打下坚实的基础。

  本书的特色是结构清晰、由浅入深、循序渐进、简单实用,方便教师教学和学生阅读。本书共分为10章,在概述化学信息学、文献信息相关知识的基础上,详细介绍了图书、期刊、专利、其他文献、文摘数据库、引文数据库相对应的检索方法和资源,同时还介绍了Office软件在化学化工中的应用。不仅如此,本书还详细介绍了六大化学化工常用软件——文献检索与管理软件EndNote、化学绘图软件ChemOffice、科研绘图及数据处理软件 Origin、图像处理与图形可视化软件 Matlab、量子化学计算软件 Gaussian、工程制图软件 AutoCAD 的功能与使用方法。

本教材是基于化学化工及相关专业教学进行编写的，专业性及实用性强、适用范围广，可供化学、应用化学、化工、制药、生物科学与生物工程、食品、环境、材料、医药等相关专业的本科生或研究生学习使用，也可作为这些专业所开设的"化学信息学"课程的配套教材。此外，从事相关工作的科研技术人员也可选择本教材自学或做参考书使用。

参加本教材编写的人员及单位有：陈连清、黄涛、李春涯、唐定国、李覃（中南民族大学），严军、谭学才、杜方凯、朱伟伟、吴叶宇（广西民族大学），宋娟娟、段莉梅、徐玲、王丽辉、王斌（内蒙古民族大学）。感谢中南民族大学研究生院、教务处以及化学与材料科学学院的大力支持！中南民族大学研究生卢燕飞、雷金澌、刘欢、廖声强、段帅凯、李睿、梁骏雨和徐悦悦在书稿的文字校勘、插图处理等方面给予了大力协助，在此一并致谢！本书的出版获得了中南民族大学教材建设项目、应用化学国家一流本科专业建设点、教育部民族院校应用化学专业虚拟教研室和湖北名师工作室等资助。

计算机化学发展迅速，新的理论层出不穷，软件更新迭代快，而我们的知识水平有限，且时间紧迫，书中疏漏或不当之处在所难免，敬请读者批评指正。

编　者

2023 年 4 月

CONTENTS 目 录

第1章 化学信息学概论 (1)
  1.1 化学信息学的产生与发展 (1)
  1.2 化学信息学的结构和工作方式 (2)
    1.2.1 化学信息学的结构 (2)
    1.2.2 化学信息学的工作方式 (3)
  1.3 化学信息学涵盖的内容 (3)
  1.4 化学信息学的应用 (5)
  1.5 化学信息学的发展前景 (7)
  练习题 (8)

第2章 化学文献检索 (9)
  2.1 信息、知识、情报和文献 (9)
    2.1.1 文献的级别 (10)
    2.1.2 科技文献类型 (11)
    2.1.3 科技文献的出版形式及科技文献的特点 (14)
    2.1.4 信息检索概述 (15)
    2.1.5 文献检索工具 (17)
    2.1.6 科技文献检索的途径 (18)
  2.2 化学文献的检索方法 (19)
    2.2.1 常规法 (19)
    2.2.2 追溯法 (19)
    2.2.3 循环法(综合法) (20)
    2.2.4 基本检索步骤 (20)
  练习题 (20)

第3章　化学网络信息资源 (21)

3.1　Web of Science (21)
3.1.1　Web of Science 简介 (21)
3.1.2　Web of Science 主要功能 (22)

3.2　ACS (24)
3.2.1　ACS 简介 (24)
3.2.2　ACS 检索指南 (25)

3.3　Elsevier ScienceDirect (26)
3.3.1　Elsevier ScienceDirect 简介 (26)
3.3.2　数据库检索方法 (27)

3.4　CAS SciFinder^n (29)
3.4.1　CAS SciFinder^n 简介 (29)
3.4.2　CAS SciFinder^n 的特点 (30)
3.4.3　CAS SciFinder^n 的应用 (30)

3.5　常用国内数据库介绍 (32)
3.5.1　中国知网 (32)
3.5.2　万方数据库 (33)
3.5.3　维普数据库 (33)

练习题 (34)

第4章　Office 软件在化学化工中的应用 (35)

4.1　Word 在化学化工论文中的应用 (35)
4.1.1　基本操作 (35)
4.1.2　文档编辑 (37)
4.1.3　输入公式 (40)
4.1.4　表格使用 (44)
4.1.5　图片使用 (46)

4.2　Excel 在数据处理中的应用 (47)
4.2.1　工作簿与工作表的基本操作 (47)
4.2.2　Excel 图表功能在数据处理中的应用 (49)

4.3　PowerPoint 在化学化工中的应用 (52)
4.3.1　图片的处理 (52)
4.3.2　图片的裁剪及标记的添加 (54)
4.3.3　图片的排版 (55)

  练习题 ……………………………………………………………………………… (58)

第5章 EndNote——文献检索及管理 ………………………………………… (59)

5.1 EndNote 概述 ……………………………………………………………… (59)
  5.1.1 软件简介 ………………………………………………………… (59)
  5.1.2 软件优势 ………………………………………………………… (60)

5.2 EndNote X9 功能介绍及演示 …………………………………………… (60)
  5.2.1 EndNote X9 功能简介 …………………………………………… (60)
  5.2.2 EndNote X9 功能演示 …………………………………………… (61)

5.3 EndNote X9 入门使用方法 ……………………………………………… (64)
  5.3.1 EndNote X9 文献库的建立 ……………………………………… (64)
  5.3.2 文献管理功能 …………………………………………………… (68)
  5.3.3 文献的引用 ……………………………………………………… (69)

5.4 EndNote X9 使用进阶 …………………………………………………… (70)
  5.4.1 界面介绍 ………………………………………………………… (70)
  5.4.2 文献导入数据库 ………………………………………………… (71)
  5.4.3 文献管理 ………………………………………………………… (79)
  5.4.4 参考文献格式编排 ……………………………………………… (86)

  练习题 ……………………………………………………………………………… (94)

第6章 ChemOffice——化学绘图 ………………………………………………… (95)

6.1 ChemDraw 的使用 ………………………………………………………… (95)
  6.1.1 ChemDraw 的特点与使用技巧 ………………………………… (95)
  6.1.2 绘制化学结构式 ………………………………………………… (98)
  6.1.3 菜单栏常见功能的应用 ………………………………………… (100)

6.2 Chem3D 的使用 …………………………………………………………… (102)
  6.2.1 Chem3D 操作界面 ……………………………………………… (102)
  6.2.2 建立 3D 模型 …………………………………………………… (104)
  6.2.3 3D 与 2D 模型的相互切换 ……………………………………… (106)
  6.2.4 其他常用操作 …………………………………………………… (107)

  练习题 ……………………………………………………………………………… (110)

第7章 Origin——科研绘图及数据分析 ……………………………………… (111)

7.1 Origin 简介 ………………………………………………………………… (111)

7.2 Origin 使用入门 …………………………………………………………… (112)
  7.2.1 Origin 界面简介 ………………………………………………… (112)

  7.2.2 Origin 常用快捷键 …………………………………… (112)
  7.2.3 Origin 工作环境 …………………………………… (113)
  7.2.4 Origin 菜单栏介绍 …………………………………… (114)
 7.3 Origin 数据绘图 …………………………………… (115)
  7.3.1 新建工程 …………………………………… (115)
  7.3.2 数据导入 …………………………………… (115)
  7.3.3 数据绘图 …………………………………… (116)
  7.3.4 坐标轴的调整 …………………………………… (122)
  7.3.5 文字及图例说明 …………………………………… (125)
  7.3.6 页面设置及图层叠加 …………………………………… (126)
  7.3.7 绘制多层图形 …………………………………… (132)
  7.3.8 绘制三维图形 …………………………………… (133)
 7.4 曲线拟合 …………………………………… (134)
  7.4.1 线性拟合 …………………………………… (134)
  7.4.2 非线性拟合 …………………………………… (135)
  7.4.3 Origin 自定义公式拟合技巧 …………………………………… (137)
 练习题 …………………………………… (142)

第 8 章 Matlab——图像处理与图形可视化 …………………………………… (143)
 8.1 MATLAB 概述 …………………………………… (143)
  8.1.1 操作界面 …………………………………… (144)
  8.1.2 帮助环境 …………………………………… (146)
 8.2 数据分析 …………………………………… (148)
  8.2.1 插值 …………………………………… (148)
  8.2.2 线性拟合 …………………………………… (150)
  8.2.3 傅里叶分析 …………………………………… (155)
 8.3 数据图形可视化 …………………………………… (159)
  8.3.1 MATLAB 图形窗口 …………………………………… (159)
  8.3.2 二维图形的绘制 …………………………………… (160)
  8.3.3 三维图形的绘制 …………………………………… (163)
 练习题 …………………………………… (184)

第 9 章 Gaussian——量子化学计算 …………………………………… (185)
 9.1 量子化学计算基础 …………………………………… (185)
  9.1.1 概述 …………………………………… (185)

  9.1.2 主界面介绍 ……………………………………………………………… (186)
  9.1.3 G16 的初始化设置 ……………………………………………………… (187)
 9.2 G16 输入文件 ……………………………………………………………………… (188)
  9.2.1 输入说明 …………………………………………………………………… (188)
  9.2.2 用 GaussView 构建输入文件 …………………………………………… (189)
  9.2.3 批处理 ……………………………………………………………………… (196)
 9.3 运行作业 …………………………………………………………………………… (198)
 9.4 基组 ………………………………………………………………………………… (200)
  9.4.1 Pople 型基组 ……………………………………………………………… (200)
  9.4.2 第三周期以后的原子的基组 ……………………………………………… (202)
 9.5 Gaussian——量子化学计算常用计算方法 …………………………………… (202)
  9.5.1 几何优化 …………………………………………………………………… (202)
  9.5.2 频率分析 …………………………………………………………………… (204)
  9.5.3 单点能计算 ………………………………………………………………… (208)
 练习题 ……………………………………………………………………………………… (210)

第 10 章 AutoCAD——化工制图 …………………………………………………… (211)
 10.1 AutoCAD 的简介 ………………………………………………………………… (211)
  10.1.1 AutoCAD 的工作界面 ………………………………………………… (211)
  10.1.2 AutoCAD 帮助 …………………………………………………………… (213)
  10.1.3 文件的保存 ……………………………………………………………… (214)
 10.2 图形的绘制与修改 ……………………………………………………………… (215)
  10.2.1 图形的绘制 ……………………………………………………………… (215)
  10.2.2 图形的修改 ……………………………………………………………… (219)
 10.3 图形的标注和布局 ……………………………………………………………… (225)
  10.3.1 线性标注 ………………………………………………………………… (225)
  10.3.2 坐标标注 ………………………………………………………………… (225)
  10.3.3 连续标注 ………………………………………………………………… (226)
  10.3.4 基线标注 ………………………………………………………………… (226)
  10.3.5 角度标注 ………………………………………………………………… (227)
  10.3.6 创建标注样式 …………………………………………………………… (227)
  10.3.7 创建和管理布局 ………………………………………………………… (229)
 10.4 化工中的 AutoCAD ……………………………………………………………… (230)
  10.4.1 化工设备图 ……………………………………………………………… (230)

  10.4.2　化工流程图 …………………………………………………………（231）
  10.4.3　图纸规格 ……………………………………………………………（232）
  10.4.4　管道仪表流程图表示方法 …………………………………………（233）
  10.4.5　阀门、管件和管道附件的表示方法 ………………………………（233）
  10.4.6　仪表控制点的表示方法 ……………………………………………（234）
 练习题 ……………………………………………………………………………（234）
附录A　国内外化学化工文献数据库名称及网址 ………………………………（235）
附录B　参考答案 …………………………………………………………………（240）
参考文献 ……………………………………………………………………………（243）

第1章

化学信息学概论

自从化学学科出现以来，信息的记载、组织与交流对化学学科的发展起了重要的作用，同时成为化学学科中重要的一个部分。化学信息学是一门涉及化学、化工与信息科学、计算机科学的交叉学科，从诞生到不断的发展历程中得到了更广泛的应用。从广义上来说，化学信息学是利用计算机存储能力强、计算速度快等优点来处理化学信息；从狭义上来说，化学信息学最早是用来研究药物分子设计的一种手段，主要是用来处理分子结构等相关分子体系。化学信息学涵盖的内容丰富，研究的方向多样，应用的领域广泛。本章主要对化学信息学的产生、发展、内容、应用及发展前景几个方面进行阐述。

1.1 化学信息学的产生与发展

从20世纪60年代以来，计算机与化学便结合起来形成了计算机化学，近几十年以来，计算机化学逐步渗入化学的各个领域。21世纪以来，互联网飞速发展，计算机成为获得大量信息的载体，形成了许多关于化学领域的网站，例如化学信息网站和化学信息数据库等，为化学工作者提供了很大的便利。随着化学学科的迅速发展，化学信息量也迅猛增长，使得化学信息的组织、管理及处理等方面都面临巨大的挑战。目前，计算机及网络技术向智能化、网络化方向发展，能够应用计算机技术解决的化学问题也愈来愈多，化学工作者通过计算机可以获得大量物质的分子结构等重要的信息，并且这些信息较从前的也更为精确。随着计算机技术在化学领域的各种数据分析、数学模型构建和信息查询中发挥越来越多的作用，逐渐形成了一门既不同于化学学科又区别于信息学范畴的化学信息学科。

"化学信息学"一词最早出现于1990年诺贝尔化学奖得主法国化学家列恩（J. M. Lehn）的报告中。1987年，列恩在实验研究中发现分子可以进行自识别和自组织，表示在识别的过程中有信息的传递、鉴别和响应过程，从此对化学信息学的研究便开始了。2000

年,Wendy A. Warr 博士在一次会议上做了关于"化学信息学的定义"的报告,从此成为化学信息学发展的又一个高潮。自从化学信息学这门学科产生以来,直到今天学术界关于化学信息学的定义仍有许多的争论,有不少学者关于化学信息学的定义给出了自己的见解。国际上最早开设化学信息学科的是美国的印第安纳大学,重在培养化学信息学研究生,当时有些学者认为"从图书馆里收集、组织化学信息到计算机用于化学信息的查询、存储即为化学信息学"。再到 1998 年,Frank Brown 重新定义了化学信息学,他认为化学信息学是将各种化学信息源数据组合为信息,再将信息提升为知识,这种定义主要在药物化学上得到了肯定。实际上,化学信息学在许多领域都得到体现。之后,Greg Paris 将化学信息学的定义一般化,包括化学信息的设计、建立、组织、管理、检索、分析、判别、可视化及使用。国内学者也定义了化学信息学,他们认为:化学信息学是近几年发展起来的一个新型分支,它利用计算机技术和网络技术对化学信息进行存储、模拟、管理,实现化学信息学的提取、使用与共享。这一定义揭示了化学信息的内在实质与内在联系,促进了化学学科的创新。从目前化学信息学的发展状况来看,似乎国内学者对化学信息学的定义更为详尽。早期的关于这一领域仅仅涉及计算机技术的数据存储等一些应用层次,如今许多对于计算机与分析仪器接口的研究,相关化学类应用软件程序包的开发,譬如 Origin 和 ChemOffice 等,化学物质结构数据库的开发与查询使计算机技术与化学更深层次地结合在一起。

1.2 化学信息学的结构和工作方式

1.2.1 化学信息学的结构

化学信息主要分为化学物质的化学信息和媒体形式的化学信息。前者是指物质的物理、化学性质,还包括物质的定性、定量分析及结构分析,后者主要是指与传媒有关的信息(文献、音像资料及网络信息等)。化学信息学从产生到发展至今,形成了自己的结构特点。化学信息学实际上主要是由三个层次构成,即信息核心层、信息处理层和信息表示层,三者的关系如图 1-1 所示。

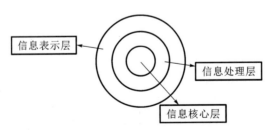

图 1-1 化学信息学的结构示意图

我们通过做实验得到的一些实验数据和实验所需的外界条件都属于信息核心层;信

息处理层指的是对得到的数据进行二次开发利用的计算方法的组成;最外层是信息表示层,是指根据信息核心层的数据选择合适的方法将化学信息表达出来,例如应用计算机图片、音频、动画等多媒体表示手段。信息核心层是三个层次中最重要的部分,它决定着信息处理层与信息表示层,同时两个外层也影响着信息核心层。计算机信息科学技术及仪器设备本身存在某些特点,因此对信息核心层中的化学信息必须严格按照某些特定的要求组织,并进行编排。

1.2.2 化学信息学的工作方式

化学信息通过"信息采集接口"这个桥梁从化学实践中获得原始信息,这些信息被接口处理后便以数字的形式存储到信息核心层,通过信息处理层与信息表示层更直观地展示出来,为化学工作者使用。化学工作者获得处理过的信息后可以更好地进行化学研究与科研,再次得到新的原始化学信息,并且是以数字化的形式呈现出来。化学信息学的工作方式如图1-2所示。

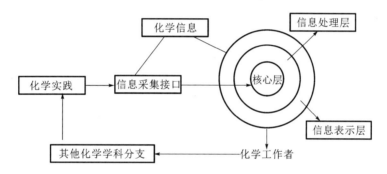

图 1-2　化学信息学的工作方式

化学信息学这种工作方式的特点是:化学工作者的研究工具是一些可以对原始数据进行二次开发利用的计算方法,其研究的对象是数字化的化学信息。从事化学研究的人们一方面可以研究存储在计算机硬盘里的原始数据,通过对这些数据的规律和特点的研究,来获得所需要的信息;另一方面,由于计算机本身的特点,有些研究方法并不是很准确,科研工作者可根据实际来完善研究方法,不断改进和开发新的研究手段,得到更加准确的原始化学数据,为以后更加深层次地进行科学研究奠定基础。化学信息工作方式中的任何一个环节都缺一不可,需要每一部分的协同合作,整个工作流程方可顺利进行。

1.3　化学信息学涵盖的内容

化学信息学包含的内容十分丰富,主要涵盖的内容有:①分子结构的表示方法;②化学反应的表示方法;③化学信息的处理与加工;④对所研究物质分子的物理与化学性质的预测;⑤利用计算机技术对化学信息进行传递、交流和共享;⑥数据库的建立;⑦利用计算机进行建模,例如分子模拟、波谱模拟;⑧在化学实践中的应用。随着计算机技术的快速发展,化学信息学所研究的领域更加广泛,涵盖的内容也随之扩大,总的研究方向可以划分为四大部分:化学信息的产生和获取;化学信息的表达、存储与管理;化学信息的加工、处理和化学信息的深化。每一个研究方向的内容主要有以下几个方面。

1. 化合物登记

化合物登记(Compound Registration)指的是记录化合物的相关信息,将每一个化合物的结构及相关参数,如相关光谱数据(如 MS、NMR)、纯度数据、各种生物活性测定数据、光降解数据和电性能数据等存储在数据库中,使用时便可以直接在相关数据库中检索调用。

2. 构效关系

应用相应的化学软件建立各种化合物的构效模型,其间使用了许多化学计量方法,并且使用各种检验方法(交叉实验等)来检验所得到的模型是否合适,从而研究物质的分子结构与其生物活性之间的相关性,即构效关系(Structure-Activity Relationship,SAR)。定量构效关系(Quantitative Structure-Activity Relationship,QSAR)是在构效关系的基础上,结合物理化学中常用的经验方程的数学方法出现的,最早可以实现的定量构效关系是美国波莫纳学院的 Hansch 在 1964 年提出的 Hansch 方程,Hansch 模型揭示了经典 QSAR 研究的新篇章。传统的 QSAR 是用简单的数值来度量相似性的,而化学结构之间的相似性是很复杂的,往往仅用简单的数值是无法度量的,只有在一个正确有效的描述空间内才有可能客观地度量分子之间的相似性和差异性,从而进行有目的的筛选,并得到一个理想的目标分子库。

3. 虚拟数据库组装技术

虚拟数据库组装技术(Virtual Database Assembly Technology)是指通过各种计算化学方法组合各种基元化学分子结构和片段,虚拟合成众多的候选化合物,然后在这样一个虚拟化合物库中筛选目标化合物分子。上述过程需要进行计算库设计,一个有效的计算库对于化合物分子的设计起到很大的作用,计算库设计中最常用也是最重要的是遗传算法(Genetic Algorithm),它是一种通过模拟自然进化过程搜索最优解的方法,在求一些相对复杂的组合优化问题时,通常能够更快、更好地接近目标。库的设计还需要有效的化合物虚拟合成技术,包括片段标记(Fragment Marking)和合成反应模拟技术,除此以外,杂交系统(Hybrid System)也被用来进行库的设计。通过这些方法进行模型计算可以得到化合物的物理化学性质,如吸附性、疏水性等。

4. 数据库挖掘技术

顾名思义,数据库挖掘(Database Mining)技术指的是从大量的候选化合物中找出所需要的化合物分子。一般是通过分子结构、2D 和 3D 相似性度量来进行搜索的,挖掘技术的好坏取决于我们对目标分子的认识,包括对分子的三维结构和化学特性的认识与掌握等。同时,能否在数据库中找到我们想要的目标化合物与挖掘工具也有很大的关系。若使用的挖掘工具计算速度快,准确度高,那么就能很精准地达到预期的效果。

5. 统计方法和技术

统计方法有主成分分析(PCA)和因子分析(FA),主成分分析指的是将多个变量通过线性变换以选出少量重要变量的一种多元统计分析方法,因子分析可在许多变量中找出隐藏的具有代表性的因子。通过这两种分析法可以达到减维的目的,从而更有效、更简单地表述分子信息,并且降低计算过程的复杂程度。

6. 大型数据的可视化表达

在化学信息学这门学科中需要进行表达的分子的构效模型数以万计,要使数据更清晰地表示出来,我们可以采用一些更直观的方式来表达这些数据,例如我们在用化学软件做一个化合物的结构时,可以用不同的颜色来表示不同的原子,或者在模拟一个化学反应的过程中可以采用动画的形式呈现出来,除此之外还有图表、音频等方式,然后用计算机自动地进行数据的筛选和表达,更有利于分析。

1.4 化学信息学的应用

现代科学的最新发展使得各学科所面对的化学物质体系变得越来越复杂,要研究的任务也越来越重,例如有定性定量问题、通过数据发现规律问题、大型的数据库的管理与维护问题。因此,这门以化学计量学(Stoichiometry)和计算化学(Computational Chemistry)为基础的新型学科便出现了。化学信息学的应用领域涉及化学、化工、药物设计、材料科学等多个领域,主要应用在以下几个方面。

1. 化合物的分子结构绘制

一般来说,化学信息存在于化学与计算机的结合之中,化学工作者们在研究化合物时,需要对分子结构有清晰的认识,会用到制图软件 ChemDraw、ChemSketch 等,通过这些软件可以制作一些二维或三维结构,在一个化合物的三维结构中,我们可以提取大量的信息,如相对距离、原子序数、电子概率云的形状等。将这些化学结构存储在计算机里,并采用不同的格式使化学结构能够在不同的软件中相互交换数据,为化学工作者更深入地探究分子结构与性能的关系提供支持。

2. 化学数据库设计与开发

化学数据库的设计、开发、维护与更新是化学信息学中很重要的一部分。中文学术论文资源数据库有中国知网、万方数据知识服务平台及维普网等,外文学术论文资源数据库有 Web of Science、美国化学会(ACS)全文期刊数据库、英国皇家学会(RSC)、SpringerLink 等数据库。许多化学信息都被存储在计算机程序中,Beilstein 数据库是一个收集有机化合物资料的化学数据库,早在 18 世纪 70 年代时就收集了超过 700 万种有机化合物的相关信息。我们可以在数据库中查询物质的物理化学性质,包括核磁、红外等光谱数据。

3. 化学反应体系模拟

在化学研究中往往要进行一系列的化学反应,在不确定一个化学反应进行的方向时,需要对化学反应体系进行模拟预测,以求得到一个更好、更准确的目标产物。目前,在国外已经有一个系统叫 EROS(Elaboration of Reactions for Organic Synthesis),该系统不仅可以对两种反应物结果进行预测,还可以对反应物的选取提供建议,在实际实验与工业生产中可以使反应达到最高效率。

4. 计算机辅助波谱解析

分析化学在化学学科中的发展十分迅速,也越来越依赖于现代分析仪器,分析方法如质谱法、核磁共振波谱法、红外光谱法等能够对物质进行定性及定量分析,把谱图解析成可识别的信息。关于计算机辅助谱图解析的方法可以粗略地分为两类:直接谱图库手段,即谱图库检索;间接谱图库手段,包括波谱模拟、模式识别和人工智能。DENDRAL 是世界上第一例成功的专家系统,于 1965 年在美国斯坦福大学开始研制,1968 年研发成功。该系统工作用的原始数据是该物质的质谱数据,科学家根据自己的经验知识,对可能的分子结构形成约束,再根据一些算法给出一个或几个可能的化合物结构,最后,化学家通过对质谱数据分析,再对这些可能的化合物结构进行检测、排除,得到分子结构图。ESESOC 是一种能够用于多种复杂原子的有机化合物结构自动解析专家系统,它可以通过光谱数据(IR、MS 和 ^{13}C-NMR)及其他的化学信息推衍出与已知信息相符的候选化合物结构。

5. 化合物结构与活性关系预测

结构与活性的关系又可称为构效关系,是指外来化合物的分子结构与其生物活性的关系,其中生物活性包括药理作用与毒性作用等。由个体、定性发展到一般的定量构效关系 QSAR 是通过对一系列结构相似的药物分子进行分析,找出化合物性质与生物活性的关系,再预测具有药效的分子的结构与性质。目前 QSAR 已由二维定量构效关系发展到如今的三维定量构效关系(3D-QSAR),相较于二维定量构效关系,三维定量构效关系有更加明确的物理意义和更丰富的信息量。正因如此,自 20 世纪 80 年代以来,二维定量构效关系被三维定量构效关系逐渐取代,成为药物分子设计的最主要方法之一。QSAR 研究的对象主要是有机小分子,也就是对接中的药物配体分子。而研究生物大分子即药物受体分子,由于其结构非常复杂,用 QSPR/QSAR 方法很难解决我们的化学问题,所以在现实应用过程中,可以通过解量子化学方程式即薛定谔方程来求解,但是在解决生物大分子问题时需要用到量子化学拓扑法。

6. 实验室信息管理系统

实验室管理指的是管理与实验室有关的人、物、事、信息和经费等,因而实验室的管理包括实验室人力资源管理、质量管理、仪器设备与试剂管理、环境管理、安全管理等。实验室信息管理系统(Laboratory Information Management System,LIMS)是以数据库为核心的信息化技术与实验室管理需求相结合的信息化管理工具。该系统以《检测和校准实验室能力的通用要求》(ISO/IEC 17025:2005)为基础而建立,与网络化技术结合,可以用更合理的方式对实验室的业务流程、资源及行政进行管理。该系统的使用不仅降低了实验室的运行成本,提高了检测效率,同时也减少了实验室许多在实际操作中可能存在的问题。经过许多年的发展,LIMS 不仅仅存在于国外,国内的许多实验室都引入了LIMS,并且也在不断地进行改进和完善。实验室信息管理系统的具体作用是提高样品测试效率,提高分析结果可靠性,提高对复杂分析问题的处理能力,以及协调实验室各类资源。

1.5 化学信息学的发展前景

随着计算机网络的发展,信息时代也随之而来,化学信息的相关数据越来越多,且愈加复杂,如何对这些信息进行分析、分类和管理也成了一个巨大的挑战,而化学信息学的出现便解决了这个问题。化学信息学是建立在多学科之上的一门新型学科,与计算机网络技术结合,可以对化学信息进行表示、分析、模拟、管理和传播。化学信息学的发展必须依赖于各个学科的工作人员的共同努力,在进行化学研究中,往往要研究一个反应体系的进程,是否能得到目标产物,以及目标产物的结构与性能的关系等。我们可以利用化学信息学的知识,对反应体系进行模拟,建立数据库,通过计算机科学技术与计算机网络技术预测目标产物或所分析的化合物的分子结构,进而获得化合物结构与性能的关系。同时,化学工作者根据在实际操作中的情况可以开发相关的软件,为之后更加深入的进行化学研究提供更丰富的研究手段。

化学信息学在药物研究中的应用十分广泛,可以用来预测和筛选药效团分子,例如化学信息学在农药领域中发挥很大的作用,利用计算机软件评估化合物是否能成为候选化合物,此过程称为虚拟筛选。虚拟筛选方法主要有基于配体和基于受体的两种方法。基于受体的虚拟筛选从靶蛋白的三维结构出发,研究靶蛋白位点与小分子结合的方式,通过相关的函数来评价蛋白与分子的结合能力,然后筛选出比较合理的化合物。基于配体的虚拟筛选一般是利用已知活性的小分子化合物,根据化合物的形状相似性或药效团模型在化合物数据库中搜索能够与它匹配的化学分子结构,最后对这些挑选出来的化合物进行实验筛选研究。由于受环境和药物作用机理的影响,目前在农药设计阶段主要采用的是基于配体的虚拟筛选方法。同时,化学信息学在中药研究中也得到了应用:建立传统中药材信息和成分化合物信息为一体的中药材信息管理系统;通过研究化合物的结构,探讨其性质,揭示中药材在治疗疾病中的起效的原因,有助于研究者们发现中药材治理疾病的机理。从目前化学信息学在药物设计领域的发展情况来看,该学科与药物设计的联系将会更加紧密,利用化学信息学的技术,对药效团分子及先导化合物进行预测和筛选仍然是该类研究的重点。数据挖掘和知识发现是化学信息学的核心内容,对于大量的医药研究数据,如何从中挖掘出最有用的信息,是对化学信息学的巨大挑战。

化学信息学从诞生至今,体现了现代科学研究并不是独立发展的而是倾向于向各分支共同发展的大趋势,是顺应时代潮流而逐渐发展起来的一门新型交叉学科。随着各学科和计算机网络技术的发展,我们可以看到并始终坚信:未来,通过各个学科领域研究人员的共同努力与坚持,化学信息学这门应时代而生的学科一定可以更好地持续发展下去。

练 习 题

1. 信息资源按照其载体形式可以分为哪几种?
2. 信息素质的内涵包括哪三种?
3. 什么是化学信息学?
4. 化学信息学这门学科应用于哪些方面?

第 2 章

化学文献检索

在工作、学习和日常生活中文献检索的需求非常广泛,尤其在科研工作中,文献检索是必不可少的环节。文献检索贯穿于科研的全过程,包括科研立项前的选题论证、科研的进行、科研完成后的成果交流及后续研究。文献检索的目的是找到能够为科研提供参考价值高和强有力支撑的正确信息。文献检索其实就是让我们站在"巨人"的肩膀上,避免走弯路,帮我们节约大量的时间和经费。

2.1 信息、知识、情报和文献

当今是一个信息时代,信息对经济和社会的发展、科技文化的进步都起着重要的作用。谁掌握了最新信息,谁就掌握了主动权。而信息在日常生活中是随处可见的,知识、情报和文献这些都属于信息的范畴。

1. 信息

从字面上理解,信即信号,息即消息,通过信号带来消息就是信息。信息具有差异和传递两个要素。没有差异不是信息,如两端加相同电压的导线没有电流通过,即不产生信息;同样,即使有差异但不经过传递,也不形成信息。从本质上理解,信息是物质存在的反映,不同的物质各自发出不同的信息,根据发生源的不同,一般可分为四大类,分别是自然信息、生物信息、机器信息和人类信息。我们这门课中讲到的"信息"一词属于"人类信息"的范畴,信息本身是看不见、摸不着的,它必须依附于一定的物质形式,即载体,比如文字、文献、声波、电磁波等。

2. 知识

提到知识,大家首先想到的可能是"知识就是力量",为什么呢?知识是人们在社会实践中积累起来的经验,是对客观世界物质形态和运动规律的认识。人们在社会实践中不断接收客观事物发出的信号,经过人脑的思维加工,进而逐步认识客观事物的本质,这是一个由表及里、由浅入深、由感性到理性的认识过程。所以,知识来源于信息,是通过信息传递,并对信息进行加工的结果。由此可以看出,知识是信息的一部分。

3. 情报

情报是被传递的知识,它是针对一定对象的需要进行传递的,在生产实践和科学研究中起继承、借鉴或参考的作用。情报是知识的一部分,即被传递的部分。知识要转化为情报,必须经过传递并为使用者所接收,从而发挥其使用价值。

4. 文献

文献是记录有用知识的一种载体,凡是用文字、图形符号、音频视频记录下来,具有储存和传递指示功能的一切载体都称为文献。

信息、知识、情报和文献之间的关系可以用图 2-1 来表示,从图中可以更直观地了解四者之间的关系。

近年来,随着信息技术的飞速发展,电子出版物大量涌现,使文献、情报、信息这三者之间趋向同一,逐渐淡化了三者在概念上的差别,尤其在国际交往中情报与信息是同一概念,即 Information,所以目前在国内科技界已倾向于用"信息"一词代替"情报"。

图 2-1 信息、知识、情报、文献的关系

2.1.1 文献的级别

文献根据其内容、性质和加工情况,可以分为一次文献、二次文献、三次文献和零次文献。

1. 一次文献

一次文献即原始文献,是文献作者在科学研究、生产实践中根据科研成果、发明创造撰写的文献,如期刊论文、专利文献、技术标准、科技报告等。确定一篇文献是否为一次文献,只是根据文献的内容,而不是根据其形式。如在科技期刊上发表的论文,有可能是三次文献。一次文献在整个文献系统中是数量最大、种类最多、使用最广、影响最大的文献,同时一次文献也是文献的主体,是最基本的情报源,是文献检索最终查找的对象。

2. 二次文献

二次文献即检索工具。将分散、无序的一次文献,按照一定的原则进行加工、整理、简化、组织,如著录(即记录)文献的外部特征、摘录内容要点等,使之成为便于存储、检索的系统,如目录、题录、文摘、索引等检索工具。二次文献是查找一次文献的线索,通常是先有一次文献后有二次文献。但由于文献的数量太多,有些出版物在发表原文前,首先

发表文摘,或者干脆只发表文摘,不发表原文。在检索工具中,经常在文摘后会发现"(Abstract Only)"字样,表明该文献没有原文。二次文献具有积累、报道和检索一次文献的功能,是管理和利用一次文献的工具性文献。

3. 三次文献

在利用二次文献的基础上,选用一次文献的内容进行分析、概括、评价而产生的文献,如专题述评、动态综述、教科书、专著、参考工具书等。前面曾提到,在科技期刊上发表的论文,有可能是三次文献,而不是一次文献,原因是这篇论文可能是一篇综述性的文章。一般来说,三次文献系统性好、综合性强、内容比较成熟,常常附有大量的参考文献,有时可作为查阅文献的起点。

从一次文献到二次文献、三次文献,是一个由分散到集中、由无组织到系统化的过程。对于文献检索来说,查找一次文献是主要目的。二次文献是检索一次文献的手段和工具。三次文献可以让我们对某个课题有一个广泛的、综合的了解。

4. 零次文献

零次文献是形成一次文献之前的文献,如原始实验数据、手稿等。零次文献是非常重要的文献,一般都是保密级的。

不但零次文献要加以保密,在发表一次文献的时候也要对自己的成果加以保护。作为新一代的科技工作者,要全身心地投入科研工作中,要发扬合作精神,同时对自己的成果要严加保密。

2.1.2 科技文献类型

所有科技活动和生产活动的成果,都有可能成为文献的源泉。科技文献按出版形式大致可以分为以下几类。

1. 科技图书

科技图书(Book)是品种最多、数量最大的出版物之一。它一般是总结性的、经过重新组织的二次和三次文献。按性质可分为阅读性图书和参考性工具书。阅读性图书有专著(Monograph)、丛书(Series of Monographs)和教科书(Textbook)等。参考性工具书有词典(Dictionary)、手册(Handbook)和百科全书(Encyclopedia)等。科技图书可以帮人们比较全面、系统地了解某一特定领域中的历史和现状,可以将人们正确地领入自己所不熟悉的领域,也可以作为一种经常性的参考工具,但编辑出版时间长,传递情报的速度太慢,所以从情报检索过程来看,科技图书一般不作为主要检索对象。

2. 科技期刊

期刊(Periodicals)又称杂志(Journal,Magazine),一般是指具有固定题名、定期或不定期出版的连续出版物。如《中南民族大学学报》、《化学通讯》、《化学学报》、《中国化快报》、《Fuel》、《Journal of Oil and Gas Technology》和《Fuel Science and Technology International》等,都是科技期刊。科技期刊是我们检索的最终目标之一,不管是用 Chemical Abstracts(CA)还是用 Petroleum Abstracts(PA)检索科技论文,最终都要查阅科技期刊。

科技期刊往往有卷、期、页的标志。与图书相比,科技期刊出版周期短、刊载论文速度快、内容新颖深入、发行与影响面广,可以及时地反映各国的科学技术水平。期刊论文多数是未经重新组织的,即原始的一次文献。在科学技术界已形成了通过科技期刊发表科研成果的传统,许多新的成果、新的观点、新的方法往往首先在期刊上刊登。科技期刊在科学技术活动中一直起着非常重要的作用,是科学交流的主要工具。它在科技文献中占有非常突出的地位,直到今天,科技期刊作为一种情报来源,在各种科技文献中仍然稳居首要地位。在科学家和专家们所利用的全部科技情报中,由科技期刊提供的科技情报占 70% 左右。

科技期刊的两种主要形式如下所述。

(1)学术型期刊:以发表科研方面的论文为主,具有较强的学术性,是科技期刊的主体。

(2)检索型期刊:是提供科技文献线索的主要工具性刊物,属于二次文献。

3. 科技报告

科技报告(Technical Reports)又分为专题报告、专人报告、年度科技报告等,在检索工具的文摘中,常有"Report"标志。国际上著名的科技报告是美国政府四大报告,即商务部 PB 报告、国防部 AD 报告、国家航空航天局 NASA 报告、能源部 DOE 报告。科技报告具有一定保密性。

4. 会议文献

会议文献(Conference Papers)是指国际学术会议和各国国内重要学术会议上发表的论文和报告。如国内的催化会议、有机化学会议,国外的美国化学学会年度会议(American Chemical Society Annual Meeting)、NPRA(National Petrochemical and Refiners Association)等,都是文献的来源。此类文献一般都要经过学术机构严格的挑选,代表某学科领域的最新成果,反映该学科领域的最新水平和发展趋势。所以,会议文献是了解国际及各国的科技水平、动态及发展趋势的重要情报文献。但会议文献与期刊及其他类型的文献有重复交叉的现象。会议文献大致可分为会前文献和会后文献两类。会前文献主要指论文预印本(Preprint)和论文摘要,会后文献主要是指会议结束后出版的论文汇编。

5. 专利文献

各国获得专利权的专利,在检索工具的文摘中,常有国际专利分类号(即 IPC 分类号,如 C07D207/24)、专利申请号(如 201520688871.7)、申请日期、优先权国家代码等。

专利公报和专利说明书为一次文献。专利文献(Patents)能及时反映全世界各行各业的工艺技术最新进展,因内容详尽、技术新颖、实用性强等优点,成为科技人员经常使用的重要文献。

6. 学位论文

学位论文(Thesis,Dissertation)是高等学校、科研机构的学生为获得学位,在进行科学研究后撰写的学术论文。学位论文分为学士(Bachelor)毕业论文、硕士(Master)毕业论文、博士(Doctor)毕业论文。学位论文常有"Diss."(Dissertation 的缩写)标志,而且有学位论文编号,如 Order NO. DA 8328940 From Diss. Abstr. Int. B 1984,44(8),2428。学位论文一般不出版,少数经过修改后在期刊上发表,一般不易获得。我国实行学位制度以来,比较重视对国内学位论文的收集。1984 年教育部决定,我国所有研究生的博士、硕士论文,一律交中国科技情报研究所收藏,并提供中国学位论文的缩微平片。检索学位论文的工具有很多,如从 1985 年到 1993 年科技文献出版社发行《中国学位论文通报》;1984 年至今,中国知网发布《中国博士学位论文全文数据库》和《中国优秀硕士学位论文全文数据库》等;国际上比较著名的学位论文检索工具是美国出版的《国际学位论文文摘》。

7. 标准文献

标准文献(Technical Standards)也称为技术标准,是一种规范性的技术文件。它是在生产或科研活动中对产品、工程或其他技术项目的质量、品种、检验方法及技术要求所作的统一规定,供人们遵守和使用。技术标准按使用范围可分为国际标准、区域性标准、国家标准、专业标准和企业标准等五大类型。每一种标准都有统一的代号和编号,独自构成一个体系,技术标准是生产技术活动中经常利用的一种科技文献。如国际标准化组织(International Standardization Organization)ISO 系列、中国的国家标准(GB)、美国材料与试验协会(American Society for Testing Material,ASTM)标准。

8. 政府出版物

政府出版物是各国政府部门及其所属的专门机构发表、出版的文件,其内容广泛,从基础科学、应用科学到政治、经济等社会科学,其中科技文献占 30%～40%,通过这类文献可了解一个国家的科学技术、经济政策、法令、规章制度等。

9. 产品样本

产品样本是国内外生产厂商或经销商为推销产品而印发的企业出版物,用来介绍产品的品种、特点、性能、结构、原理、用途、维修方法和价格等。查阅、分析产品样本,有助于了解产品的水平、现状和发展动向,获得有关设计、制造、使用中所需的数据和方法,对于产品的选购、设计、制造、使用等都有较大的参考价值。

10. 科技档案

科技档案是指具体工程建设及科学技术部门在技术活动中形成的技术文件、图纸、图片、原始技术记录等资料。科技档案是生产建设和科学研究工作中用以积累经验、吸取教训和提高质量的重要文献,现在各单位都相当重视科技档案的立案和管理工作。科技档案大多由各系统、各单位分散收藏,一般具有保密和内部使用的特点。

上述十种类型的文献,基本上包括了主要的文献类型,是我们获得科技情报的主要来源,即人们常说的十大情报源。

2.1.3 科技文献的出版形式及科技文献的特点

1. 科技文献的出版形式

科技文献的出版形式,按信息载体区分,有以下五种形式。

(1)印刷型。印刷型包括铅印、油印、胶印等。这是一种存在了好几百年的传统形式。随着电子技术的发展,出版物的形式已经"走出铅与火,走进光与电",更多采用声像型和数字存储型。

(2)声像型。声像型文献运用录音、录像的技术,给人以直观的感觉,主要包括唱片、录音带、录像带、电影片、幻灯片、多媒体光盘等。

(3)机读型。现在的许多文献资料,已经由数字磁盘存储转向采用数字光盘的存储方式(CD-ROM 光盘),由于 CD-ROM 光盘具有存储量大(每片 650 兆字节)、寿命长(达 100 年)、携带方便的优点,因此许多大型文献库都采用此方式存储。

(4)缩微型。缩微型是以感光材料为存储介质,以缩微照相为记录手段的文献形式,其主要包括缩微胶卷、缩微平片等高倍率的复制文献。

(5)电子出版物。电子出版物是一种通过网络系统向入网的用户发行的一种刊物。这种方式发行的刊物,信息量大、周期短,用户可以得到几分钟甚至几秒钟以前产生的信息,而且节省纸张和投递费用。如《人民日报》就有电子出版物,通过 Internet 网络可以阅读。

2. 科技文献的特点

(1)文献数量剧增,类型、语种多样。在过去的 200 多年间,期刊的增长与时间呈指数函数关系,差不多每隔 15 年翻一番,一些热门和尖端学科则更快,2~3 年就翻一番。过去一个专业人员看几种期刊就可以掌握本学科的全球动向,基本能满足个人研究和教学工作的需要,但是现在看 40 种期刊也不能满足需要。何况除了期刊,还有大量别的类型的文献。

(2)文献分布离散、内容重复交叉。一本期刊往往刊登多达五六个学科或专业的文章,少则也有两三个学科或专业的文章,只刊登单一学科文章的杂志极少。在直接相关的专业杂志上发表的文献只占 50%,另外一些则发表在其他间接相关的专业杂志上。

(3)科技文献有效期缩短、更新频繁。美国工程教育协会曾统计:美国大学毕业的科技人员所具有的科技知识,12.5%是在大学学习阶段获得的,87.5%是在工作岗位上不断学习积累的。一个 2006 年的毕业生如果毕业后 5 年之内不再学习补充新的知识,到 2011 年原有的知识将陈旧失效 50%,到 2016 年还没有补充新的知识,原有知识将 100%陈旧失效(指技术知识部分)。所以,必须不断地占有新情报、补充新知识、了解新事物、研究新问题,才能跟上时代,适应日益发展的新形式的要求。

2.1.4 信息检索概述

1. 信息检索的含义

检索的英文是 Retrieval 或 Search,其含义是查找。将信息按一定的方式和规律排列存储,并针对用户特定需求查找出所需信息的过程称为信息检索。从广义来说,信息检索包括存储过程和检索过程;对信息用户而言,往往是指查找所需信息的检索过程。一般认为,信息检索(Information Retrieval)包括以下三个方面。

(1)数据检索(Data Retrieval):以数据为检索对象,检索结果是特定的数值性数据,是用户可以直接利用的信息。例如,查物质的物理化学性质、石油化工的有关数据等。

(2)事实检索(Fact Retrieval):以事实为检索对象,检索结果是已有的基本事实或对非数值性数据进行逻辑推理等方式处理后所得到的具体答案。例如,想了解科威特油井灭火的有关情况、近年来中国炼油工业重油加氢装置的有关情况。

(3)文献检索(Document Retrieval):以文献为检索对象,检索结果是文献资料。例如,查找有关"高密度聚乙烯催化剂研究与利用"这一研究课题的一定年限的文献、某项发明创造在申请专利前的查新等。

数据检索和事实检索是检索包含在文献中的情报,而文献检索实际上是书目检索,检索包含所需情报的文献的线索,根据文献的线索,再进一步查找文献,然后筛选出所需要的情报。科技人员在进行情报检索的过程中,一般以文献检索为主。无论是检索包含文献的情报,还是检索包含情报的文献,都离不开文献。文献检索是最基本的检索形式,从检索难度来看,它比数据检索和事实检索更为复杂。

2. 文献的存储与检索

完整的检索系统包括文献的存储和文献的检索两个部分。存储是检索的基础,检索是存储的目的。

存储文献时,首先按照一定规则,把文献的外表特征和内容提要著录下来,形成能反映文献特征的记录单元。文献的外表特征包括文献的篇名、著者和出处,这些外表特征可形成文献的外表特征标识,如篇名、著者、号码等。

然后,对文献的内容进行分析,按学科属性或主题概念用合适的检索语言进行标引,形成文献的内容特征标识。

文献经过著录和标引,形成反映文献外表特征和内容特征的各种标识。不同类型的检索标识又汇编成供检索用的各种索引。

检索文献时,根据检索要求,将所需文献的特征标识与存储在系统中的文献特征标识进行比较,来确定所需的文献资料。

3. 科技文献检索的意义和作用

随着科学技术在深度和广度上的不断发展,各种信息、知识、文献、情报如潮水般涌来,仅以文献为例,每年的文献量以至少500万件的速度增长。如果不掌握文献检索的知识和方法,要从数量庞大、类型复杂、分布分散、内容交叉重复、文种多样的文献资料的汪洋大海中,迅速、准确地获取自己所需要的文献资料,确实不是一件轻而易举的事情。就化学专业来说,目前世界上出版的化学杂志有10000多种。一个化学家,无论他多么勤奋都只能阅读其中微小的一部分,况且他还不能只是停留在阅读他人成果的基础上。

关于文献检索的重要性和作用,众说纷纭,一是"资源论",认为它是一种重要的资源,善于利用这种资源,就能有效地促进经济和社会的发展;二是"经济论",认为在情报和文献上花钱是一本万利的事情;三是"决定论",认为在物质条件、技术水平不相上下的国家或单位中,文献和情报往往起到决定性的作用,谁善于开发利用它,谁就可以赶上并超过对方。对于一个科研工作者来说,文献检索的意义主要在于以下几点。

(1)继承前人经验,加快科研步伐的需要。

大家会注意到,我们阅读的科技文献、学习的教材内容,往往是几年、几十年、上百年前的发现或研究成果,而这些成果对我们现在的研究往往有着不可忽视的作用,否则文献检索这门课便没有开设的必要。文献检索可以帮助我们继承前人的经验,避免科研工作的重复劳动,节省科研经费,使自己的成果始终建立在最新成果的基础上。

(2)进行科研创造的需要。

就科学研究的全过程来说,无论是新课题还是老课题,在课题的确定、规划的制定、方案的取舍、难点的攻关、成果的鉴定和总结等方面都离不开文献检索。文献检索可以帮助我们了解早期课题的最新进展,了解工业生产中需要解决的问题。

工业生产中的需要和科研中的进展,你都可以通过文献查阅在研究前进行了解。如果不进行文献查阅,而自以为自己的想法很新颖,便矢志不渝地进行研究,这种做法是不可取的,也许人家早就进行了研究,申请了专利和发表了文章。通过文献检索可以及时了解最近课题的进展程度及学术前沿。对于那些尚未立项的科研项目,更要进行文献检索,为科研的开展做好前期工作。

据统计,一个科技人员查阅科技文献的时间,往往占科研工作全部时间的三分之一。如果科技人员掌握文献检索的知识和方法,就能大大节省花在查找资料上的宝贵时间,从而加快科研速度,早出科研成果。

(3)申请科研经费时必不可少的基础工作。

进行科学研究需要经费,目前高校的科研经费的来源主要有两种:一是纵向科研经费,即来自国家拨款的科研项目;二是横向科研经费,即与工厂、企业联合的科研项目。无论什么样的科研经费,都需要科研工作者去积极争取。

由于知识剧增,学科愈来愈多,愈分愈细,任何一个学生都不可能在学校里学完工作所需要的全部知识。学校最重要的是培养学生获取知识的能力。化学信息学是对发挥学生智能、培养学生独立获取知识的能力很有帮助的一门课程。通过这门课程的学习,学生可以掌握情报检索的知识和方法,不仅能找到所需要的资料,而且能掌握解决问题的方法,从而有助于弄清知识的来龙去脉,锻炼和培养分析问题和解决问题的能力。同时,学习文献检索,对学生形成合理的知识结构和增强情报意识都很有好处,这有利于今后在实际工作中取得较好的成果。情报检索具有很强的实践性和综合性,是获取其他有用信息、形成合理知识结构的一种重要手段。

2.1.5 文献检索工具

1. 检索工具概述

检索工具是用来报道、存储和查找文献线索的工具。它是在一次文献的基础上,经过加工整理、编辑而成的二次文献。

2. 检索工具的基本结构

一部完整的检索工具通常由使用说明、著录正文、索引和附录几部分组成。正文由文摘、题录或目录组成。

索引分为主题索引、作者索引、分类号索引、期索引、卷索引、累积索引等。

3. 检索工具的类型

索引是检索工具中最重要的部分,没有索引的目录、题录和文摘,只能起到报道作用,不起检索作用,不能称为检索工具。但通常把目录、题录、文摘和索引统称为检索工具。检索工具按著录方式可分为目录、题录、文摘和索引。

(1)目录(Bibliography,Catalogue)。目录是对图书、期刊或其他单独出版物特征的揭示和报道。它是历史上出现最早的一种检索工具类型。目录以单位出版物为著录对象,一般只记录外部特征,如题名、著者、出版事项、载体形态等。目录主要用于检索出版物的名称、著者及其出版单位、收藏单位。常用的目录有国家书目、馆藏目录、专题目录、联合目录、出版发行目录、期刊年终目录(一般期刊的最后一期会有全年的目录)等。

(2)题录(Title)。题录是对单篇文献外表特征的揭示和报道,著录项目一般有篇名、著者、文献来源、文种等。由于著录项目比较简单,因此收录范围广,报道速度快,是用来查找最新文献的重要工具。但它揭示文献内容很浅,只能作为临时过渡性检索工具。文摘一出版,它的作用就被文摘所代替。著名的题录刊物有美国的《化学题录》(Chemical Titles)、《现期期刊目次》(Current Contents Connect),英国的《当代工艺索引》(Current Technology Index)等。我国的《全国报刊索引》也属这种类型。

(3)文摘(Abstract)。文摘是系统报道、积累和检索文献的主要工具,是一次文献的核心。文摘以单篇文献为报道单位,不仅著录一次文献的外表特征(即文献的标头部分),而且还著录文献的内容摘要。不看原文,往往便可决定文献资料的取舍,从而节约查阅原始文献资料的时间。按文摘报道的详简程度,文摘可分为指示性文摘和报道性文摘两种类型。报道性文摘有时可代替原文,这类文摘对于不懂原文文种及难以获得原文的科技人员来说尤为重要。文摘类检索工具主要由文摘和索引两部分组成,分别起报道和检索作用。索引的完善与否是衡量文摘类检索工具的重要标志。

(4)索引(Index)。索引是揭示各种文献外部特征或内容特征的系统化记载工具。它的著录项目没有目录、题录、文摘那样全面,大多数索引不能直接查到原始文献资料,而必须通过该文献资料在检索工具中的序号,在检索工具的正文中找到文献资料的来源出处,进而找到原始文献资料。学习检索工具的使用方法,主要是学习索引的使用方法。

2.1.6 科技文献检索的途径

1. 根据文献的外部特征进行检索

(1)文献名途径。文献名主要指书名、期刊名、论文名等,文献名索引都按名称的字序或笔画排列。如检索石油化学类书籍时,查五画"石"字即可。

(2)作者途径。这是根据已知作者的姓名来查找文献的途径。常用作者索引(Author Index)进行检索。由于一个人在一生中从事的职业和研究的课题是相对固定的,因此通过跟踪某一作者可以检索某一专题的主要文献。但这种检索方法所查找的文献不系统、不完整。如作者王老五发表的论文,可以在 Author Index 中查 Wang L. W.,但你必须经常翻阅相关领域的科技文献,否则你就不知道谁从事该领域的研究。

(3)序号途径。这是根据文献的编号来查找文献的途径。这种检索工具有报告号索引、标准号索引、专利号索引等。利用该途径进行检索时,必须首先知道所查文献的序号,因而这类索引的利用常常受到限制。例如要了解某一专利的详细内容时,就必须首先知道它的专利号。

如图书分类号:064-物理化学,TP-自动化、计算机,有时按图书分类号查较快,有时按笔画查较快。如高等有机、高等数学、高等教育、高等代数等,如果查高等数学,按 013 查较快;又如 TP 类包含了计算机、自动化等,类别很多,如果查计算机最好按笔画查。

(4)其他途径。除了上述检索途径外,也可以根据文献载体(是纸质出版物还是电子出版物)、语种(是英文还是中文)、出版日期等外部特征进行检索。

2. 根据文献的内容特征进行检索

(1)主题途径。这是按照文献的主题内容进行检索的一种途径。这类检索工具有主题索引、关键词索引、叙词索引等。该途径以文字作为标识,索引按照主题词或关键词的字顺序排列,能把同一主题内容的文献集中在一起。如 CA 的 Subject Index 和 Keywords Index 看起来有点像文献名检索途径,但主题途径是按文献的内容进行分类的。

(2)学科分类途径。这类检索工具有分类目录、分类索引等。用此途径进行检索,能把同一学科的文献集中在一起查出来,但新兴学科、边缘学科在分类时往往难于处理,查找不便。另外,从分类途径进行检索必须了解学科分类体系,在将概念变换为分类号的过程中常易发生差错,造成漏检或误检。在检索专利文献时所用的 IPC(International Patent Classification)分类号途径,即属于学科分类途径。

(3)其他途径。根据学科的不同性质和不同特点,不同学科的文献检索工具有自己独特的检索途径。如 CA 的环系索引、分子式索引等。

2.2 化学文献的检索方法

文献检索方法是影响检索效果的重要因素,它可分为直接检索法和间接检索法。间接检索法是常用的一种科学的检索方法,它可分为常规法、追溯法和循环法(综合法)。

2.2.1 常规法

根据文献的时间检索可分为以下几种。

(1)顺查法:根据检索课题的具体要求,利用特定的检索工具,由远及近,逐年查找。用这种方法查得的文献比较完整,能反映课题研究发展的全过程,查全率高,但工作量大。

(2)倒查法:由近及远,按时间逆序查找,重点放在近期新文献上。此法省时灵活,效率较高,但会产生漏检而影响查全率。

(3)抽查法:对课题研究进展最快、发表文献最多的若干年的文献,逐年查找。

这几种方法各有适用的条件,各有优缺点。

2.2.2 追溯法

利用最新发表的文献后所附的参考文献,由远及近,追溯查找相关文献。如图 2-2 所示,形成类似连锁反应的检索网络。利用此法进行检索,不需要利用检索工具,查找方法简单,但检索效率不高,漏检率较大。这种方法是不少科技人员常用的方法,方便实用。

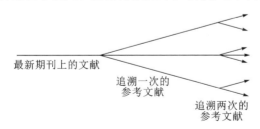

图 2-2 追溯法查找

2.2.3 循环法(综合法)

循环法就是综合利用常规法和追溯法进行检索。首先利用常规法查找出所需文献,再利用文献后所附参考文献,追溯查找相关文献。如此交替使用常规法和追溯法,直到取得满意的效果。例如:先用 CA 查最近一年的"关于 FCC 汽油加氢脱硫催化剂进展"方面的相关文献(顺查法),再根据每篇文献后的参考文献追溯其他文献(追溯法),然后再去查前一年的 CA(倒查法)。

2.2.4 基本检索步骤

文献检索是一项实践性很强的活动,它要求我们善于思考,并通过经常性的实践,逐步掌握文献检索的规律,从而迅速、准确地获取所需文献。文献基本检索可以分为以下步骤。

(1)分析课题,明确检索范围及要求。分析课题是最重要的,要从中提取主要概念,选择检索词,从而明确检索范围和要求。为了保证查全率,还要注意主题概念的同义词或近义词。其中,同义词、近义词的查找和选择可阅读相关文献,利用数据库辅助功能等。对应英文词的查找可利用词典、中国知网等翻译助手,通过查看中文相关文献的英文题名、关键词等途径来查询。

(2)选择检索系统,确定检索标识。选择检索系统要注意它的专业性与权威性,专业性即选择与学科专业相关的工具,特别注意跨学科领域内容;权威性即尽量选择该学科的权威性检索工具;同时要了解检索工具收录的范围,包括时间跨度、地理范围、文献语种、类型、揭示深度等。

(3)确定检索途径和检索方法。在利用各种检索工具(含数据库型)查找文献信息时,主要是利用检索工具的各种索引(或检索字段)。每种索引(或字段)提供一种文献信息检索途径。

(4)查找文献线索。使用文献名途径、作者途径和主题途径获得文献线索,比较简便快捷;使用学科分类途径获得文献检索,则需要在该课题所属的类号和类目下逐条查找。

(5)查找和获取原始文献。这是文献检索的最终目的。根据检索到的文献线索,利用各种类型的馆藏目录,可查到文献原文(包括期刊和书籍等)。

练 习 题

1. 为什么说文献检索是科研生活中最重要的技能之一?
2. 什么是一次文献、二次文献、三次文献? 各有哪些种类?
3. 文献有哪些类型? 常用的是哪几种?
4. 试述文献检索的方法。

# 第 3 章

化学网络信息资源

在科学飞速发展的今天,科学研究工作首先要掌握准确可靠、全面快捷的资讯查找方法。如何有效地获得所需要的资料,是任何一个科研工作者所必须面临的重要问题。如何在浩瀚的文献中寻找到所需要的资料则显得十分重要。全世界每年出版的重要学术期刊数以万计,发表的论文数以百万计,因此不可能逐本逐篇地去寻找。国际互联网是世界上最大的信息资源库,当今计算机及互联网已十分普及,大量摘要数据库及刊物以电子版形式出版,使得资料检索变得十分方便,检索时间大大缩短。如何快速、高效地在网络上进行检索、查寻,获取所需信息,是摆在每一个化学工作者面前的重要课题。本章对一些有影响的、常用的化学网络信息资源和使用方法进行介绍,主要包括 Web of Science、ACS、Elsevier Science Direct、CAS SciFinder[n] 和其他常用国内外数据库介绍。

3.1 Web of Science

3.1.1 Web of Science 简介

Web of Science 数据库是国际公认的反映科学研究水准的数据库,是全球最大、覆盖学科最多的综合性学术信息资源,是大型综合性、多学科、核心期刊引文索引数据库,包括三大引文数据库(科学引文索引(Science Citation Index,SCI)、社会科学引文索引(Social Sciences Citation Index,SSCI)和艺术与人文科学引文索引(Arts & Humanities Citation Index,A&HCI)和两个化学信息事实型数据库(Current Chemical Reactions,CCR;Index Chemicus,IC),以及科学引文检索扩展版(Science Citation Index-Expanded,SCI-E)、科技会议文献引文索引(Conference Proceedings Citation Index-Science,CPCI-S)和社会科学及人文科学会议文献引文索引(Conference Proceedings Citation Index-Social Science & Humanalities,CPCI-SSH)三个引文数据库,以 ISI Web of Knowledge 作为检索平台。

Web of Science 核心合集（Web of Science Core Collection），是获取全球学术信息的重要数据库，它收录了全球 2 万多种权威的、高影响力的学术期刊，超过 20 万份会议录，以及 10 万多种科技图书的题录摘要，内容涵盖自然科学、生物医学、工程技术、社会科学、艺术与人文等领域。Web of Science 核心合集拥有严格的筛选机制，其依据为文献计量学中的布拉德福定律，只收录各学科领域中的重要学术期刊和重要的国际学术会议，选择过程中立、无偏见，且已历经半个多世纪的考验。利用 Web of Science 丰富而强大的检索功能（普通检索、被引文献检索、化学结构检索），可以方便、快速地找到有价值的科研信息，既可以越查越旧，也可以越查越新，全面了解有关某一学科、某一课题的研究信息。其强大的分析功能，能够在快速锁定高影响力论文、发现国内外同行权威所关注的研究方向、揭示课题的发展趋势、选择合适的期刊进行投稿等方面帮助研究人员更好地把握相关课题，寻求研究的突破与创新点，为科研人员建立了"检索—分析—管理—写作"的创新型研究平台。图 3-1 为 Web of Science 数据库的主页面。

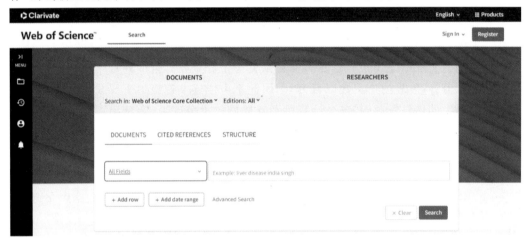

图 3-1　Web of Science 数据库主页面

3.1.2　Web of Science 主要功能

3.1.2.1　文献检索

在文献检索方面，它支持主题、作者、标题、DOI 等多种方式的检索，集成了年份、数据库、作者名字、地址、文献类型、研究领域、出版物名称、研究方向等细分方式；可以检索引用了个人著作的参考文献，如检索 2019 年至今有关半导体的论文，主题输入"semiconductor"，设定时间跨度为 2019—2022，然后点击"Search"按钮即可，检索界面如图 3-2 所示。

3.1.2.2　精炼检索结果

面对较多的文献检索结果，如何快速地知道应该先阅读哪些文献，了解该课题的学科、文献类型、作者、机构、国家等，就需要精炼检索结果，Web of Science 精炼检索结果栏位于界面左侧，如图 3-3 所示。在精炼检索结果一栏中，可以通过出版年、文献类型、学科类型、国家、机构等多检索结果精炼。如通过阅读课题相关的综述文章可以快速了解该

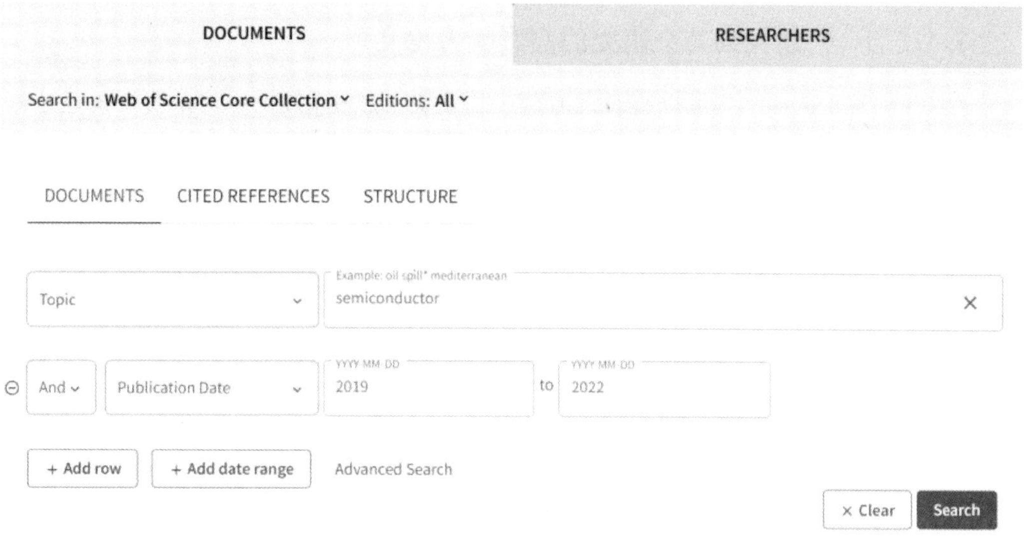

第 3 章　化学网络信息资源

图 3-2　Web of Science 检索界面

领域的研究内容与进展，这时就可以在文献类型中选中"Review Article"，然后点击"Refine"即可。通过精炼检索功能可以快速地从众多检索结果中锁定我们关注的学科文献，提高科研效率。此外，在精炼检索结果列表中，我们也可以直接选择对本领域中的高被引论文和热点论文进行精炼。

图 3-3　Web of Science 精炼检索结果

23

3.1.2.3 快速找到某个研究的高影响力论文

在 Web of Science 中，可以直观地看到一篇论文的被引用情况，可以简便快速地从检索结果中锁定高影响力论文。根据检索结果上方工具栏中的排序方式，可以选择按照被引频次进行排序，也可按照时间、作者、期刊等对结果进行排序，如图 3-4 所示。

通过对检索结果进行分析，利用引文报告功能可以查看每年该领域发文数目等信息，判断领域的发展趋势，同时也可以很方便地知道该领域最具影响力的论文、主要研究机构、领域内的知名研究人员等。通过创建检索历史跟踪服务，可以很方便地知道所检索内容的最新进展，也可以追踪某一期刊的最新论文等。

图 3-4 Web of Science 检索热点论文

3.2 ACS

3.2.1 ACS 简介

ACS 是美国化学会(American Chemical Society)的简称，它成立于 1876 年，现已成为世界上最大的科技协会之一，其会员数超过 34.5 万。多年以来，ACS 一直致力于为全球化学研究机构、企业及个人提供高品质的文献资讯及服务，在科学、教育、政策等领域提供了多方位的专业支持，成为享誉全球的科技出版机构。ACS 的期刊被 ISI 的 Journal Citation Report(JCR)评为化学领域中被引用次数最多的化学期刊。

ACS 出版 36 种期刊，内容涵盖农业、生化研究方法、生化和分子生物学、生物技术和应用微生物学、分析化学、应用化学、无机化学、核化学、药物化学、晶体化学、有机化学、普通化学、物理化学、环境科学、材料科学、聚合物科学、植物学、毒物学、食品科学、工程化学、计算机在化学中的应用、化学多学科应用、燃料与能源、药理与制药学、化学教育等领域。

ACS Web 版的主要特色：除具有一般的检索、浏览等功能外，还可第一时间查阅到被作者授权发布、尚未正式出版的最新文章(Articles ASAPsm)；用户也可定制 E-mail 通知服务，以了解最新的文章收录情况；ACS 的 Article References 可直接链接到 Chemical

Abstracts Service(CAS)的资料记录,也可与 PubMed、Medline、GenBank、Protein Data Bank 等数据库相链接;具有增强图形功能,含 3D 彩色分子结构图、动画、图表等;全文具有 HTML 和 PDF 格式可供选择。

3.2.2 ACS 检索指南

3.2.2.1 浏览

从 ACS 出版物的主页面,点击左边的或者上方的 ACS Journals A-Z 标签,就能看到 ACS 的所有的期刊和杂志的名称。点击所需要查看的杂志的名称,能看到该杂志的最新一期的目录。点击所需要的文章条目下的"Abstract",能看到该文章的摘要,点击"HTML"或"PDF"能分别以 HTML 或 PDF 两种文件格式查看全文。

从 ACS 出版物主页面上方的 Select an ACS Publication 选择栏内选择您感兴趣的期刊,点击右方的"Go"按钮,就可直接跳转到该杂志的主页面进行浏览。

访问归档期刊:在感兴趣的期刊主页上,点击页面上部的"Back Issues"按钮,该期刊的最近目录就会显示出来。从页面上部的下拉菜单中选择您想要浏览的 Decade、Volume 和 Issue Number,完成选择后,点击"Go"按钮,所选择的该期期刊目录就会显示出来。还可以利用页面上部的"Previous"和"Next"按钮来浏览前期和后期的期刊。

3.2.2.2 检索文章

在 ACS 出版物主页面上方的 Article Quick Search 栏中输入关键词,可以在 Title(题名)、Author(作者)、Abstract(摘要)、Title or Abstract(题名或摘要)、Anywhere in Article(全文)五个字段中进行论文的快速检索。

从 ACS 出版物的主页面左边的 Advanced Search 或者上方的 Advanced Article Search 标签可以进入高级检索页面。在大多数 ACS 期刊的主页面上点击靠近页面上部的"Search the Journals"按钮,或在部分期刊的主页上点击"Search Options"按钮也能够链接到文章的高级检索页面。

如果知道原文的引用信息,可以使用引用检索(Citation Finder)功能来快速找到该篇原文。引用检索功能在高级检索页面的上部。

使用引用检索功能有以下两种方式:如果知道原文的期刊名、卷号和起始页,可以使用下拉菜单选择期刊名称,然后将原文的卷号和起始页输入相对应的栏目内,点击"Search"按钮;如果知道原文的数字对象标识符(DOI),可直接将 DOI 号码输入到搜索栏目内,点击"Search"按钮即可检索到原文。

设计用于数字媒介的数字对象标识符系统是为了提供持久而可靠的数字对象标识。在 ACS 期刊的网络版中,每篇文章的 DOI 显示在 HTML 格式的上部和 PDF 版本的下部;在印刷版中,DOI 显示的位置与 PDF 版本位置相同。通过使用 DOI,出版商负责维护指向自身数字资源的 URL 的有效性,这些 URL 在国际 DOI 基金会维护的中央目录区中。这个链接使用了 DOI,并提供描述 DOI 的文件。

使用全文检索(Full-Text Search)功能:使用左边的下拉菜单选定用于检索的项目,

如包括作者、题名、文摘、题名+文摘或者整篇文章,在输入栏中输入要检索的关键词即可;使用右边的下拉菜单,通过 And、Or 和 Not 逻辑算符组配各个检索项目。输入完成后,点击"Search"按钮进行检索。检索结果会依据与输入的检索匹配度高低顺序显示在检索页面上。

3.3 Elsevier ScienceDirect

3.3.1 Elsevier ScienceDirect 简介

荷兰爱思唯尔(Elsevier)出版集团是全球最大的科技与医学文献出版发行商之一,已有180多年的历史。ScienceDirect 系统是 Elsevier 公司的核心产品,自1999年开始向用户提供电子出版物全文的在线服务,包括 Elsevier 出版集团所属的2500多种同行评议期刊和30000多种系列丛书、手册及参考书等,涉及物理学与工程、生命科学、健康科学、社会科学与人文科学四大学科领域,数据库收录全文文章总数已超过1300万篇。其直观的使用界面,使研究人员可以迅速链接到 Elsevier 出版集团丰富的电子资源,包括期刊全文、单行本电子书、参考工具书、手册及系列图书等,以及全球影响力极高的《细胞杂志》(*Cell*)、《柳叶刀杂志》(*The Lancet*)等。目前,Elsevier 与亚太地区超过18000名编委会成员合作,其中约有1500名编委会成员来自中国。

Elsevier ScienceDirect 的全文电子期刊的学科分类如下:Agricultural and Biological Sciences(农业和生物科学)、Chemistry and Chemical Engineering(化学和化学工程)、Clinical-Medicine(临床医学)、Computer Science(计算机科学)、Earth and Planetary Sciences(地球和行星学)、Engineering,Energy and Technology(工程、能源和技术)、Environmental Science and Technology(环境科学与技术)、Life Science(生命科学)、Materials Science(材料科学)、Mathematics(数学)、Physics and Astronomy(物理学和天文学)、Social Sciences(社会科学)等,其数据库主页面如图3-5所示。

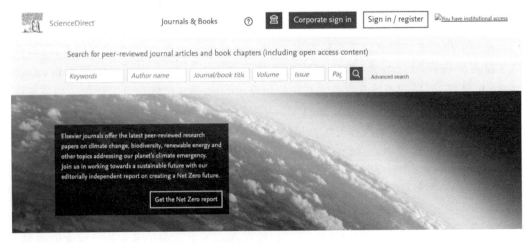

图 3-5 Elsevier ScienceDirect 数据库主页面

3.3.2 数据库检索方法

3.3.2.1 检索途径

(1)简单检索(Simple Search):单击页面左侧的"Search"按钮,进入简单检索界面。简单检索界面分为上下两个区,即检索策略输入区和检索结果限定区。检索策略可在输入区中选择"Search in Any Field"(所有字段)、"Search in Title Only"(文章标题)、"Search in Abstract Field"(文摘)、"Author's Name"(作者)、"Journal Title"(期刊名)等字段输入,再利用限定区,限定检索结果的出版时间、命中结果数及排序方式,然后点击"Search the Collections"按钮,开始检索。

检索结果有两类信息:一类是期刊题名,在题名下有该刊目录(Table of Contents)的链接和搜寻相关文件按钮;另一类是期刊论文题录,排在靠后的部分显示论文标题、出处、作者、相关度("Score")和搜寻相关文件按钮,点击搜寻相关文件按钮可检索到与该文内容类似的文章。

单击期刊题名下的"Table of Contents"按钮,可浏览目次信息;单击论文题录下的"Abstract"按钮,可浏览该文章的标题、作者、作者单位、关键词、文摘等信息;单击"Article Full Text PDF"按钮,即可看到论文全文(PDF 格式)。

说明:

①系统默认各检索字段间为"AND"(与)的关系。

②系统默认的显示结果数为 50 个,且按相关性排列,用户也可以自选。作者姓名的输入方法为:姓在前,名在后(建议使用首字母),例如 Smith M。

③在论文的文摘页下方,有一个"Get Citation Export"按钮,输出的数据主要供图书馆馆员参考。

(2)高级检索(Expanded Search):如果需要进行更详细的检索,在简单检索的界面或检索结果的界面中,点击左侧的"Expanded"或"Expanded Search Form"进入高级检索界面。

高级检索除增加了"ISSN(国际标准刊号)"、"PII(Published Item Identifier,出版物识别码)"、"Search in Author Keywords(作者关键词)"和"Search in Text Only(正文检索)"等检索字段外,还增加了学科分类、文章类型、语种等限定条件,可进行更精确的检索。

说明:

①"正文检索"字段指的是在正文中检索而不是在参考文献中进行检索。

②论文类型(Article Type)的限定中,"Article"表示只显示论文;"Contents"表示只显示期刊题名;"Miscellaneous"表示只显示其他题材的论文。

(3)检索式的构成布尔逻辑算符 AND、OR、NOT:在同一检索字段中,可以用来确定检索词之间的关系。系统默认各检索词之间的逻辑算符为"AND"。建议使用大写的逻辑算符,如 water AND pollution。

截词符:*表示检索与输入词起始部分一致的词,如 micro* 可以检索到 microscope、microcomputer 等。

位置算符:ADJ 表示两词之间位置邻近但前后顺序固定,water ADJ pollution；NEAR 或 NEAR(n),表示两词间可插入少于或等于 1 个单词,且前后顺序任意,如果不使用(n),系统默认值为 10,如 water NEAR (3) pollution。

同音词检索:SOUNDEX[　],用[　]括住检索词,可检索到同音词。如 SOUNDEX [organization],除了可以检索 organization 外,还可以找到 organisation。

拼写词:TYPO[　],可进行同一词义不同拼写的检索。如 TYPO[fibre],除了可以检索 fibre 之外,还可找出 fiber.

词组检索:用"　"表示要检索的词组、句子。

3.3.2.2　浏览途径

系统提供按字顺(Alphabetical List of Journals)和按分类(Category List of Journals)排列的期刊目录,分别组成期刊索引页或期刊浏览页界面。用户可在期刊索引页中选择浏览的途径(字顺或分类),在期刊浏览页中选择自己所需的刊名。选中刊名后,单击刊名,进入该刊所有卷、期的列表,进而逐期浏览。单击目次页页面右侧的期刊封面图标,可链接到 Elsevier Science 出版集团网站上该期刊的主页(此为国外站点)。

在期刊索引页或期刊浏览页上方设有一个检索区,可进行快速检索。

用户可在左侧检索框中输入检索词,再利用右侧下拉菜单选择检索字段。检索字段包括"All Fields(所有字段)"、"Citation & Abstract(题录和文摘)"、"Author Name(作者)"、"Article Title(文章标题)"和"Abstract(文摘)"等。在期刊浏览页上方的检索区中,还可利用另一下拉菜单选择"All of Electronic Journals(所有电子期刊)"、"Just This Category(某一学科分类)"或"Just This Journal(某种期刊)"检索字段,进行期刊种类的限定。检索策略确定后,点击"Search"按钮进行检索。

3.3.2.3　检索结果

(1)打印全文:单击 Acrobat Reader 命令菜单上的打印机图标,可直接打印该文章。

(2)保存全文:浏览全文,可直接使用命令菜单按钮保存该文件(PDF 格式);否则,需返回期刊的目次页,在待保存的论文题名下,选中"Article Full Text PDF"按钮,单击鼠标右键,从弹出的菜单中选择"目标另存为",保存该论文(PDF 格式)。

(3)保存检索结果的题录:对保存的期刊或论文的题录,选中其题名前的小框,而后单击"Save Checked"按钮,即可生成一个新的题录列表。从浏览器的[文件]菜单,选择[另存为],可按.txt 格式或.html 格式保存题录。

3.4 CAS SciFinder^n

3.4.1 CAS SciFinder^n 简介

美国《化学文摘》(Chemical Abstracts,CA)是由美国化学会化学文摘服务社(Chemical Abstracts Service of the American Chemical Society,CAS of ACS)编辑出版的,创刊于1907年,其前身是1895—1901年间出版的美国研究评论(Review of American Research)和1897—1906年间出版的美国化学会杂志(Journal of the American Chemical Society)中的文摘部分。

CAS SciFinder^{n}是美国化学文摘社出品的新一代的权威科学研究工具,是化学及相关学科智能研究平台,提供全球全面、可靠的化学及相关学科研究信息和分析工具。CAS SciFinder^{n}由国际科学家团队追踪全球科技进展,每日收录汇总、标引、管理着世界上的专利、科技期刊等内容,并通过CAS SciFinder^{n}平台提供的先进检索技术高效地揭示重要的技术信息,确保研究人员及时同步全球重要的研究进展。CAS SciFinder^{n}涵盖180多个国家、50多种语言出版的文献及64家专利授权机构的专利,覆盖了多个学科,如化学、生物、医药、材料、食品、应用化学、化学工程、农学、高分子、物理等多学科、跨学科的科技信息;收录的文献类型包括期刊、专利、会议论文、学位论文、图书、技术报告、评论、预印本和网络资源等。

通过CAS中SciFinder^{n}可以访问由CAS全球科学家构建的全球最大并每日更新的化学物质、反应、专利和期刊数据库,无需担心遗漏关键信息;SciFinder^{n}还提供一系列功能强大的工具,便于用户检索、筛选、分析和规划,帮助用户迅速获得研究所需的最佳检索结果,节省宝贵的研究时间,并且帮助研究人员做出明智的决策。其数据库主页面如图3-6所示。

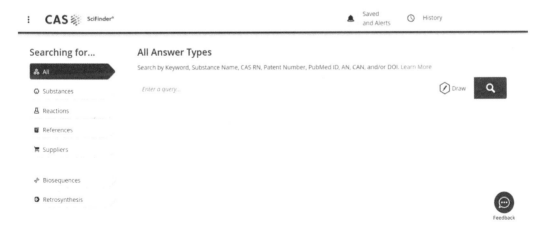

图 3-6 CAS SciFinder^n 搜索界面

3.4.2 CAS SciFinder^n 的特点

CAS SciFinder^n 具有如下特点。

(1)提升文献检索效率:业界最先进的检索引擎之一,将文献检索时间缩短一半,获得更精确的结果,提高检索效率。

(2)可视化检索结果:用户友好的可视化工具可以帮助用户快速做出更好的决策,这些工具可以精确定位趋势、模式和异常值,帮助将信息转化为洞察。

(3)CAS Registry:全球最大的物质数据合集,收录自19世纪初至今公开披露的超过1.92亿个独特的物质(包括合金、配合物、矿物、混合物、聚合物和盐),CAS登记号被誉为化学物质的黄金标准,是向 WHO 提交 INN 申请时必须提供的信息,被广泛地应用在科研界及商务流程中。

(4)CAS Reactions:美国化学会化学文摘服务社创立的全球最大的化学反应数据合集,收录1840年以来源自专利和非专利文献的1.4亿单步和多步反应。CAS 科学家在标引化学反应过程中提供了独特的增值信息:实验安全信息、反应类型、反应条件及详细的实验操作步骤等,节省了用户从全文中总结、归纳相关反应信息所花费的时间。

(5)逆合成路线设计工具 Retrosynthesis:基于全球最大的化学反应数据合集 CAS Reactions,结合先进的算法和人工智能,综合多种因素如原子经济性、收率、绿色、成本等为已被报道分子/未被报道分子提供实验验证或预测的逆合成路线,为合成化学家节省时间并提供新的思路和见解。

(6)Synthetic Methods 合成方法解决方案:Synthetic Methods 是 CAS SciFinder^n 中的模块,是世界上最大合成方法合集之一,涵盖顶级期刊及专利中的合成制备信息,提供合成方法的每步详细操作信息,以易于阅读的表格形式展示实验详情,包括实验操作步骤、实验原料、实验条件、实验量级、反应转化类型、合成产物谱图信息、合成产物形态等。

(7)CAS PatentPak 专利分析解决方案:CAS PatentPak 是 CAS SciFinder^n 中的模块,服务于科研人员和知识产权人士。PatentPak 在定位和分析大量专利中的化学结构方面,可以为研究人员节省一半以上的时间。PatentPak 是加速化学专利分析最可靠的工具之一;迄今为止只有 PatentPak 采用人工标引——研究人员可以快速识别专利中难以发现的物质(例如,专利中出现在表格内的化合物和图形图像内的化合物)。使用 PatentPak 可以访问 CAS Registry——世界上最全面的可公开获取的物质信息集合。

3.4.3 CAS SciFinder^n 的应用

3.4.3.1 物质检索

(1)如图 3-7 所示,通过文本和结构联合检索物质。例如,搜索 1-(2-氯乙基)-2-氟苯可通过在文本输入物质名称或绘出物质结构进行检索。可在结果中查询有关该物质的参考文献、反应与供应商等信息。

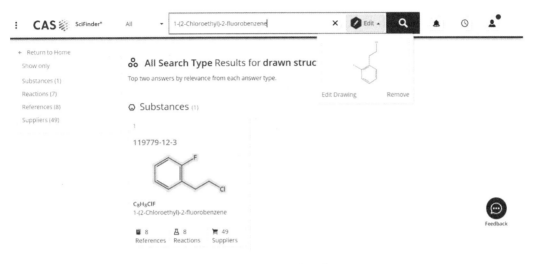

图 3-7　文本和结构联合检索结果

（2）如图 3-8 所示，在 Substances 中通过物质名、CAS 登记号、专利号、属性、谱图和结构式来检索物质信息。例如：通过专利号检索物质，选择 Substances，输入专利号，获得本专利报道的物质信息；根据核磁谱图值检索物质，可选择 Substances，通过 Advanced Search，输入核磁谱值进行匹配的物质检索。

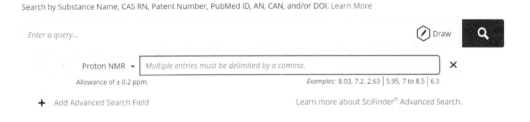

图 3-8　通过核磁数据检索

3.4.3.2　在 CAS SciFinder^n 中获取反应信息

（1）直接通过 Reactions 检索获得：可通过物质的名称、CAS 登记号、专利号、文献 DOI 等非结构的检索方式进行搜索。

（2）通过逆合成反应路线获得：在输入物质结构后点击结构下方的"Create Retrosynthesis Plan"可获得已经报道过的逆合成路线，可详细查看每一步的实验详情及替换路线。

（3）间接通过文献或物质结果获取反应信息：在查询的文献结果中，点击上方的"Reactions"获取文献中提到的反应信息，也可以选中部分文献后点击"Reactions"选择部分文献结果涉及的反应信息。

3.4.3.3 在 CAS SciFinder^n 中进行逆合成设计

(1) 已知化合物的实验逆合成路线：在物质结果集中点击物质结构，在弹出窗口中点击"Create Retrosynthesis Plan"获得，能够快速提供最优的逆合成路线；同时可以自定义选择替代路线，还可以获取预测逆合成路线。

(2) 已知化合物的预测逆合成路线：对于已知化合物可预测其未经报道的合成路线，点击合成路线中的某一步骤，即可查看其替换路线，根据预测原料的结构、反应转化类型、支持的文献及预测产率等多种因素选择自己感兴趣的预测路线，最终得到已知物质的预测及实验逆合成路线。在已知实验步骤中，点击"Evidence"可查看最优路线中的实验步骤详情；点击"Alternatives"可查看替代反应的实验详情，也可以继续进行预测实验步骤设计。

(3) 未知化合物的预测逆合成路线：通过反应检索，绘制结构后点击"Set Plan Options"来进行参数设置，在进行预测的反应路线设计时，可对合成深度、反应规则的常见性和结构中键的保护或断裂进行设置。在未知实验步骤中，点击"Evidence"可查看最优预测路线的实验依据；点击"Alternative Steps"可查看替代的预测路线，自主筛选后得到预测逆合成路线结果。

3.5 常用国内数据库介绍

3.5.1 中国知网

中国知网（CNKI）创始于 1999 年，发祥于清华大学，发端于"科教兴国"战略，致力于建设"中国知识基础设施"（CNKI 1.0），打通知识生产、传播、扩散与利用全过程，服务全国各行业知识创新与学习。

中国知网是世界上最大的连续动态更新的中国学术文献数据库，包括学术期刊、博硕士学位论文、会议论文、报纸、年鉴、专利、国内外标准、科技成果、经济统计数据、工具书、图片等中文资源及 Springer 等外文资源，数据每日更新。它主要包含以下四个子库。

(1) 中国学术期刊网络出版总库：内容覆盖自然科学、工程技术、农业、哲学、医学、人文社会科学等各个领域，收录年限自 1915 年至今，部分期刊回溯至创刊。

(2) 中国博士学位论文全文数据库：收录全国 985、211 工程等重点高校、中国科学院、社会科学院等研究院所的博士学位论文，内容覆盖基础科学、工程技术、农业、医学、哲学、人文、社会科学等各个领域，收录年限自 1999 年至今。

(3) 中国优秀硕士学位论文全文数据库：重点收录 985、211 工程高校、中国科学院、社会科学院等研究院所的优秀硕士论文，内容覆盖基础科学、工程技术、农业、医学、哲学、人文、社会科学等各个领域，收录年限自 1999 年至今。

(4)中国重要报纸全文数据库:收录2000年以来国内公开发行的近500种重要报纸刊载的学术性、资料性文献。

通过与全球2万余家出版机构合作,初步建成了融科学、社会、政府三大数据于一体的"世界知识大数据",囊括国内外73个国家和地区的重要全文文献2.8亿篇,摘要3亿多篇,知识元82亿条;取得技术专利、软件著作权200多个,打造了覆盖数字化、网络化、大数据与人工智能各领域的知识管理与知识服务产品体系;广泛服务于56个国家和地区的教科研、党政军、司法、工农卫、社团智库、公图文博等各行各业的3.3万家机构用户及超1.2亿个人用户。目前,中国知网正以全面应用大数据与人工智能技术打造知识创新服务业为新的起点,全面整合全球知识资源,加速构建"全球知识创新基础设施"。

3.5.2 万方数据库

万方数据库为我国最大的信息机构——中国科技信息研究所(即万方数据公司)建设的,目前可以说是网上国内信息资源之最。万方数据库的主要产品有近百种国内数据库,如中国学位论文库、中国科学技术成果库、中国公司企业产品库、中国科技论文引文统计分析库、中国会议论文库、中国科技文献数据库等;4000多种国内全文期刊,1998年后的全部学科期刊(含部分英文版),全文可以随意下载(HTML或PDF格式),如电子学报、计算机应用、电子世界、电子技术应用、电信科学等;国内会议论文22.5万篇;国内学位论文全文26万篇(1998年以后);文摘54万多篇(1982年以后)。

万方数据资源包括如下5个子系统。

(1)商务信息子系统:中国企业、公司及产品数据库(CECDB)是该子系统的主要产品,至今已收录96个行业16万余家企业的详细信息。

(2)科技信息子系统:该子系统是一个除科技期刊以外的所有与科技期刊相关的二次文献数据库,总记录1500多万条,包含中国科技成果数据库、中国学术会议文摘数据库、中国学位论文文摘数据库、中国科技名人数据库、中国科研机构数据库、中国科技文献系列数据库等,总计近90余种数据库。

(3)数字化期刊子系统:该子系统采用HTML和PDF文件格式阅读,以刊物为单位,既可以按刊浏览,也可按论文或引文检索查询,目前已收录4500多种科技期刊,以核心刊物为主。

(4)中国学位论文全文数据库:该数据库收录全国重点院校全部学科硕士、博士、博士后学位论文,可按学科及论文、作者、机构等字段检索全部PDF全文,全文内容可按章节选择浏览,并识别为文本文件。

(5)中国学术会议全文数据库:该数据库主要收录国内国家级学会、协会主持召开的学术会议论文,目前已收录国内一二级学会、协会等组织召开的各类学术会议4000余个,中文会议全文25.6万篇,另收录西文会议全文3.5万篇,可检索全部PDF格式全文。

3.5.3 维普数据库

维普数据库的前身是《中文科技期刊篇名数据库》,于2000年建成电子数据库,收录了自1989年以来的2万多种期刊全文,涵盖了所有的学科。收录的期刊种类与其他期刊数据库相比,有其明显的特色。文献最早回溯到1955年,按学科分为社会科学、自然科学、工程技术、农业科学、医药卫生、经济管理、教育科学和图书情报等8大类,专辑又细分为27个专题,基本覆盖了国内公开出版的具有学术价值的期刊,是面向科技大众而开发、发展的一个特大型期刊数据库,具有检索全面、效率高等鲜明的特点。

维普数据库所收录的期刊一般较齐全,几乎包括了所有公开出版的期刊,而不是精选重点或核心期刊,满足了用户检索要求齐、全、广的特点,因此在信息服务中受到了用户的广泛好评,成为普罗大众信息服务中的首选和最主要利用的数据库,成为公共图书馆的重要信息技术装备。维普数据库的标引具有鲜明的特点,是一种典型的自然语言与受控语词相结合的标引。维普数据库的标引分为著者、题名、分类与关键词四大类。其中,著者、题名直接采自原文,并进行加工、处理,具有一定的精确性,便于专指性检索和引文重溯检索。分类则直接由标引人员加以分类、处理,具有较高的准确性和专业性,便于用户的族性检索,具有高度的检全性,提高了专题研究的质量。

维普数据库首页共有快速检索、传统检索、高级检索、分类检索和期刊导航五种检索方法,其中高级检索主要是进行逻辑组合检索。逻辑组合检索是对系统提供的多个检索项(最多5个,限定在10个检索字段内)根据检索课题需要进行逻辑组配。在扩展功能方面,关键词字段提供了查看同义词,作者字段提供了同名/合著作者,分类号字段提供了查看分类表,机构字段提供了查看相关机构,名字段提供了刊名变更情况。另外,高级检索还提供了时间条件、期刊范围和专业限制。

练 习 题

1. 用 Elsevier ScienceDirect 查找并下载某个领域的权威论文。
2. 用 SciFinder^n 查找某个化合物的合成路径。
3. 用 Web of Science 查询某个科研领域的知名研究人员信息。

第 4 章

Office 软件在化学化工中的应用

Microsoft Office 是微软公司开发的一套基于 Windows 操作系统的办公软件套装,内含 Word 文本处理软件、Excel 表格处理软件、PowerPoint 幻灯片制作软件等几个组件。Office 作为微软的一个庞大的办公软件集合,是一款最好用、功能最全面的办公软件。在化学化工行业中,Office 软件通常用于科技论文的写作、图文编排、数据的初步处理、文稿演示等,本章主要以科技论文的写作为使用场景,介绍 Word、Excel、PowerPoint 的基本功能和操作方法。

4.1 Word 在化学化工论文中的应用

Word 是功能极强的文字处理和版面编排软件,简单易学,操作界面友好,智能化程度高,可以编辑各种文档并对各种段落进行设置,在进行文档编辑时,还可以设置字体及各种格式。在撰写科学论文时,公式编辑器、插入图形和表格等功能的使用必不可少。本小节将以 Microsoft Office Word 2021 为主详细介绍 Word 的基本操作、文档编辑、公式编辑器、表格使用及图片使用等几个实用性很强的操作知识。

4.1.1 基本操作

4.1.1.1 新建和打开文档

用鼠标点击桌面 Word 图标,或点击"开始"→"所有程序"→"Microsoft Office"→"Microsoft Office Word 2021"的顺序启动 Word。点击 Word 菜单"开始"→"空白文档"命令即可新建一个文档。点击"打开"命令,选择要打开文件的存放路径,点击目标 Word 文件,就可以打开文档,如图 4-1 所示。

图 4-1　Word 文档打开界面

4.1.1.2　保存文档

要保存正在编辑的文档,则可以选择菜单"文件"→"保存"命令,弹出"另存为"对话框,选择保存路径、确定文件名和保存格式,最后点击"保存"按钮(见图 4-2)。如果文件已保存过一次,那么单击菜单"文件"→"保存"时,文件直接进行保存,而不再出现"另存为"对话框。当然,也可以把该文件另存为其他文件名或者文件格式。

图 4-2　文档保存设置界面

4.1.1.3　页面设置

编辑好文本后,下一步就是设定文件的版面,如需要对编辑的文件进行页面设置,点击菜单"布局"→"页面设置"命令,弹出如图 4-3 所示的"页面设置"对话框。该对话框中有"页边距"、"纸张"、"布局"和"文档网络"4 个选项卡,据此可以设置页边距、纸张大小、页面方间、页眉页脚边界及每页行数等常用设置。最后点击"确定"按钮,完成页面设置。

图 4-3　页面设置对话框

4.1.1.4　文档打印

打印文档之前,建议先点击菜单"文件"→"打印预览"命令,先浏览打印效果,如果不满意,再进行一些修改。最后,确认编辑内容无误后便可打印文档了。点击菜单"文件"→"打印"命令,弹出"打印"对话框。在该对话框中,可以设置打印的页面范围、每页的版数等信息。例如,选择每页的版数为 4 版,则打印时可以同时将 4 个页面按比例缩小并排列在一张纸上。

4.1.2　文档编辑

4.1.2.1　文字格式设置

选定需要设置字体格式的文字,单击菜单"格式"→"字体"命令,弹出如图 4-4 所示的字体对话框。该对话框包含有"字体"和"高级"2 个选项卡。"字体"选项卡中可以选择文字字体、字形、字号及效果等,单击"确定"按钮即可。"高级"选项卡可以通过设置字符的缩放、间距和位置来设定文字之间的距离,单击"确定"按钮即可。

图 4-4　文字格式设置对话框

4.1.2.2　段落格式设置

首先，选定需要设置段落格式的文字，单击菜单"格式"→"段落"命令，弹出如图 4-5 所示的段落对话框。该对话框包含有"缩进和间距"、"换行和分页"和"中文版式"3 个选项卡。"缩进和间距"选项卡中可以选择段落对齐方式、缩进、间距等，单击"确定"按钮即可。"换行和分页"选项卡可以确定分页的一些设置，单击"确定"按钮即可。"中文版式"选项卡还可以设定换行及字符间距等格式。值得一提的是，Word 的快捷工具栏上有"两端对齐"、"居中"、"左对齐"、"右对齐"和"分散对齐"5 个工具按钮，可以快速改变段落的对齐方式。

图 4-5　段落格式设置对话框

4.1.2.3　插入特殊字符

点击菜单"插入"→"特殊字符"命令,打开"插入特殊符号"对话框,在这个对话框中有"标点符号"、"特殊符号"、"数学符号"和"拼音"等 6 个选项卡。从列表中选择欲插入的特殊字符,单击"确定"按钮,选中的字符就插入到了文档中。

如果在特殊符号对话框中找不到目标字符,还可点击菜单"插入"→"符号"命令,弹出如图 4-6 所示的"符号"对话框。该对话框有"符号"和"特殊字符"2 个选项卡。尤其是"符号"选项卡中的子集中提供了大量的特殊字符,比较常用的有基本拉丁语、基本希腊语等。

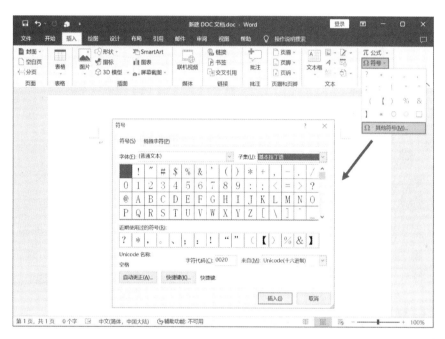

图 4-6　插入特殊字符

4.1.2.4　编号的设置

项目符号和编号是指在段落前添加的符号或编号。合理使用项目符号和编号不但可以美化文档,还能使文档层次清楚、条理清晰。一般来说,在"开始"功能栏中使用段落工具栏上的"项目符号"和"编号"按钮(见图 4-7),可以为文档快速添加项目符号和编号。

图 4-7　编号的设置界面

4.1.2.5 目录的创建

在毕业论文及科学书籍的编撰过程中,经常需要创建目录。具体创建过程为:①输入文字,如"第 1 章"、"1.1"、"1.1.1"和"1.1.1.1"等内容;②在 Word 界面中,选择"视图"功能栏中"文档视图"工具栏上"大纲"(见图 4-8),在"大纲"的工具栏上,给各个标题分别给出级别;③将文字插入点即光标置于文档最前面;④点击菜单"插入"→"引用"→"索引和目录",弹出"索引和目录"对话框,选择"目录"选项卡,根据实际情况设置级别,点击"确定"按钮;⑤返回到 Word 主页面,靠复制的方法将已建好的目录进行延伸。

图 4-8 目录的创建界面

4.1.3 输入公式

4.1.3.1 简单公式的输入

一些简单的公式、化学式等可以直接通过键盘输入,只需要设置上下标即可完成,如输入化学式 $2H_2 + O_2 =\!=\!= 2H_2O$,首先将中文输入状态转换成英文输入状态,输入化学式的字母和符号,选中 H_2、O_2 和 H_2O 中的"2",在开始选项卡中的字体功能栏中,点击"下标"功能键,就完成了该化学反应方程式的输入。

物理公式的输入常常会需要输入特殊的物理符号,如 α、β 和 γ,可以进入"插入"选项卡,在"符号"功能栏中选择"符号"按钮,此时拓展栏会出现 4 行常用的符号,若其中有需要的符号可以直接点击即可插入,若需要的符号不在拓展栏中显示,则点击"其他符号"在弹出来的对话框中进行查找。用户也可根据更改"子集"来筛选符号,通常选择"基本拉丁语",可在"字体"选项更改插入符号的字体格式。

4.1.3.2 Word 自带公式编辑器

利用 Word 自带公式编辑器,可编写一些复杂的数学公式。当键入公式时,Microsoft Equation 根据数字和排版格式约定,自动调整公式中各元素的大小、间距和格式编排。

使用 Word 自带公式编辑器输入的方法如下:进入"插入"选项卡,在"符号"功能栏中选择"公式"选项,此时拓展栏会出现几个常用的公式,若其中有需要的公式可以直接点击即可插入,若没有需要的公式,还可以点击"Office.com 中的其他公式"查找常见的公式。也可以点击"插入新公式",根据自身需求选择公式格式、符号和结构插入自定义的公式。此外,"墨迹公式"功能还可以以鼠标代笔实现公式的手写输入。插入公式后,若要对公式进行修改,双击该公式还可以继续实现编辑效果,选中待修改的内容,输入修正内容,最后关闭面板即可。插入公式对话框如图4-9所示。

图4-9 插入公式对话框

对于相似或相同的公式则可采取"复制"的方法,避免重复工作。这样只要改动一点点不同之处就可以收到事半功倍的效果。方法有两种:一种是在 Word 中直接复制整个公式,另一种是在"公式编辑器"复制公式的一部分,下一次启动"公式编辑器"时再粘贴到其他公式中使用。

公式编辑器中最常用的几个快捷键有 Ctrl+H(上标)、Ctrl+L(下标)、Ctrl+J(上下标)、Ctrl+R(根号)、Ctrl+F(分号)。公式编辑器中通用的几个快捷键为 Ctrl+A(全选)、Ctrl+X(剪切)、Ctrl+C(复制)、Ctrl+V(粘贴)、Ctrl+B(加黑)、Ctrl+S(保存)、Shift+方向键(局部选择)。

编辑器中有几个特殊情况的处理需要注意:①有时上下标为汉字,则显得很小,看不清楚,可以对设置进行如下改变:操作为"尺寸/定义",在出现的对话框中将上下标设为8磅。②如果 Word 正文选用五号字,则将公式编辑器中"尺寸/定义"对话框中的"标准"定为11磅最为适宜。③在输入法的全角状态下,可以输入空格,半角状态下则不可以。④在"样式/定义"中可以对文字进行加黑或倾斜等设置。⑤在公式编辑中,一些特殊符号无法直接输入(如①、★、≌、∽、⊙等),可先在 Word 正文中插入某个特殊符号,再通过复制和粘贴的方法将它移植到公式。

4.1.3.3 MathType 公式编辑器

MathType 公式编辑器的使用需要提前下载并安装好 MathType 软件(Windows 系统),并将安装好的 Microsoft Word 更新至最新版本。

MathType 的界面包含五个区域:①菜单栏;②符号模板;③快捷表达式;④显示区;⑤状态栏。灵活应用公式编辑器的模板,可以构造出复杂的数学公式,还可以应用于其他方面,如书写化学方程式。MathType 公式编辑器界面如图4-10所示。

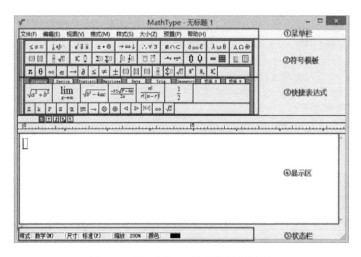

图 4-10　MathType 公式编辑器界面

MathType 软件上手比较容易,大家根据需求输入公式即可,下面主要介绍将公式插入 Word 中的两种方法。

1. 直接复制、粘贴

打开 MathType 公式编辑器,将公式输入至显示区,全选公式并复制(Ctrl+C),再将其粘贴(Ctrl+V)到 Word 文件的指定位置,或者也可以直接在 MathType 中选中公式直接拖至 Word 文件的指定位置,如图 4-11 所示。粘贴到 Word 文档中的公式,若需要修改,可以双击这个公式,在弹出 MathType 公式编辑器进行更改。更改完成后,按快捷键"Ctrl+S",或点击右上角"关闭"按钮,弹出对话框选择"是"进行保存。

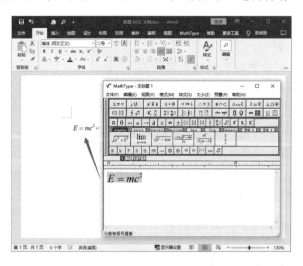

图 4-11　将 MathType 中的公式复制、粘贴至 Word 文档的操作界面

2. 在 Word 中调取 MathType 公式编辑器

启动 MathType 公式编辑器的方法为:选择"插入"选项卡中进入"对象"命令,弹出

"对象"对话框,如图4-12所示。在"新建"选项卡中下拉滚动条,选择"MathType 7.0 Equation",单击"确定"按钮后会在Word中将会出现MathType的编辑框,即成功启动公式编辑器。在公式编辑框中编辑公式,编辑完成后关闭公式编辑框,系统将给出提示"是否保存该项目",点击"是",并勾选下方的"不再显示此对话框",即可在Word正文中出现刚才所输入的公式。

图4-12 在Word中调取MathType公式编辑器的操作界面

3. 添加MathType加载项

首先打开Word软件,进入其操作主界面,然后单击菜单栏"插入"按钮。找到"加载项"属性栏,选择其中的"获取加载项",在弹出的"Office加载项"中搜索"MathType",然后单击右侧的"添加"按钮,将其作为加载项添加。添加完成以后,就可以在Word的操作界面右上角看到所添加的"MathType"加载项,首次添加使用时,它会提示使用方法,即当需要编辑公式时单击相关的两个按钮即可。添加"MathType"加载项的操作界面如图4-13所示。

图4-13 添加"MathType"加载项的操作界面

使用"MathType"加载项的正确操作:"MathType"加载项分为两个按钮,即 Math(数学)和 Chemist(化学),基本包含了我们能遇到的大多数情况,我们可以根据遇到的情况来选择一个公式进行编辑,编辑完成后直接点击"插入"即可。"MathType"加载项界面如图 4-14 所示。

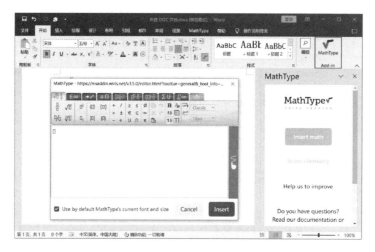

图 4-14 "MathType"加载项界面

4.1.4 表格使用

4.1.4.1 插入表格

在对文档进行编辑时,经常需要输入各种表格。首先,把鼠标移到文档中需要插入表格的位置,点击菜单"插入"→"表格"命令,弹出"插入表格"对话框。在该对话框中确定表格尺寸及自动调整操作方式,点击"确定"按钮,回到 Word 文档编辑窗口,就会出现设定的表格。

图 4-15 插入表格界面

4.1.4.2 自动套用格式

Word 程序中设置了多种表格格式,用户可以用自动套用格式的方法直接套用,也可以自己用边框、底色、文字方向等设置自己喜欢的格式。自动套用格式的操作步骤如下:

首先,单击要套用格式的表格;然后单击鼠标右键,选"表格自动套用格式"命令,弹出左侧所示的"表格自动套用格式"对话框,在表格样式中选择所需的格式;最后,单击"确定"按钮,这样就可以在文档中插入一个设置好格式的空表格。自动套用格式界面如图 4-16 所示。

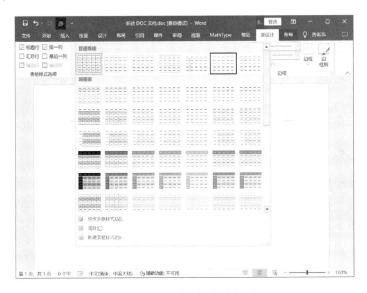

图 4-16 自动套用格式界面

4.1.4.3 绘制三线表

计算数据是科技论文的核心内容,表格广泛用来表述数据。其中,三线表因其形式简洁、功能分明、阅读方便而在科技论文中被推荐使用。三线表通常只有 3 条线,即顶线、底线和栏目线,即没有竖线,其中顶线和底线为粗线,栏目线为细线。三线表的绘制过程如下:

(1)点击菜单"插入"→"表格",选择 3 列 5 行,文档中出现一个 3 列 5 行的带框线表格。输入内容,并将第 1 列数据左对齐,第 2 列居中,第 3 列数据右对齐。

(2)鼠标移到表格左上角,出现四向箭头时选中表格(点黑),点击鼠标右键,点击"表格边框和底纹",在设置中选择"无",取消表格的所有框线。

(3)再选中表格,在快捷工具栏上的线型宽度下拉列表中选择一条粗一点的线(如 2 磅),在表格的顶线和底线添加上框线。

(4)再选择一条细一点(如 1.5 磅)的线条画出栏目线,最后再根据快捷工具栏上的文字对齐方式进行适当调整,最终形成完整的三线表,如图 4-17 所示。

学号	姓名	成绩
01	张三	89
02	赵四	99
03	王五	73
04	马六	94

图 4-17　三线表图例

4.1.5　图片使用

4.1.5.1　插入图片

插入图片的种类和方法很多。这里简要介绍从文件中插入图片的方法。操作步骤为：点击菜单"插入"→"图片"→"来自文件"，弹出"插入图片"对话框，找到所需的图片，单击"插入"按钮即可将所需图片插入到文档中。插入图片操作界面如图 4-18 所示。

4.1.5.2　绘制图形

在 Word 中点击菜单"插入"→"插图"，勾选"形状"，通过该工具栏，我们可以在文档中绘制各种线条、连接符、基本图形、箭头、流程图、星、旗帜、标注等图形内容。例如，单击"绘图"工具栏上的"自选图形"按钮，弹出自选图形列表，在列表中选择所需要的图形按钮。在页面中按住并拖动鼠标，即可绘制出所需要的图形。绘制图形操作界面如图 4-19 所示。

图 4-18　插入图片操作界面

图 4-19　绘制图形操作界面

4.1.5.3 插入文本框

文本框具有与其他自选图形所拥有的特点,可以对文本框进行格式设定、旋转、翻转及组合等。单击"插入"工具栏上的"文本框",在下拉选项中选择"绘制横排文本框"或"绘制竖排文本框"按钮,在页面上拖动鼠标绘制矩形文本框外形,鼠标键双击即可在矩形框内输入文本。插入文本框操作界面如图 4-20 所示。

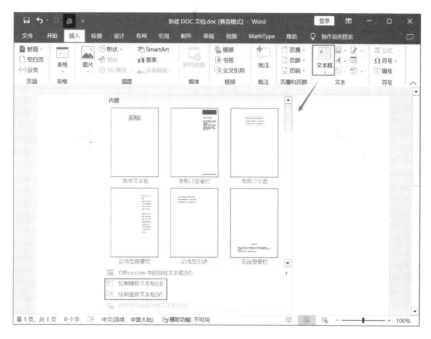

图 4-20　插入文本框操作界面

4.2　Excel 在数据处理中的应用

Excel 是 Windows 环境下的电子表格软件,是 Office 成员之一。使用 Excel 可以完成普通表格软件的所有功能,将大量的数据收集和组织起来,构成数据库文件。Excel 还提供了较多的图表类型,可以根据需要创建符合要求的图表。它操作简单、方便、功能强大。下面简要地介绍 Excel 的基本概念、基本操作、数据处理、函数应用及简单绘图。

4.2.1　工作簿与工作表的基本操作

4.2.1.1　Excel 的主界面

Excel 主界面主要包括菜单栏、编辑栏、任务窗格、工作簿、单元格和活动单元格。

Excel 的主界面如图 4-21 所示。

图 4-21　Excel 的主界面

具体来说,菜单栏是由文件、编辑、视图、插入、格式、工具、数据及窗口等多个子菜单组成,每个子菜单都有一个下拉式菜单。在一个单元格中输入数据时,输入的数据也同时会出现在编辑栏中。当单元格中数据较多时,可以直接在编辑栏中输入和修改数据。任务窗格可以显示与当前操作相关的一些功能选项。在默认情况下,一个工作表包含 3 个工作簿,分别是 Sheet1、Sheet2、Sheet3。这些工作簿由一些横向和纵向的网格组成,横向的称为行,纵向的称为列。单元格则是工作表中的一个格子,它由所在行和列所确定的坐标来标识和引用的。例如,B10 表示第 2 列的第 10 行所代表的单元格。而在向某个单元格中输入数据时,该单元格显示为由粗边框包围,此被定义为活动单元格。

4.2.1.2　数据的输入

为了把数据输入到单元格中,必须先在一个单元格内单击选中,即以黑色边框突出显示。在输入字符的时候,单元格里出现输入的数据,且数据也自动出现在编辑栏中。值得注意的是,如果要把文本分为几行,需要使用"Alt+Enter"组合键。输入文本后,用鼠标单击其他单元格,即可完成文本输入。

4.2.1.3　数据的编辑

当需要替换单元格中的数据时,可以选择单击单元格,使之处于激活状态,输入新内容,则原单元格内容被新输入的内容所替换。如果单元格中的大部分文字或公式都不需要修改,操作方法为:双击单元格或按"F2"键,直接在单元格中进行编辑。如果要删除单元格内容,只需选中单元格,按"Delete"键即可,此时删除的是单元格数据,其格式、批注等单元格属性仍被保存。要删除单元格属性,可以选中单元格,再单击菜单"编辑"→"清除"→"全部"即可。当单元输入结束时,使用回车键转入下面的单元。

在 Excel 中,如果要多次输入相同的数据,可以进行复制操作。具体操作为:选中要复制的数据区,单击鼠标右键选择"复制",把鼠标放在复制目的地的单元格上单击右键,选择"粘贴"按钮完成复制。如果要移动数据,只需要在上述复制操作中,选择"剪切"按钮即可。

在输入数据时,有时由于疏忽遗漏了一行或者一列数据,可以采用插入单元格、插入行和插入列来弥补。具体操作如下:①把鼠标移动到需要插入单元格的位置,点击鼠标右键选择"插入";②在弹出的"插入"对话框中选择"活动单元格下移";③点击"确定"按钮。按照不同情况,可以选择"活动单元格右移"、"整行"和"整列"。

对于有规律的数字和文字,如连续的数字、偶数、奇数、星期、日期和章节等,可用 Excel 自带的自动填充功能来实现快速地连续输入。具体操作如下:选中具有一定规律的一组数据,将光标移至所选单元格区域的右下角,此时光标由"白色空心十字"变成"黑色实心十字",左键单击下拉至需要的位置,放开鼠标即可根据所选数据的规律进行填充;若需要反向填充,则左键单击上拉至需要的位置。当仅选中一个数据时,Excel 将根据下拉一个单位增值、上拉一个单位减值的规则填充。

4.2.2 Excel 图表功能在数据处理中的应用

4.2.2.1 数据筛选

有时需要从工作表的数据中找出满足一定条件的几行或几列数据,这就要用到 Excel 的数据筛选功能。数据筛选是将工作表中所有不满足条件的数据暂时隐藏起来,只显示那些满足条件的数据(数据并未丢失)。数据筛选的使用方法为:在标题行中点击一个单元格或者选中一整行,然后点击"数据"菜单中的"筛选"功能,这时我们可以看到,标题行的每个单元格都会出现三角形选项按键,点击它会依次显出来"升序排列"、"降序排列"、"按颜色排序"、"文本筛选"、"数字筛选"和"搜索框"等。Excel 中提供了两种数据的筛选操作,即"自动筛选"和"高级筛选"。筛选功能界面如图 4-22 所示。

"自动筛选"为"升序排列"、"降序排列"和"按颜色排序",可以快捷定位需要查找的信息,一般用于简单的条件筛选,筛选时将不满足条件的数据暂时隐藏起来,只显示符合条件的数据。如果我们想对任意一个标题字段进行排序,使数据看起来更规整,那我们可以使用筛选功能中的排序功能。如果我们想要筛选特定填充色的数据,点击任意标题字段处的三角形选项按钮,在弹出的对话框中点击"按颜色筛选",设置需要查找的填充色,这时就能一次性把填充一个颜色的数据都筛选出来。

"高级筛选"为"文本筛选"、"数字筛选"和"搜索框"。"文本筛选"可以对文本进行筛选;"搜索框"可以筛选以某个值开头、以某个值结尾、几位数字及精确查找包含某值的数据;"数字筛选"可以查找在某个区间的数据。除此之外,还可以通过多次筛选实现多条

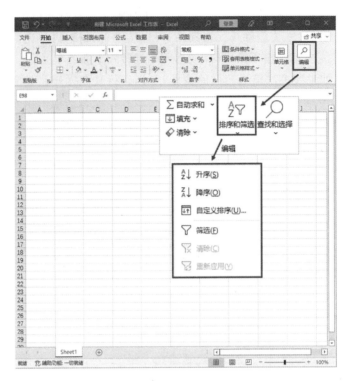

图 4-22 筛选功能界面

件筛选。需要说明的是,如果要清除筛选结果,可以点击"筛选"旁边的"清除"按钮,数据即可恢复至没有被筛选时的情形。

4.2.2.2 公式

所有的 Excel 公式都具有相同的基本结构:一个等号(=)的后边跟着一个或多个运算码,运算码可以是值、单元格引用、常量、区域名称或者工作表函数,期间以一个或者多个运算符连接,一个公式中允许使用的字符数最多为 1024 个。在 Excel 中输入公式时首先要选中要输入公式的单元格,然后在其中输入一个"=",Excel 就会认为正在输入一个公式,接着输入该公式的运算码和运算符,最后按回车键对输入的公式进行确定。

在 Excel 中,可以直接在单元格中输入公式进行简单计算。例如,简单的加减乘除运算,可以在单元格中先输入"=",之后在单元格中输入计算的数字和符号"+"、"—"、"*"或"/",输入结束后按下回车键即可返回计算结果。若代入计算的为当前 Excel 文件内的单元格,先在单元格中输入"="进入公式输入模式,然后单击需要参与计算的单元格,点击后被选中的单元格边框为加粗虚线,此时计算公式中的单元格会显示被选中单元格所在位置,且字体颜色与被选单元格的边框虚线同色,然后输入计算符号进入计算即可。

4.2.2.3 函数

Excel 中所提的函数其实是一些预定义的公式,它们使用一些称为参数的特定数值按特定的顺序或结构进行计算。每个函数都具有相同的结构式:函数名(参数1,参数2,…)。参数可以是数字、文本、表达式、单元格或者引用区域、数组、区域名称、逻辑值或者其他的函数。Excel函数一共有11类,分别为常用函数、全部、财务、日期和时间、数学与三角函数、统计、查找与引用、数据库、文本、逻辑、信息函数。输入函数方法为:点击菜单"插入"→"函数"→"或选择类别",在下拉菜单中选择所需函数并选定函数,计算数据区域即可使用。函数功能界面如图4-23所示。

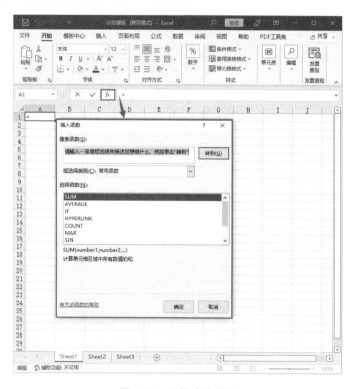

图4-23 函数功能界面

4.2.2.4 Excel 简单绘图

在 Microsoft Excel 中,图表是指将工作表中的数据用图形表示出来。Excel 提供了约14种标准图表类型,如面积图、柱形图、条形图、折线图、饼图、圆环图、气泡图、雷达图、股价图、曲面图、散点图、锥形图、圆柱图、棱锥图等,每种图表类型又都有几种不同的子类型。此外,Excel 还提供了约20种自定义图表类型,用户可根据不同的需要选用适当的图表类型。关于各种图标类型的具体情况,可单击工具栏上的"图表向导"按钮,或单击菜单"插入"→"图表",选择"图表"项,即可查看各种图表。建立图表的过程非常简单,只要按照"图表向导"的有关说明一步一步地进行操作,即可完成图表的制作。

用鼠标选中需要进行绘图的所有数据,点击菜单"插入"→"图表",弹出了"图片向导"对话框。根据需要选择适合的图表类型,确认绘图的数据区域,点击"确认"按钮即可完成自动绘图的功能。图表功能界面及绘制图例如图4-24所示。

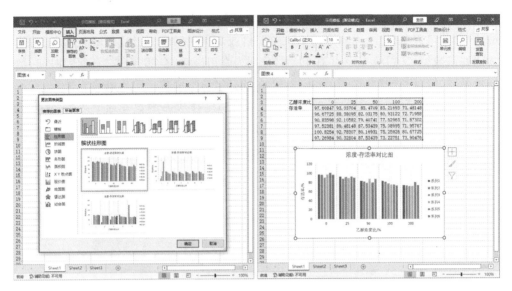

图 4-24　图表功能界面及绘制图例

4.3　PowerPoint 在化学化工中的应用

PowerPoint 是一种功能强大的电子演示文稿制作工具,用它可制作适合不同需求的幻灯片并放映。在课堂教学、学术论文报告中,经常会接触到各种各样的演示文稿。PowerPoint 与 Word、Excel 一样均属于 MicroSoft 公司的 Office 系列产品之一,它们之间具有很好的兼容性。在 PowerPoint 中制作的演示文稿不仅包括文字,还包括图像、图标、声音、视频和超级链接等多种对象,能非常方便地制作出各种动画效果。由于 PowerPoint 功能丰富,通常在化学化工学术论文中用于图片的简单处理和排版。

4.3.1　图片的处理

4.3.1.1　插入图片

PowerPoint 常用的插入图片的方法有以下三种。

1. 插入法

首先选中需要插入图片的幻灯片,点击"插入"选项卡,找到"图像"组中的"图片"功能命令,点击"图片",弹出"插入图片"对话框,找到电脑本地的图片,点击"插入",然后图片成功地插入到幻灯片中。

2. 复制法

用户可以选中目标图片,点击鼠标右键选择弹出的功能对话框中的"复制"命令,然后在幻灯片中点击鼠标右键,选择弹出的功能对话框中的"粘贴"命令即可成功插入图片。或者使用快捷复制键"Ctrl＋C"和快捷粘贴键"Ctrl＋V",实现图片快速地复制与粘贴。

3. 拖拽法

拖拽法是最直接快速,也是最常用的方法,一步即可完成插入图片的操作:用鼠标左键选中目标图片,按住鼠标左键不放,将目标图片拖动至幻灯片中,然后松开鼠标左键即可成功地插入图片。

4.3.1.2 更改图片大小

有时候,插入的图片会过大或者过小,不利于操作,于是需要更改图片的大小至合适的尺寸。一般,更改图片的大小有如下两种方法。

1. 常规操作

单击选中目标图片,点击"图片格式"选项卡,在上方的"裁剪"功能栏中可以对图片的长宽大小进行调整,也可以手动输入自定义图片大小。点击"拓展"图标还能进行更多的设置,如锁定横纵比、相对于图片原始尺寸、幻灯片最佳比例等,用户可根据实际需求进行选择。也可以点击鼠标右键选择弹出的功能对话框中的"设置图片格式"命令进入设置对话框,如图 4-25 所示。

图 4-25　设置图片格式对话框

2. 拉伸操作

单击选中的目标图片,图片边框会出现白色圆点,鼠标移至任意一个点上,鼠标的箭头标志会变成双向箭头,按住鼠标不松手,进行上下左右拖动(对角的点就斜向拖动)即可改变图片的大小。若图片格式开启"锁定横纵比"功能,则图片将随着鼠标位置等比例地放大或缩小;若图片格式未开启"锁定横纵比"功能,则图片可以任意放大或缩小,图片将随着鼠标位置非比例地放大或缩小,此时图片将会产生变形。

4.3.2 图片的裁剪及标记的添加

4.3.2.1 图片的裁剪

单击选中目标图片,点击"图片格式"选项卡,在上方的"裁剪"功能栏中点击"裁剪"按钮。点击"裁剪"按钮之后,在我们需要裁剪的图片周围就会显示几条比较粗的可以拖动的控点。控点内色调正常的部分为选中保留区域,控点外的阴影部分为裁剪区域,推动控点直至裁剪出需要的图片。

一般而言,在上方的"裁剪"功能栏中点击"裁剪"按钮产生的是矩形的裁剪区域,若裁剪的区域为其他形状,还可以点击"裁剪"按钮下方的拓展图标,在弹出的对话框中选择"裁剪为形状",此时对话框旁则会出现形状选项栏,用户可根据实际的需求选择需要的形状。图片裁剪操作界面如图 4-26 所示。

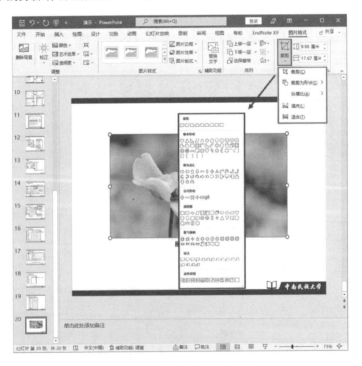

图 4-26 图片裁剪操作界面

4.3.2.2 图注的添加

图片处理好之后,还需要给图片添加图注,在 PowerPoint 中,通常用文本框给图片添加标注。

鼠标单击"插入"选项卡,在"文本"组中单击选择"文本框"命令,然后在幻灯片中就可以用鼠标拉出一个横向的文本框。PowerPoint 文本框有横向文本框和垂直文本框两种形式,直接单击此命令,则默认添加横向文本框。若需要垂直文本框,可以点击文本框下方的三角形箭头,选择下拉框中的垂直文本框。

选择好文本框类型后就可以在文本框中编辑文本了。在横向文本框中输入文字,文字的方向是水平的;在垂直文本框中输入文字,文字方向是垂直的。若需要更改文字大小,先点击目标文字所在的文本框,选中需要更改大小的文字段落,点击"开始"选项卡,在"字体"功能栏中调整所选文字的字体和大小,在这个功能栏中还能对文字进行加粗、斜体、下划线、文字阴影、字符间距、更改大小写、文本突出显示颜色和字体颜色的设置。

4.3.2.3 图片内添加标记

在化学化工学术论文的数据图片中,常常需要在图片上添加标记,以强调图片中突出显示的特定点,使得图片重点在视觉上被突出,如用形状显示出图片上的重点,在图片上添加标尺等,这一种简单的标记可以用 PowerPoint 的插入图形功能实现。它只需几个简单的步骤即可完成:

打开 PowerPoint 后,点击最上面功能栏的"插入"按钮,然后下边就会出现各种功能的选项,需要什么就点击插入什么,点击"形状",在它的下拉菜单中有很多种形状,选择合适的图形插入,调整好形状的颜色、大小、位置和填充效果即可完成。

4.3.3 图片的排版

4.3.2.1 多图片对齐

当在 PowerPoint 中插入大量图片时,为了美观,常常需要对图片进行排列。一张一张图片手动对齐非常麻烦,需要浪费很多时间。下面一起来学习如何快速将大量图片排列整齐。

将目标图片全部选中后,激活上方的"图片格式"选项卡,在"排列"功能栏中"上移一层"右边的图标为"对齐"按钮,点击后显示的下拉菜单(见图4-27)前六项为不同的对齐方式,其次两项为分布方式,最后两项为对齐模式。"横向分布"为使图片之间横向间距相同,"纵向分布"为使图片之间纵向间距相同。对齐模式的选择会直接影响到对齐方式的参照对象,若选择"对齐幻灯片"模式,则所选图片的对齐方式以幻灯片为参照对象进行对齐;若选择"对齐所选对象"模式,则所选图片的对齐方式以所选图片的边框为参照对象进行对齐。

图 4-27　图片对齐功能的下拉菜单

值得一提的是,"对齐"功能不仅仅适用于图片,还能对多个文本框及图片和文本框的混合组合进行对齐操作。

4.3.2.2　多图片组合

通过组合图形,可以简化复杂形状的处理,可以实现一次移动、缩放,而不用再分别移动和缩放各个形状。图片组合操作步骤为:按住"Shift"键,逐个选择需要组合的图形,右键单击任意一张选中的图片,在弹出的菜单中选择"组合"选项,此时会弹出"组合"、"重新组合"和"取消组合"三个选项,选择"组合"选项,这样选中的图片就能够组合。组合成功后它们就是一个整体并位于同一图层,单击任意一张组合中的图片,此时组合图片整体外框为灰色虚线。若想对组合图片整体进行调整修改,则选中组合图片的灰色虚线外框,边框将从灰色虚线变为黑色实线,此时无论我们怎么拖动、调整大小,它们都是同步变化的。"组合"功能与"对齐"功能一样,能对图片和文本框进行任意的组合操作。

值得注意的是,图片组合后并不影响修改其中的单独图片,可在已经选中组合图片整体的情况下再单击需要进行修改的图片,则可以对选中的图片进行单独的修改,如拖拽移动选中图片的位置或设置选中图片的位置。若要取消组合,可以选择组合后的形状,单击鼠标右键,选择"组合"→"取消组合"即可。

4.3.2.3　图片的导出

PowerPoint 有以下两种图片导出的方式。

1. 将幻灯片导出为图片

若想要将幻灯片导出为图片格式,具体操作为:在 PowerPoint 的页面中点击左上角的"文件"选项,在弹出的序列栏中点击"另存为",选择图片保存位置,在弹出的对话框中的"保存类型"下拉选项中选择需要的图片格式,修改图片名称后点击"保存",然后系统会弹出对话框"您需要保存哪些幻灯片",视情况选择"所有幻灯片"或"仅当前幻灯片",就保存成功了。

2. 将幻灯片中的图片导出

若想要将幻灯片中的图片导出,具体操作为:在幻灯片中选中需要保存的图片,单击鼠标右键选择"图片另存为",选择图片保存位置,在"保存类型"下拉选项中选择需要的图片格式,修改图片名称后点击"保存"图片就保存成功了。

在 PowerPoint 中导出的照片通常会模糊,要想在 PowerPoint 中导出高清图片需要对 PowerPoint 进行设置,具体操作为:在 PowerPoint 的页面中点击左上角的"文件"选项,在弹出的序列栏中点击"更多",在弹出的选项中选择"选项",此时就可以对 PowerPoint 进行设置,进入"高级"选项栏,在"图像大小和质量"中可以看到系统的默认分辨率为"330 ppi",将其更改成"高保真",并且勾选"不压缩文件中的图像",点击"确定"按钮后在当前 PowerPoint 中保存的图片不会出现压缩。图像大小和质量设置对话框如图 4-28 所示。

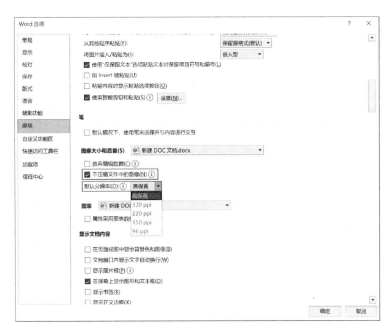

图 4-28　图像大小和质量设置对话框

练 习 题

1. 在 Word 中创建一个三线表格。

2. 使用自带的公式编辑器插入一个公式。

3. 在 Excel 中导入一组数据,并使用 Excel 中的绘图模板绘图。

4. 在 PPT 中导出一张不压缩画质的图片。

第 5 章

EndNote——文献检索及管理

EndNote 是一款由 Thomson Corporation（汤姆森公司）下属的 Thomson ResearchSoft 公司开发的优秀的文献管理软件，可以帮助用户快速收集文献，创建自己的文献库并管理、编辑；具备搜索功能，可搜索在线文献资源并直接下载；可以与其他用户共享信息并管理文献发表列表；涵盖了各个领域的英文期刊，支持大部分国际期刊的参考文献格式等。EndNote 在文献管理软件市场上拥有较大的占有率，是科研工作者最常用的软件之一，也是广大师生阅读、科研、出版的好帮手。

5.1 EndNote 概述

5.1.1 软件简介

常见文献管理软件有汤姆森科技信息集团的 EndNote、Reference Manager、ProCite，以及基于网络的 RefWorks。EndNote 是最受欢迎、最好用的软件，Reference Manager 提供网络功能可同时读写数据库，ProCite 提供弹性的群组参考及可建立主题书目，Refworks 是一款基于网络的研究文献管理软件。中文文献管理软件中有 NoteExpress、NoteFirst、Mendeley、PowerRef、Zotero 等，这些文献管理软件从功能上各有特色。

EndNote 是一款用于海量文献管理和批量参考文献管理的工具软件，自问世起就成为科研界的必备工具。在没有 EndNote 时，科研工作者整理文献时从各大数据库中搜集到的文献往往千头万绪，或重复或遗漏，难以管理，阅读所做的笔记则分散各处，难以高效地进行有机整合。到写论文时，大量的文献引用往往复杂异常，尤其论文修改涉及引用文献时，牵一发而动全身，只要修改了一处引用文献，之后所有的引用文献都要做相应修改。使用 EndNote 可以彻底解决这些难题。

5.1.2 软件优势

EndNote 作为一款文献管理及写作软件,在同行业中遥遥领先,使用用户最多,运用群体广泛,尤其受图书管理人员、科研人员的喜爱。EndNote 之所以能得到广大用户的支持与肯定,主要由于它具备了以下优势:

(1) EndNote 是 SCI 发表《科学引文索引》(Science Citation Index,SCI) 文章时所采用的官方软件,支持国际期刊的参考文献格式有 3776 种,写作模板有几百种,涵盖各个领域的杂志。用户可以方便地使用这些格式和模板,若用户准备写 SCI 稿件,更有必要采用此软件。

(2) EndNote 能直接连接上千个数据库,并提供通用的检索方式,为用户提高了科技文献的检索效率。

(3) EndNote 能管理的数据库没有上限,至少能管理数十万条参考文献。

(4) EndNote 快捷工具嵌入到 Word 编辑器中,用户可以很方便地边写论文边插入参考文献,书写过程中不用担心插入的参考文献会发生格式错误或连接错误。

(5) EndNote 的系统资源占用小,很少发生因 EndNote 数据库过大发生计算机死机的现象,这是 EndNote 最重要的特色之一。

(6) 国外数据库下载数据时,均支持 EndNote,即使检索的机器上没有安装 EndNote,用户照样方便使用。

(7) EndNote 有很强的功能扩展,如果默认安装的 EndNote 不能满足要求,可以很方便地扩展其功能而不需要专业的编程知识。

(8) EndNote 的应用不局限于投稿论文的写作,对于学生毕业论文的写作也会起到很好的助手作用。

5.2 EndNote X9 功能介绍及演示

5.2.1 EndNote X9 功能简介

目前在学校里盛行的 EndNote 版本是 EndNote X9。EndNote X9 最大的优势是界面简洁,操作简单,共享方便。目前,全球有数百万研究人员、图书管理员和学生在使用 EndNote X9 这个书目管理和写作软件。EndNote X9 之所以能够深受用户的喜爱,离不开其丰富的功能。

(1) 轻松检索:EndNote X9 支持 6000 多个在线资源数据库检索及文献结果导入。

(2) 文献分组管理:EndNote X9 支持多种分组方式管理个人文献数据库,如智能检索可自动筛选符合建组条件的文献信息,并随新文献导入即时更新;组合分组可将已经设置好的组用 AND、OR 和 NOT 进行组与组之间的匹配,并创建一个新的组合组。

(3)插入参考文献:与 Microsoft Word 对接,将文中和文后参考文献直接插入至论文中。

(4)同步个人文献数据库:EndNote X9 支持单机版、Online 版及 iPad 间的文献同步。

(5)共享个人文献数据库:最多可与 100 位 EndNote X7、X8、X9 版本的用户共享一个文献数据库。

(6)活动日志:可通过 Activity Feed 查看共享的团队成员共享、修改、增加、删除文献、新建组等操作历史与活动状态,了解团队的工作进度。

(7)浏览并标注文献全文:对一篇 PDF 文件可添加 Note 信息,方便日后实行快速查找。同时,可对文献全文进行高亮标识及添加标注。EndNote X9 支持对选定的一篇文献及其 PDF 等附件以发送 Email 的形式,一键式快速分享给其他用户。

5.2.2 EndNote X9 功能演示

5.2.2.1 检索和下载文献

首先打开 EndNote X9,新建个人文献图书馆(*.enl),进入主界面,点击左上角图标①,进入"本地库和在线搜索"模式,如图 5-1 所示。

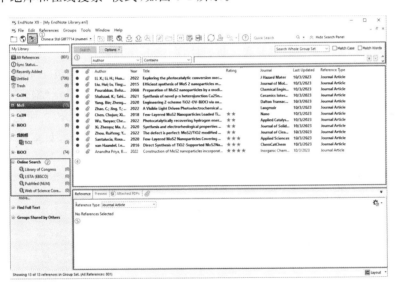

图 5-1 EndNote 页面分区介绍

区域②为常见的几种数据库。

区域③为检索方式,包括作者、年份及标题等检索方式。

区域④为检索结果显示区。

区域⑤为文献预览区域,包括文献信息、文献引文格式及摘要、文献 PDF 附件。

5.2.2.2 利用软件实现快速阅读

在区域④中用鼠标逐条点击文献记录,区域⑤便会显示该文献的引文格式及其文章摘要,如此便能高效地进行文献阅读,如图 5-2 所示。

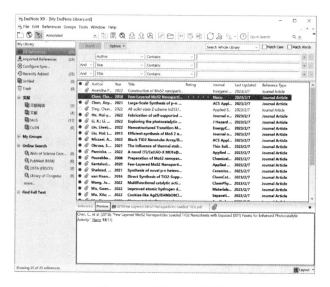

图 5-2　EndNote 文献阅读

5.2.2.3　利用星标快速筛选文献

阅读过程中,如需标记重要文献记录,可在 Rating 栏中进行标星号操作,然后点击"Rating"即可按照文献标记的重要程度进行降序(或升序)排序。

如需下载全文,只需要选中要下载的文献条目,右键点击选择"Find Full Text"菜单即可,EndNote 便会自动检索下载选中的文献。下载的文献保存在"My EndNote Library.enl"的同根目录"My EndNote Library.Data"文件夹下的 PDF 文件夹中。文献条目行前有"回形针"标识,表示已经下载了全文,如需查阅全文内容,只需选中该文献条目,在图 5-3 中点击"Attached PDFs"即可查看。

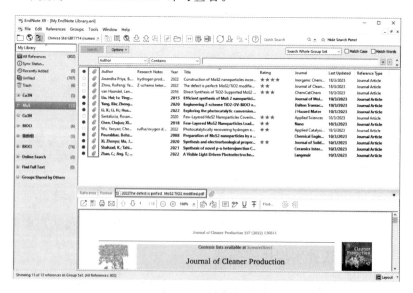

图 5-3　用星标筛选文献

如需在 PDF 阅读器中打开阅读，可以在 EndNote 文献阅读面板上双击链接的 PDF 即可进入全屏模式，如图 5-4 所示，在文献阅读过程中，利用工具栏可以进行"高亮、下划线"等批注，点击"保存"按钮即可保留注释。

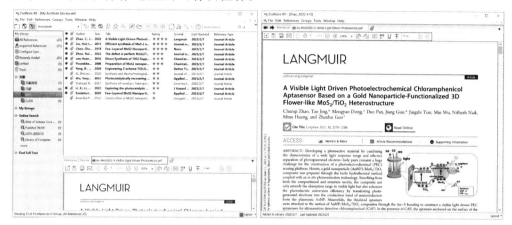

图 5-4　文献阅读及批注笔记

5.2.2.4　插入参考文献

首先在 Word 菜单栏的"EndNote X9"菜单下设置要插入的文献格式，并将光标定位在待插入文献所在位置，然后在 EndNote 中将需要插入文档的参考文献选中，点击工具栏图标，如图 5-5 所示，即可将选中的文献条目按照已经设定的文献格式插入文档中。EndNote 会自动更新文献引用标号，并将新插入的参考文献显示在相应位置；如需删除已插入的参考文献，只需要删除对应的文献引用标号，其对应的文献引用则会同步删除，无需手动删除。

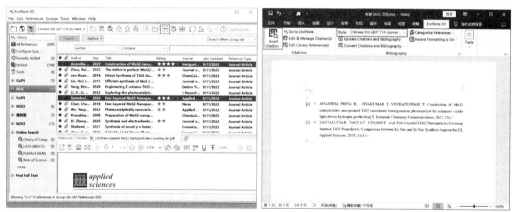

图 5-5　在 Word 文档中插入文献

EndNote 还可以插入图表，首先将待插入的图表以附件的形式附在参考文献中（为便于插图管理，可以新建图片组），选中要将图标插入的文献，选择工具栏"Preferences"→"Figure"→"Attach Figure"，如图 5-6 所示，在弹出的窗口中选择待插入的图表即可，还可以在"Caption"一栏输入图片标题以方便查找。然后在 Word 中将光标定位在待插入图片所在位置，在"EndNote"菜单下点击最左侧按钮"Insert Citation"旁的下拉三角形,选择"Insert Figure",在弹出的界面中搜索图片标题,选中要插入条目,点击"Insert",即完成插图。

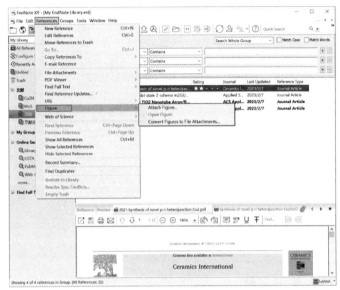

图 5-6　插入图片功能

5.3　EndNote X9 入门使用方法

5.3.1　EndNote X9 文献库的建立

5.3.1.1　建立文献库

一般情况,用户第一次打开 EndNote X9,界面会显示一片空白,这是由于当前没有建立数据库的结果,因此需要先建立一个文献数据库,这个数据库(系统默认命名为 My EndNote Library)相当于一个属于用户自己的图书库,是后续用来存放用户自己的文献资料。新建文献数据库具体操作流程如下:点击软件上方菜单"File"→"New",如图 5-7 所示,然后软件系统会弹出新的页面。

新建文献数据库后无任何文献记录,在软件系统中用户的数据库页面可分为三个主要区域,分别是文献分类区、文献显示及可搜索区和被选中文献展示信息区,在大致了解后,用户就可以按照本教程继续实现后续的操作。

5.3.1.2　添加文献

文献数据库创建好了之后便可以开始添加文献,收集文献信息的方法有很多种,如手动输入、联网检索、网站输出、PDF 导入、文本文件导入等方法。本小节主要讲解在线检索和批量导入,其他方法将会在 5.4.2 节中进行介绍。

第5章　EndNote——文献检索及管理

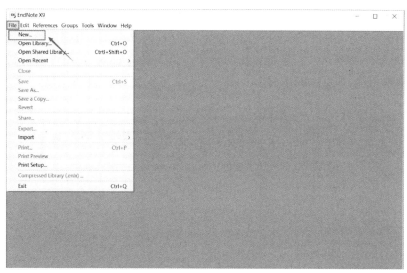

图 5-7　创建文献数据库

1. 在线检索

添加参考文献最常用的便是联网检索方法。如图 5-8 所示，EndNote 上方第二行工具栏的 🌐 为"本地库和在线搜索"模式，该模式下从"Online Search"中检索到的记录会自动放入"Unfiled"中。

选择"本地库和在线搜索"模式后，软件左侧的库导航区域会新增"Online Search"栏，该栏目下包括常用数据库。点击"more"可以选择目标数据库，需要说明一点的是，检索的数据库必须要有访问权限。若无 Web of Science 等数据库的访问权限，可以选择 PubMed 数据库进行检索学习。

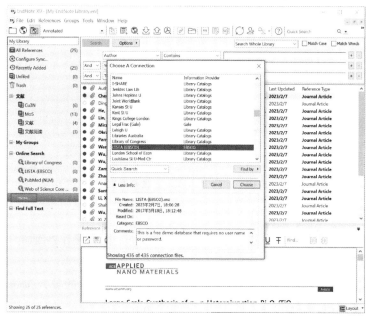

图 5-8　在线检索文献

65

与在英文数据库中进行检索一样,选择关键词进行检索(关键词组合,配合使用逻辑关系),如图 5-9 所示,点击"Search"开始检索,可以看到 PubMed 数据库检索到大量的文献记录,若将所有文献导入需要相当长的时间。为了提高效率,我们可以限制导入的篇数或增加筛选条件,如可以限定前 100 篇或者设定年份为 2017 年的文献。

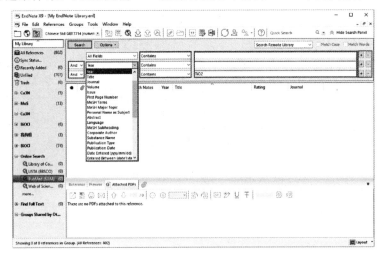

图 5-9　选择关键词检索文献

若在检索确认对话框中勾选"清除当前已有的检索记录",当前的检索记录将添加到对应的数据库记录列表中,同时此前的检索记录会在对应的数据库记录列表中被清除,但是在"All References"及"Recently Added"的记录列表中不会被删除,即当前对应的数据库文献记录列表只显示当前检索结果,但检索记录总数不会减少,为每次检索记录总和;若检索确认对话框中不勾选"清除当前已有的检索记录",当前的检索记录将添加到对应的数据库记录列表中,并且此前的检索记录会保留在对应的数据库记录列表中,如图 5-10 所示。需要注意的是,当搜索面板左上角显示的是"Cancel"时,表示检索正在进行;当显示的是"Search"时,表示检索已完成。

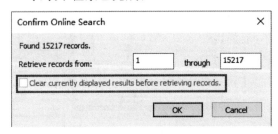

图 5-10　使用 PubMed 在线检索文献

2. 批量导入

可以将已下载好的 PDF 文件或文献夹导入到 EndNote 中,其操作界面如图 5-11 所示。
(1)单个 PDF 文件导入。

点击菜单"File"→"Import"→"File"(也可直接点击工具栏的导入按钮），在弹出的输入文件对话框中,选择要导入的 PDF 文件,"Import Option"选项选择"PDF",其他

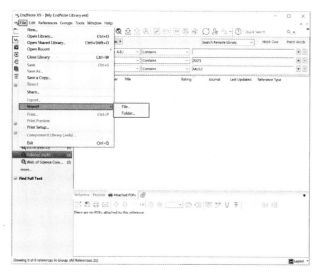

图 5-11　批量导入文献操作界面

默认即可,如图 5-12(a)所示。

(2)PDF 文件批量导入。

点击菜单"File"→"Import"→"Folder",在弹出的输入文件对话框中"Import Option"默认为导入"PDF"格式,"Import Folder"选择要导入 PDF 所在的文件夹,如图 5-12(b)所示。导入文件的路径下方有两个选项:"Include files in subfolders"即"包含子文件夹内所有文件",选择该选项表示选中的文件夹下的子文件中的 PDF 也会随文导入 EndNote 数据库;"Create a Group Set for this import"即"为导入的 PDF 创建一个组集",选择该选项会根据用户自身导入的文件夹自动生成对应文件夹名的新的分组。这两个可选项可单独勾选,也可同时勾选,可以根据用户自己的需要进行选择,其他默认即可,最后点击"Import"按钮导入。

需要说明的是,对于已下载的 PDF 中文文献,由于 EndNote 检索范围不包括中文,因此采用上述方法并不可行,最好的解决办法就是从中文数据库导出;对于导入 PDF 外文文献未成功的情况,一般是因为该文献较老,文中没有标记 DOI,或者未知原因导致的。这两种情况可以链接该文献所在数据库,利用数据库导入的方法便可解决。具体操作参见 5.4.2.2 小节。

(a)　　　　　　　　　　　　　　　　(b)

图 5-12　单个文件导入和文件夹批量导入对话框

5.3.2 文献管理功能

5.3.2.1 文献分组

用户在导入大量文献到 EndNote 软件数据库后,文献资料会显得杂乱,用户不易使用,因此对导入 EndNote 软件数据库的文献资料进行分组是必要的操作。

文献分组具体操作流程如下:点击"My Group"→"Create Group",如图 5-13(a)所示,然后软件系统会生成子组,用户可以自己命名子组的名称,便于需要各子组的文献资料可以快速查找阅读。创建好分组后右键点击需要分组的文献,然后根据下述操作进行分组:在"Recently Added"中选择需要分组的文献,点击鼠标右键选择"Add References To"并选择目标分组的名称,如图 5-13(b)所示。

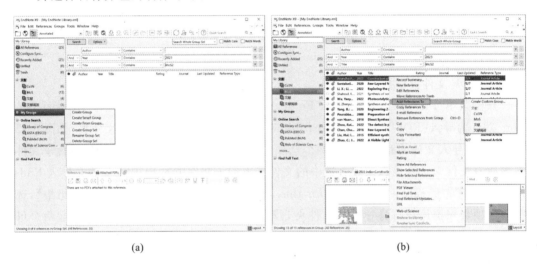

图 5-13 文献分组管理及将文献添加到指定分组操作界面

5.3.2.2 文献状态标识

EndNote 可以对文献进行检索、下载和快速阅读,可以根据星标(文献重要程度)、文献的已读或未读状态、标题、发表年份等进行排序筛选,也可以进行分组管理。文献的已读或未读状态标识设置,一种是在进行快速浏览时,当文献摘要浏览完成即认为该文献为已读状态,或者该文献在单独窗口中被浏览,如图 5-14(a)所示;另一种是在文献条目列表中,选择需要标记的文献,点击鼠标右键,选择弹出菜单进行设置,如图 5-14(b)所示。对文献进行检索、下载和快速阅读,根据星标(文献重要程度)进行筛选排序,可参见 5.4.3 小节。

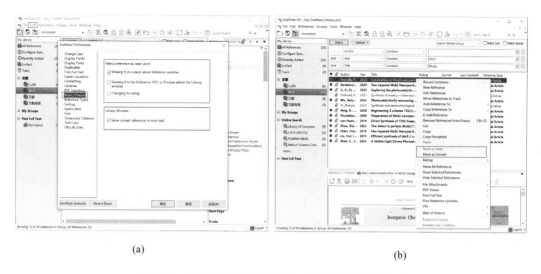

(a)　　　　　　　　　　　　　　　(b)

图 5-14　文献标识状态显示设置及标记文献阅读状态

5.3.3　文献的引用

用户导入大量文献到 EndNote 软件数据库,其目的是用户为了在撰写文档或学术论文时,可以直接从 EndNote 软件中方便直接引用已经导入到数据库中的文献。

文献引用具体操作流程如下:通过 Word 软件打开需要文献引用的文档或学术论文,再点击 Word 导览框中的"EndNote X9",并把鼠标光标移动到要引用的句子后面;打开 EndNote X9 软件,然后点击选择需要引用的文献;回到 Word 导览框中的"EndNote X9",然后用户根据需要引用文献的类型选择对应 Style,默认为自动选择,但可能会不符合用户的需求。用户根据引用文献的类型选择对应 Style 后,点击"Insert Citation",选择"Insert Selected Citation",如图 5-15 所示。

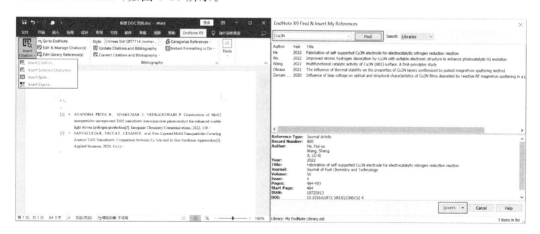

图 5-15　在 Word 中查找文献并插入

5.4 EndNote X9 使用进阶

5.4.1 界面介绍

EndNote X9 主界面如图 5-16 所示,现分别介绍区域①～⑩的名称或功能。

①导航区域:包括所有文献记录、同步状态、最近添加记录、未分类记录、回收站、个人分组、在线搜索常用数据库、查找全文。

②在线搜索面板:包括作者、年限、标题等限定检索项,可以使用逻辑关系联合多关键词进行检索,点击工具栏上的图标⑩可隐藏搜索面板。

③参考文献记录条目显示区:包括文献是否已读状态标识(状态标识为实心圆,标题加粗表示文献未读;状态标识为空心圆,标题未加粗表示文献已读)、文献的星标重要程度、文献发表年限、文献标题、作者、期刊名、文献类别等,点击栏目名可以进行排序、拖动等操作。

④参考文献记录条目详细预览窗口:包括 Reference——文献具体信息;Preview——文献预览窗口,其显示格式与工具栏上的图标⑥有关;Attached PDFs——已经下载的文献全文,如有则可进行全文阅读和注释;"回形针"图标——添加附件。

⑤界面布局按钮:可对界面重新进行布局。

⑥设置参考文献显示类型:如按照 Nature 或 Science 期刊格式显示。

⑦快捷按钮区:包括四个常用快捷工具按钮,第一个为在线搜索常用数据库选择,第二个为从文件中导入参考文献到文献数据库中,第三个为从文献数据库中导出参考文献,第四个为"Find full text"功能按钮。

⑧打开全文,这里是调用外部 PDF 阅读器进行阅读,如需使用 EndNote X9 内置阅读器,点击区域④的"Attached PDFs"即可。注意:这两种阅读模式的前提是文献必须是已经下载了全文,没有全文则不能打开查看。

⑨将选中的文献记录按照设定的文献格式插入 Word 中光标所处位置。

⑩隐藏搜索面板快捷按钮。

第 5 章 EndNote——文献检索及管理

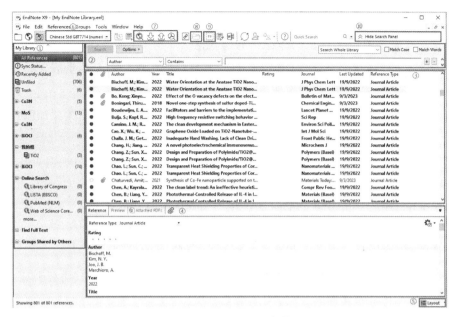

图 5-16　EndNote X9 主界面

5.4.2　文献导入数据库

在 5.3.1.2 小节中,我们已经提到过收集文献信息的方法,并已经介绍了在线检索和批量导入两种方法。本小节主要介绍其他方法。

5.4.2.1　手动输入

如图 5-17 所示,点击主菜单栏 "New Reference" 快捷按钮(或用快捷键"Ctrl+N")手动输入参考文献,弹出新建参考文献界面。

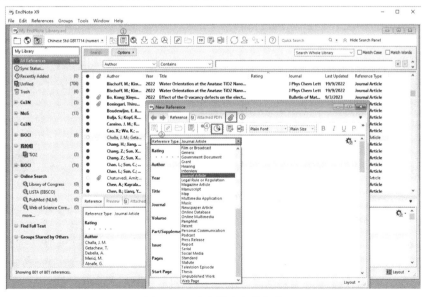

图 5-17　手动创建文献条目

71

Reference Type 为参考文献类型，包括期刊、专利、书籍、图表等，手动创建文献条目首先要输入参考文献类型，这里选择通常的期刊论文——Journal Article，然后在下面输入文献信息。需要注意的是，输入作者时，一行即是一个作者。输入必要信息后，关闭当前窗口，此时会提示是否保存，保存即可添加。

在手动输入参考文献的同时，也可点击图 5-17 中③添加全文，点击④添加图片。

5.4.2.2 数据库导入

一般数据库都支持输出检索结果，下面以常见的 Web of Science Core Collection、Scoups、Engineering Village、PubMed 等数据库为例来说明。

1. Web of Science Core Collection 数据库导入 (SCI 文献导入)

Web of Science 数据库的网址为 http://www.webofscience.com（需要科研机构和高校购买使用权限才可访问）。

如图 5-18 所示，在 Web of Science 页面点击"All Database"旁的下拉菜单，则可以看到所有可供检索的子数据库，点击"Web of Science Core Collection"链接即可进入。

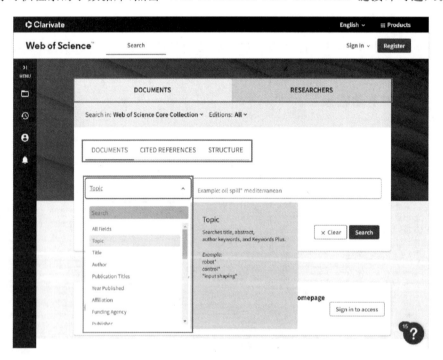

图 5-18 Web of Science 页面

输入关键词和检索条件，点击"Search"开始检索。

在检索结果页面中，选择所需排序方式（默认出版日期降序排列，一般是选择被引频次降序排列），点击"Save to EndNote desktop"，在弹出框输入导出文献记录数量（每次最多导出 500 条）和选择输出内容后，点击"Export"按钮，如图 5-19 所示。

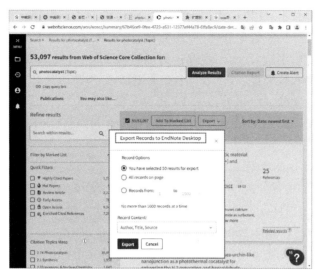

图 5-19　将 Web of Science 中的文献导入至 EndNote

此时导出记录已经保存到文件夹中,数据库系统自定义文件名为"savedrecs. ciw"。双击"savedrecs. ciw"文件即可直接被导入 EndNote 中,或者在 EndNote 软件中点击"File"→"Import"→"File"(也可直接点击工具栏的导入按钮⬇),在弹出对话框中,选择"savedrecs. ciw"文件,"Import Option"选择"ISE-CE",其他默认即可。

2. Scopus 数据库导入

Scopus 是目前收录最多的文摘数据库,由 Elsevier 出版商提供。它收录了来自全球 5000 多家出版商的 18000 多种同行评审期刊、500 多种会议录、600 多种商业期刊及 125 种丛书,内容涉及人文、科学、技术及医学方面的文献,其中有许多期刊来自多个著名的出版商,如 Elsevier、Kluwer、Institution of Electrical Engineers、John Wiley、Springer、Nature、American Chemical Society 等;Scopus 收录的中文期刊有 100 多种,包括《力学学报》《中国物理快报》和《中华医学杂志》等。数据可回溯到 1996 年。

Scopus 数据库的访问地址为 https://www.scopus.com/。

选择关键词进行检索,选择要导出的文献(若勾选全部,每次最多可导出 2000 条文献记录)后,点击"Export"按钮。

在弹出的输出文献设置对话框中,输出类型选择"RIS Format",输出内容选择"Citation information"和"Abstract and Keywords"(也可以全选),点击"Export"按钮即可导出文献,数据库系统自定义保存文件名为"scopus. ris"。

双击"scopus. ris"文件即可导入到 EndNote 中,或者在 EndNote 软件中点击"File"→"Import"→"File"(也可直接点击工具栏的导入按钮⬇),在弹出对话框中选择"scopus. ris"文件,"Import Option"选项选择"Reference Manager(RIS)",其他默认即可。

3. Engineering Village 数据库导入

目前全球最全面的工程领域二次文献数据库,侧重于提供应用科学和工程领域的文摘索引信息,涉及核技术、生物工程、交通运输、化学和工艺工程、照明和光学技术、农业工程和食品技术、计算机和数据处理、应用物理、电子和通信、控制工程、土木工程、机械工程、材料工程、石油、宇航、汽车工程及这些领域的子学科,其数据来源于5100种工程类期刊、会议论文集和技术报告,含700多万条记录,每年新增约25万条记录,可在网上检索1884年至今的文献。1995年以来EI公司开发了称为"Village"的一系列产品。该平台除了能检索Compendex(EI网络版)外,还能检索NTIS、US Patents、EP Patents数据库。

Engineering Village数据库的访问地址为https://www.engineeringvillage.com。

输入检索条件和关键词进行检索,在检索结果列表中勾选导出的文献记录(每次最多导出500条),点击"Download this record(s)",在弹出的输出文献设置对话框中,输出格式选择"EndNote","File Name:"处可更改文件名,Remove selected records after download(My PC only)处可以勾选(防止文献记录重复导出),点击"Download record(s)"即可导出文献。

双击下载好的文件即可导入到EndNote中,或者在EndNote软件中点击"File"→"Import"→"File"(也可直接点击工具栏的导入按钮），在弹出的对话框中选择对应的文件,"Import Option"选项选择"Reference Manager(RIS)",其他默认即可。

4. ScienceDirect 数据库导入

进入ScienceDirect数据库的高级搜索模式,其访问地址为https://www.sciencedirect.com/science/search。

输入检索条件和关键词进行检索,在检索结果列表中勾选要导出的文献记录(若不勾选,默认导出全部文献记录,每次最多导出1000条),点击"Export"选择"Export citation to RIS"导出文献记录。不论选择多少篇文献,下载完成后均只产生一个".ris"格式的文件,该文件已包含所有已选文献的文献记录。

双击文件即可将所选文献记录导入到EndNote中,或者在EndNote软件中点击"File"→"Import"→"File"(也可直接点击工具栏的导入按钮),在弹出对话框中选择相应文件,"Import Option"选项选择"Reference Manager(RIS)",其他默认即可。

也可以在数据库中将所需文献下载下来,单击下载的PDF文件,用鼠标直接拖入参考文献记录条目显示区即完成了文献的导入。

5. Springer 数据库导入

Springer数据库不支持批量导入,只能单篇导入,具体方法是进入该文献记录的具体页面,在页面右下角点击"Cite Article"后,选择".ris"或".enw"格式即可下载引文。

双击".ris"或".enw"格式的文件即可导入到EndNote中,或者在EndNote软件中点击"File"→"Import"→"File"(也可直接点击工具栏的导入按钮),在弹出对话框中选择对应的文件,"Import Option"选项选择"Reference Manager(RIS)"(导入.enw格式的文件时则选择"EndNote Import"或"EndNote Generated XML"),其他默认即可。

6. Wiley Online Library 数据库导入

Wiley Online Library 数据库的访问地址为 http://onlinelibrary.wiley.com/。

输入关键词进行检索,在检索结果列表中勾选要导出的文献记录,点击"Export"导出文献记录,后续步骤与上述数据库的类似。

7. ACS 数据库导入

ACS 数据库的访问地址为 http://pubs.acs.org/。

勾选要导出的文献记录,在"Exprot"下拉选项中选择"More Options",输出格式选择"RIS(ProCite,Reference Manager)",输出内容根据自身需求进行选择,最后点击"Download Citation(s)",如图 5-20 所示。将所需文献导出后,后续步骤与上述数据库的类似。

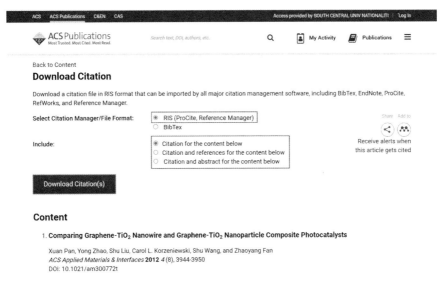

图 5-20 将 ACS 中的文献导出

8. IET Electronic Library(IEL)数据库导入

IET Electronic Library(IEL)提供美国电气电子工程师学会(IEEE)和英国工程技术学会(IET)出版的 275 种期刊、7213 种会议录、3889 种标准的全文信息。多数出版物提供 1988 年以后的全文数据,但有 IEEE 学会下属的 13 个技术学会的 18 种出版物可以看到更早的全文。

IET Electronic Library(IEL)数据库访问地址为 http://ieeexplore.ieee.org/Xplore/home.jsp。

输入关键词检索,勾选要导出的文献,点击"Export"导出文献记录,后续步骤与上述数据库的类似。

9. PubMed 数据库导入

PubMed 数据库为美国国家医学图书馆(NLM)下属的国家生物技术信息中心(NCBI)开发的一个基于 Web 的生物医学文献检索系统。PubMed 的部分文献可直接获取全文,包括来自 NLM 开发的免费生物医学数字化期刊全文数据库 PubMed Central(PMC,收录期刊 780 余种)的文献,开放获取(Open Access,OA)期刊的文献,以及部分出版商提供的免费期刊文献等约 2000 种。

PubMed 数据库的访问地址为 https://www.ncbi.nlm.nih.gov/pubmed。

输入关键词进行检索,勾选要导出的文献记录,点击"Send to",选择"Citation Manager",点击"Create File"即可。成功导出文献记录后,后续步骤与上述数据库的类似。

10. Google Scholar 数据库检索导入

Google Scholar 数据库的访问地址为 https://scholar.google.com/。

如图 5-21 所示,输入关键词检索,点击"Cite",再点击"EndNote"即可。

更快捷的方法为:进入 Google Scholar 设置,在"Search Results"栏目设置显示"Bibliography manager"的链接为"EndNote",以后检索结果界面就会显示直接创建 EndNote 格式的引用文献文件。

成功导出文献记录后,后续步骤与上述数据库的类似。

图 5-21 将 Google Scholar 数据库中的文献导出

11. 百度学术数据库导入

百度学术数据库的访问地址为 http://xueshu.baidu.com。

在搜索栏输入关键词,在结果页面点击"批量引用",然后点击页面右侧"圆形"标识,进入批量导出列表,在左侧"文献导出格式"选择"EndNote",选中需要导出的文献后点击"导出"即可导出文献,数据库系统自定义保存文件类型为".enw"格式。成功导出文献记录后,后续步骤与上述数据库的类似。

12. CNKI 数据库导入

CNKI 数据库的访问地址为 https://www.cnki.net/。

进入中国知网进行关键词检索,然后勾选要导出的文献,点击"导出参考文献",进入 CNKI 文献管理中心,在左侧"文献导出格式"栏目选择"EndNote",点击导出即可生成".txt"格式的参考文献文件。

在 EndNote 软件中点击"File"→"Import"→"File"(也可直接点击工具栏的导入按钮),在弹出对话框中选择刚才保存的"CNKI.txt"文件,"Import Option"选项选择"EndNote Ipmort"(或"Refer/BibIX"或"EndNote generated XML"),其他默认即可。

13. 万方数据库导入

进入万方数据库进行关键词检索,然后勾选要导出的文献,点击"导出"进入导出界面,在左侧"导出文献列表"栏目选择"EndNote",点击"导出"即可生成".txt"格式的参考文献文件。成功导出文献记录后,后续步骤与 CNKI 数据库的类似。

14. 维普数据库导入

进入维普数据库进行关键词检索,选择要导出的参考文献,点击"导出"按钮进入导出界面在导出界面的选项栏选择"EndNote",点击"导出"即可生成".txt"格式的参考文献文件。成功导出文献记录后,后续步骤与 CNKI 数据库的类似。

5.4.2.3 通过 DOI 快速导入文献

根据更新文献信息的原理,只要有 DOI,就可找到文献的其他信息,具体操作如下。

在只有文献的 DOI 的情况下,首先根据 DOI 新建一条参考文献信息,在 EndNote 界面点击"References"→"New References",在跳转后的界面填入文献 DOI 号,点击右上角"关闭"按钮并保存。

EndNote 会根据文献的 DOI 信息链接在线数据库进行匹配查找更新,如果找到更新会显示更新对话框;如果文献没有 DOI 号,EndNote 会根据作者、发表年代和期刊进行查找,如果找到更新会显示更新对话框;若始终未更新和提示,表明未搜索到匹配结果。

检索完成之后,可选择全部替换或者更新信息空白的地方。

保存后,多了一条参考文献,但其他信息均为空白,此时执行更新文献信息来完善。查找到文献信息后选择更新所有信息,更新完成后信息基本已完善。但是,虽然有了该文献的基本信息,但是还缺少 PDF 文件。

对于所有的缺少 PDF 文件及全文内容的参考文献,都可以通过查找全文来完善。选中参考文献后单击右键,选择"Find Full Text",查找到全文后会在"Find Full Text"库中显示搜寻结果,如图 5-22 所示。需要说明的是,电脑必须处于联网状态,并且你所处的网络环境购买了相应的数据库。对于某些未能下载到 PDF 的文献，一般原因是没有对应数据库的下载权限，建议在查找全文时，利用校园网或者高校 VPN 进行查找。

图 5-22　利用 Find Full Text 更新文献条目信息

5.4.2.4　自动检测文件夹中 PDF 的更新

EndNote X9 能够实现自动检测指定文件夹中 PDF 的更新，若指定文件夹中新增或删除文献，则会自动更新数据库。自动检测文件夹中 PDF 的更新设置为"Edit"→"Preference"→"PDF Handing"，其界面如图 5-23 所示。

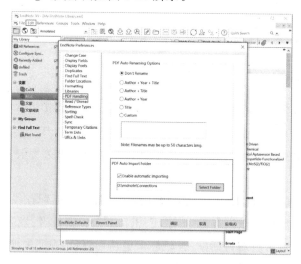

图 5-23　自动检测文件夹中 PDF 的更新设置界面

5.4.2.5　导入文件不完整的解决办法

由于原始文献信息不全或者网络原因导致下载信息不全，此时可以利用 EndNote X9 的"Find Reference Updates"功能来完善文献信息。

首先要选中需要查新的文献，然后依次打开菜单"References"→"Find Reference Updates"，或者单击鼠标右键选择"Find Reference Updates"功能，操作成功后将弹出如

图 5-24 所示的对话框。对话框左边为查询到的文献更新条目，右边为原有的文献信息条目，中间三个选项"Update All Files"、"Update Empty Files"和"Edit References"分别表示"更新所有项目"、"更新空白项目"和"编辑参考文献"。

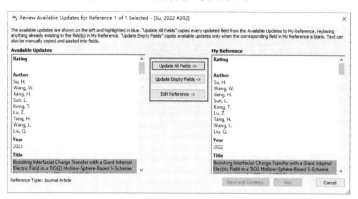

图 5-24 使用"Find Reference Updates"功能来完善文献信息

5.4.3 文献管理

5.4.3.1 文献去重

在众多数据库中进行检索添加参考文献记录，不可避免地会有重复文献，此时可以利用 EndNote X9 进行查找去重。

1. 设置重复标准

EndNote 软件在查重复文献之前，需要先设置判定参考文献是否重复的标准。

打开 EndNote 软件，选择"Edit"→"Preferences"，在弹出的"EndNote Preferences"对话框中选择第四个"Duplicates"（重复），在对话框的右边，即可设置标准，一般以作者、姓名及题目相同就会判定为重复，勾选前三项，并且选择"Ignore spacing and punctuation"。

2. 自动去重

如果想要打开自动查重功能，可在设置中设定在线检索时自动去重，在如图 5-25 所示的界面勾选"Automatically discard duplicates"即可。这样在下次导入 PDF 文档时，如当前数据库中已有该文献记录，则不添加进来。

3. 已有文献去重

Endnote 中有很多的文献都是重复添加的，而且有些文献里面的信息条目也是重复的，对于文献库中已经已有的重复文献该如何去重呢？

选中"All Reference"栏，点击菜单栏中的"References"，选择下面的"Find Duplicates"，如图 5-26 所示。EndNote 就会自动找出那些重复的文献，对于不想删除的文献，点击"Keep this Record"。

图 5-25　文献自动去重设置

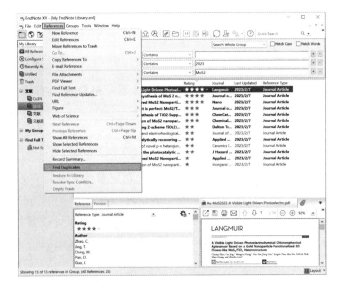

图 5-26　已有文献去重

筛选好你需要保留的文档后，直接点击"Cancel"按钮，这样那些重复的并且没有选择保留的文档都会被去除。

如果你只是需要找出那些重复的参考文献，直接点击关闭按钮关掉对话框，此时你会发现 EndNote 中会多了一个分组"Duplicate Reference"，这个分组中便会列出重复的文献。

5.4.3.2　文献速查

顶部为快速搜索框，输入关键词可进行检索，也可打开搜索面板通过添加查找条件进行详细检索，如图 5-27 所示。

第 5 章 EndNote——文献检索及管理

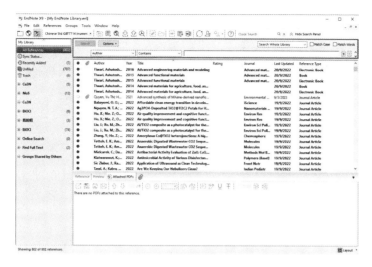

图 5-27 关键词速查文献

5.4.3.3 群组管理

根据研究内容有必要进行适当分组,用鼠标右键点击"My Groups"即可创建分组,分组包括三类,分别为创建分组(Create Group)、智能分组(Create Smart Group)和创建组集(Create Group Set),如图 5-28 所示。

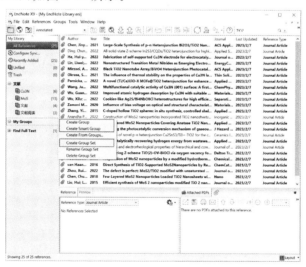

图 5-28 群组管理操作界面

(1) Create Group:创建分组,可以将列表区域文献记录选中后拖到分组中。

(2) Create Smart Group:智能分组,按照一定条件筛选当前所有文献,符合条件的文献自动归组。例如,筛选当前数据库文献,将作者属于 China 的文献自动归为一组,此时便可以利用"Create Smart Group"功能进行创建分组,具体操作如图 5-29 所示。

(3) Create Group Set:创建组集,相当于多个分组的集合,类似树形结构层次,但是只能是两层结构。

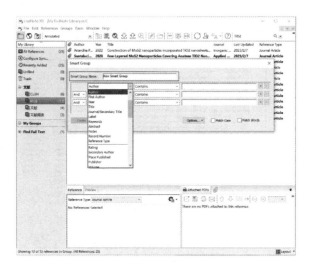

图 5-29　智能分组操作界面

5.4.3.4　分组共享

在 EndNote X8 中,共享文献只能通过共享整个 Library.enl 来实现,但在 EndNote X9 中添加了分组共享的功能,只需将指定文件拖入分组中即可实现精准分享。

具体操作如下:选中待共享的分组,右键菜单选择"Share Group",此时提示需要进行同步,同步之前需要注册 EndNote 账号。随后弹出如图 5-30 所示的界面,在"Enter email addresses separated by commas"处输入需要共享方的 Email,在"Permisson"处给共享用户分配阅读权限(读写"Read & Write"或只读"Read Only"),在"Add a message：(optional)"处可以留言,最后点击"Invite"即可。

图 5-30　分组共享操作界面

5.4.3.5 文献添加星标

EndNote X9 可显示文献的状态并对文献的重要程度进行星标评定。点击图 5-31 中的标题栏①处,文献将根据是否已读进行排序,点击标题栏②处"Rating",文献将根据星标进行排序。对一部分文献,可以选中后右键点击进行隐藏、标记为已读或未读、删除等操作。

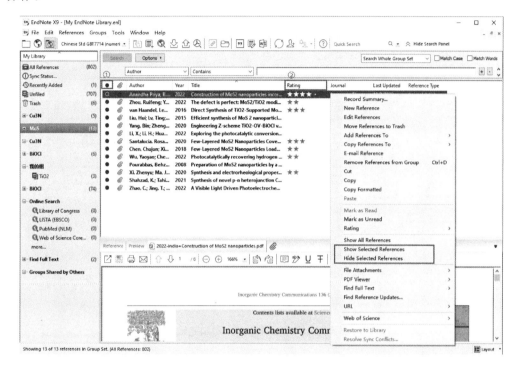

图 5-31　文献添加星标

标题栏①的状态标识为实心圆,标题加粗表示文献未读;状态标识为空心圆,标题未加粗表示文献已读。在文献阅读过程中,可据文献重要程度进行标星操作。初次浏览文献后,可对与课题相关的文献标注星等级,然后按照星标排序,即可将不相关文献进行隐藏或删除,剩下的文献需要进一步阅读,根据文献重要程度逐渐加星,重复上述步骤即可筛选出与课题最相关的文献。

5.4.3.6　添加笔记

我们在阅读文献时常常会对其进行标记和注释,做出重点标记和小结,在 EndNote X9 中主要通过 Research Notes 和 Sticky Note 功能来实现笔记的添加。Research Notes 主要是对文献整体进行标注并且可以显示在界面上,Sticky Note 主要是在文献内容中添加标注或注释。

1. Research Notes

Research Notes 栏在 EndNote 的使用中有着最高效的标记和搜索作用。首先是因为 Research Notes 栏的笔记可以直观地展现在界面上,其次是通过搜索框可以很快地搜索出自己输入的 Research Notes 标记。

在没有添加 Research Notes 前,Research Notes 栏的显示内容是空白的,此时选中某一篇需要添加 Research Notes 的文献,然后在文献信息预览窗口顶部排序标题任意一项单击鼠标右键,在下拉菜单中找到"Research Notes"并输入内容对这篇文献进行标记,如图 5-32 所示。Research Notes 功能不仅可以单篇添加笔记,还能批量添加笔记。

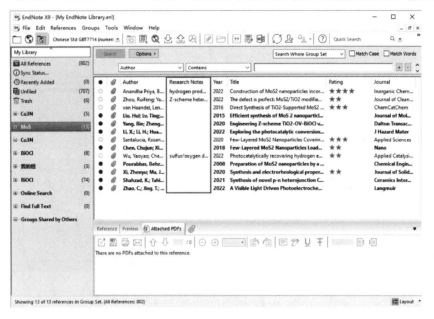

图 5-32　Research Notes 添加笔记

(1)单篇添加笔记。

将 Research Notes 栏显示出来,便于添加文献笔记。为方便做笔记,可将 Reference Panel 布局设置在界面右边,将光标定位在 Research Notes 栏下,随键盘上下键翻阅时做笔记。最后按"Research Notes"对文献进行排序,即可从整体上把握文献研究情况。

(2)批量添加笔记。

有时候,我们可能需要同时一次性标记多篇文献(比如同时标记为"值得参考"),此时可以利用批量添加笔记功能。具体做法是:首先选中需要标记的文献并右键点击"Show Selected References"(只针对选中文献标记),然后点击"Tools"→"Change/Move/Copy Fields…",在下拉菜单中选择"Research Notes",添加笔记后,点击"确定"按钮即可。该法也可以批量删除 Research Notes,即在上述"Change/Move/Copy Fields"对话框的"Change Fields"下的"Change"列表中选择"Clear Field"即可。

如输入这篇文献的最核心关键词,添加完成后等于给文献打上了一个标签,需要找到这篇文献时,只需要在搜索栏搜索关键词即可快速定位该文献。

2. Sticky Note

在阅读文献内容时,难免要记录一些笔记。下面介绍用 EndNote 内置的 PDF 阅读器进行阅读时,对文章内容进行标记的方法。

首先选中某篇文献,然后双击或者点击"Open PDF"可以用 EndNote 内置 PDF 阅读器打开文献进行阅读。文献打开后,阅读时可以通过高亮按钮对文献进行高亮标记,还可以通过"Sticky Note"按钮在指定的地方添加文本笔记(见图 5-33),这些都与平时 PDF 阅读操作相似。将添加的笔记保存好后,可以通过搜索框直接搜索出用户所添加过的笔记。

图 5-33　添加笔记界面

5.4.3.7　附件管理

1. 添加附件

如图 5-34 所示,添加附件两种方法,第一种是通过菜单栏"Reference"→"File Attachments"→"Attach File"来添加,第二种是直接拖拽文件到"File Attachments"下。

图 5-34　文献添加附件文件

2. 添加图片

如图 5-35 所示,在文献预览区域右键选择"Figure"→"Attach Figure",选择图片即可。

添加完成后文献 Reference 区域下的"Figure"即会显示该图片,并且可以在"Caption"栏对其进行命名。需要说明的是,每篇文献只能添加一张图片。如需添加多张图片,可以新建图片分组,然后新建多个参考文献(New Reference),并将其文献类型设置为"Chart or Table"即可。

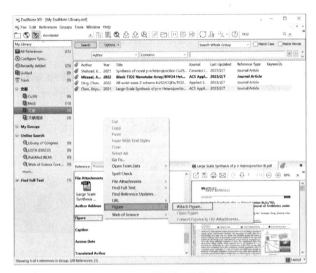

图 5-35　文献添加附件图片

5.4.3.8　文献统计分析

EndNote X9 提供了对文献记录的基本统计功能,例如对当前数据库文献记录发表的第一作者(Author)、作者地址(Author Address)、年份(Year)、期刊名称(Secondary Title)及关键词(Keywords)等进行统计分析。

具体方法是:点击"Tools"→"Subject Bibliography",在弹出的"Select Fields"列表中选中统计量,点击"OK"按钮即可查看统计结果(可点击"Records"进行排序)。

5.4.4　参考文献格式编排

5.4.4.1　查找参考文献格式

打开 EndNote 官网(https://www.endnote.com/downloads/styles/),下载所有 styles,将下载的压缩文件放到安装目录里,目前官网上收录了超过 6000 种的书目样式。如果只想查找某一杂志的参考文献格式要求,也可以在官方网页面下方单独搜索,输入杂志名称,点击"Search"后,选中文件下载。将下载好的文件放到 EndNote 安装目录下的 Styles 文件夹中即可使用。图 5-36 为查找参考文献格式界面。

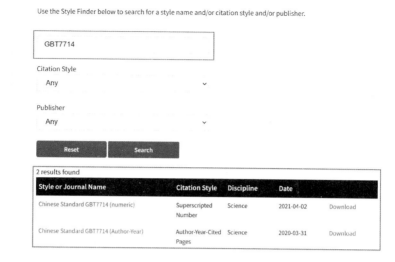

图 5-36　查找参考文献格式界面

中文期刊插入的参考文献格式应符合国家标准《信息与文献参考文献著录规则》(GB/T 7714—2015)，EndNote 已经提供了"符合国标"的两种中文引文样式：Chinese Std GBT7714(author-year).ens(著者—出版年制)和 Chinese Std GBT7714(numeric).ens(顺序编码制)。在 EndNote X9 中点击"Edit"→"Output Styles"→"Open Style Manager"，打开期刊样式管理器，查找上述两种样式，若没有找到，可以在 EndNote 官网进行搜索和下载，下载后放置于 EndNote 安装目录下的 Styles 文件夹中，重新打开 EndNote X9 即可。

5.4.4.2　编辑和修改参考文献格式

接下来，我们来看怎么修改参考文献格式。打开 EndNote 页面，选择"Edit"→"Output Styles"→"Open Style Manager"。在 EndNote Style 对话框中，找到需要修改的目标格式并选中(注：当背景变为蓝色才是选中状态)，然后点击右下的"Edit"按钮，进入参考文献格式编辑窗口。

编辑参考文献格式界面如 5-37 所示，左侧栏目可分为四个模块：区域①为期刊样式基本信息；区域②为文中引用格式设置(如上标是否加方括号，或者水平标注)等；区域③为文末参考文献样式设置；区域④为图和表样式设置。在对应区域设置，即可对当前期刊样式进行修改。

1. Page Numbers

Page Numbers 提供了多种类型的参考文献页码的显示样式，用户可以根据不同的需求进行选择。如图 5-38 所示，对应的选项分别为：

页码不变；

只显示首页(例如 123)；

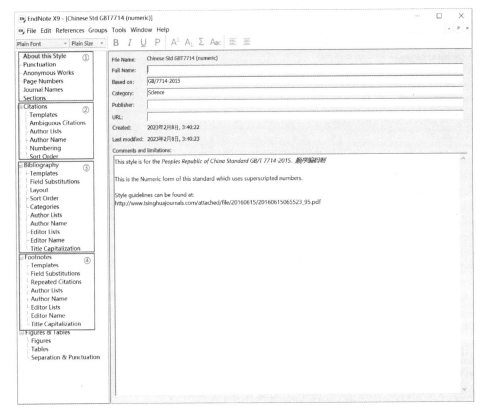

图 5-37 编辑参考文献格式界面

尾页缩写(例如 123-5);

尾页缩写,保留两位数(例如 123-25);

显示完整页码范围(例如 123-125);

期刊类文献只显示首页,其他类型显示完整页码范围。

2. Journal Names

通过 Journal Names 可选择显示期刊的全称或者不同的缩写方式,如图 5-39 所示,前五项为单选项,后两项为多选项,对应的选项分别为:

使用期刊全称;

缩写形式 1;

缩写形式 2;

缩写形式 3;

不替换;

只有期刊和文章才使用缩写形式;

移除期刊名称中间英文句号。

期刊的缩写形式可在术语表(见图 5-40)中进行编辑,点击"Tool"→"Open Terms Lists"→"Journal Term Lists",选择相应的期刊,点击"Edit Terms"即可在缩写形式框中进行编辑;若下载有术语表文件,可点击所在对话框的导航栏"Terms Lists",点击"Import Lists"并选择术语表文件,可将术语表直接导入 EndNote。

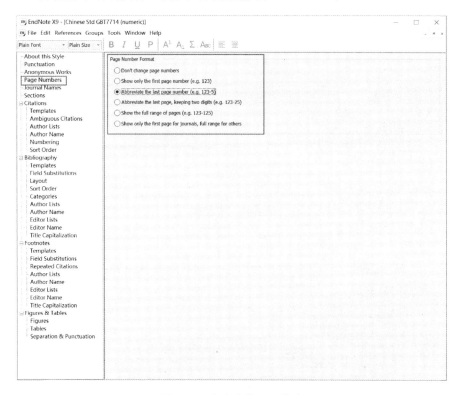

图 5-38　参考文献页码格式

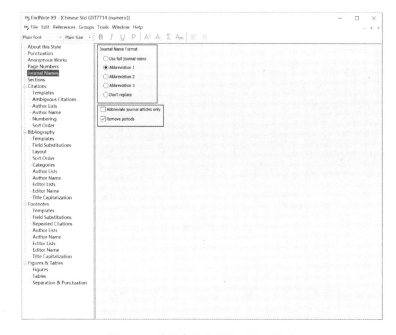

图 5-39　选择参考文献期刊显示格式

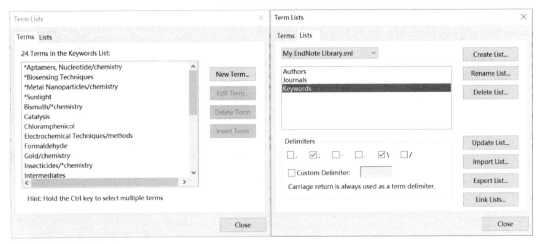

图 5-40　术语表

3. Sections

如图 5-41 所示，通过 Sections 可选择参考文献插入具体位置，可以是每个小节的后面，或者是文档的最后面。

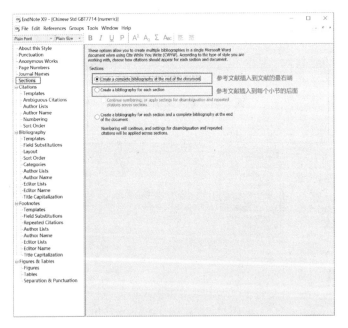

图 5-41　参考文献插入位置

4. Citations

通过 Citations 可以设置参考文献插入在正文部分的数字显示格式，如图 5-42 所示。例如，可以选择以上标、书名号、数字连续或不连续等不同的样式如[1]、[1,2,3]、[1-3]、(1-3)，以及不显示数字，而是以作者信息、文章标题、期刊信息等各种引用显示模式。

图 5-42　设置参考文献插入位置的编号格式

5. Bibliography

在 Bibliography 中是设置参考文献的输出格式,如图 5-43 所示,包括在 Templates 中可以修改参考文献各种信息的排列顺序,例如:是先显示作者信息还是标题名称,接着是显示年份信息还是卷、期等,都可以通过 Templates 进行设置和修改。

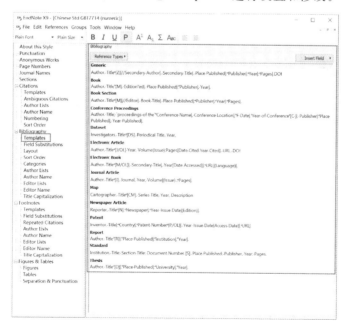

图 5-43　设置参考文献输出格式

对引用文献作者名字进行编辑,包括对名字进行简写、设置人数等操作。点击"Bibliography"下拉菜单中"Author Lists",然后在右侧进行相应编辑,可以控制引文中显示作者名字的个数,也可以在姓名最后加"et al."或者"等.",如图5-44所示。

图 5-44　设置参考文献作者名字格式

修改结束后,点击"File"→"Save As",在跳出的对话框中将"Style Name"加上后缀".ens",就可以保存到安装目录下的 Styles 文件夹中。需要说明的是,修改当前已有期刊的 Style 后,保存时会强行另存为新的 Style,并不会覆盖原样式,并且新建的 Style 也是可以删除的,在期刊样式管理器中找到新建的参考文献格式,然后右键单击选择删除即可。

5.4.4.3　插入文献

Word 中插入参考文献的方法主要有如下四种。

(1)选择插入。

此种方法的具体操作步骤可参见 5.3.3 小节。

(2)查找插入。

本方法支持不同格式的文献插入,可利用 Word 中 EndNote X9 的菜单功能实现。首先在 Word 菜单栏的"EndNote X9"菜单下设置要插入的文献格式(Style 下拉菜单),并将光标定位在待插入文献所在位置,然后点击"Insert Citation"调出"EndNote X9 Find & Insert My References"对话框,在搜索框内输入关键词,点击"Find"按钮查找,选中要插入的文献,点击"Insert"旁边下拉三角形符号,选择插入的文献格式即可。

(3)拷贝复制。

在 EndNote X9 中选择要插入的文献,右键单击选择"Copy",然后在 Word 中将光标定位在待插入文献所在位置,右键点击"Paste"即可;也可以直接使用快捷键"Ctrl+C"复制选中文献,"Ctrl+V"粘贴引文。

(4)直接拖拽。

5.4.4.4 移除 EndNote 标记

在完成所有参考文献格式的编辑之后,为方便投稿,需要将文档中的 EndNote 格式去掉,具体操作为:在 Word 文档中打开"EndNote X9"菜单栏,点击"Bibliography"栏中的"Convert Citations and Bibliography"旁边下拉三角形符号,选择"Convert to Plain Text",如图 5-45 所示,然后保存复制版即可。

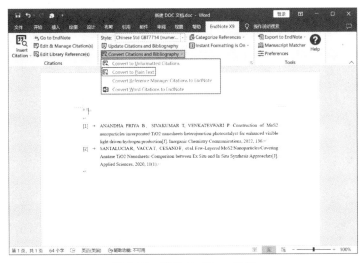

图 5-45　移除 EndNote 标记

5.4.4.5 导出 Word 中参考文献信息

导出 Word 中参考文献信息的方法是:点击"EndNote X9"菜单,在"Tools"选项页中点击"Export to EndNote",如图 5-46 所示。

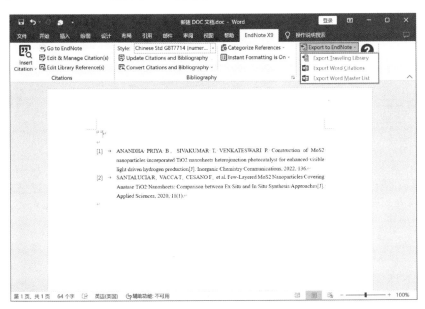

图 5-46　导出 Word 中参考文献信息

练 习 题

1. 使用 Online Search 中的数据库检索文献。

2. 创建一个仅含 DOI 的文献条目,并使用 Find Full Text 功能完善文献信息。

3. 在 EndNote 中添加"Chinese Std GBT7714(numeric)"参考文献样式。

4. 在 Word 中插入一篇文献,并将其样式设置为 Chinese Std GBT7714(numeric)。

… 第 6 章

ChemOffice——化学绘图

ChemOffice 是众多集成化软件中的一种,由剑桥软件公司开发。ChemOffice 包括 ChemDraw、Chem3D、ChemFinder 三个软件。其中,ChemDraw 主要用来绘制分子结构式、反应方程式,Chem3D 可以显示分子的三维立体图像,ChemFinder 可以建立自己的数据库。这三部分既可以单独使用,又可以联合起来应用到教学和编辑工作之中。ChemOffice 是世界上最优秀的化学软件,也是化学工作者必备的工作软件,而且 ChemOffice 的结构绘图是国内外重要论文期刊的指定格式。本章以 ChemOffice 2019 为例介绍 ChemDraw 和 Chem3D 的使用方法。

6.1 ChemDraw 的使用

6.1.1 ChemDraw 的特点与使用技巧

ChemDraw 是世界上使用最多的大型软件包 ChemOffice 中的一个组件,ChemDraw 可以建立和编辑与化学有关的一切图形。例如,建立和编辑各类化学式、方程式、结构式、立体图形、对称图形、轨道等,并能对图形进行翻转、旋转、缩放、存储、复制、粘贴等多种操作。基于国际互联网技术开发的智能型数据管理系统,包含的多种化学通用数据库共 40 多万个化合物的性质、结构、反应式、文献等检索条目的分析和利用,可为化学家的目标化合物设计、反应路线选择和物化性质预测,以及文献的调用提供极大的方便。该软件可以运行于 Windows 平台下,使得其资料可方便地共享于各软件之间。除了以上所述的一般功能外,其 Ultra 版本还可以预测分子的常见物理化学性质,如熔点、生成热等;对结构按 IUPAC 原则命名;预测质子及碳 13 化学位移动等。

ChemDraw 的一大特点是具有强大的分子图形编辑功能。它对分子图形可以进行组合与分块处理,即可以将许多分块的结构组合成为一个结构来进行处理,或者将一个结构分解成若干个小结构进行处理，这就使得用户可以根据需要采用不同的方式对化学结构进行编辑。ChemDraw 具有对化学分子式的上下标的标记功能，对图形的各种处理，特别是对局部的处理提供了很大的灵活性。ChemDraw 对于整个分子结构的图形不仅可以进行放大、缩小、旋转等操作，而且能对局部进行精细的微调，并且能结合 Chem3D 对结构进行立体 3D 的旋转，使分子结构呈现出空间的立体形象。此外，该软件还具备对所绘制的化学结构进行结构式检查的功能，以确保所绘的结构式的正确性。ChemDraw 中具有丰富的图形屏幕显示，可以对图形的不同部分用不同的颜色进行显示。使用 ChemDraw 绘制化学结构式，可以让用户像小孩子搭积木那样简单和方便地操作。

ChemDraw 绘制的化学结构图形可直接存为 19 种文件格式，例如可以存为 skc、wmf 的图形格式，使得所保存的图形可以分别与 ISIS Draw 及 Word 兼容；可以将反应式保存为一系列的 gif 格式，然后利用免费的软件将它转化为 gif 动画的格式，产生动态的反应演示，这一功能对于化学课程的计算机辅助教学无疑是大有裨益的。利用 ChemDraw 在 Word 等系统中插入图形十分方便，只要在 Word 文档中需要插入的位置上打开"插入"菜单，选择"图像"，通过路径找到 wmf 格式的文件后确定，即在 Word 文档中插入了所编辑的结构式图形。同样，可以把它与 Microsoft Office 系统软件中的 PowerPoint 进行共享便可制作出图文并茂的专业幻灯片，并取得很好的效果。此外，ChemDraw 可以用 Windows 的复制和剪贴板来进行操作，从而实现了与 Word、Excel、PowerPoint 之间的互通互用，并且可以利用 Windows 自带具有 OLE 的界面支持，可以确保所绘制的图形在其他文件中自动更新。

ChemDraw 的程序界面是标准的 Windows 窗口，在窗口中点击左键以激活快捷工具。如图 6-1 所示，ChemDraw 界面包括四个部分：①菜单栏，含有操作 ChemDraw 应用文件和内容的命令设置，菜单栏位于主界面的最上边，共 11 项，单击每项菜单均会出现与菜单相关的命令；②绘图工具栏，位于菜单栏下方，含有常用命令图标，单击图标时，作用与菜单中相应的命令一样；③绘图窗口，位于界面正中间，供绘制图形结构的工作区；④滚动条，含有滚动框、滚动按钮和滚动条。

画分子图形的各种常用操作均用图标形式显示于左边的工具箱中，不必记忆任何操作命令，亦可采用下拉式菜单方式使用。有的工具按钮上有向右的小三角图标，表明有多重选项。如果需要对分子图形进行放大和缩小或者进行任意角度旋转等操作，可以直接用鼠标选中相应的结构，进行操作。

ChenDraw 软件提供了各种类型的化学键、化学分子轨道、电荷、球（椭球），并且自带了 12 类几百个模板，从芳环、多元环、羰基化合物到糖、氨基酸等应有尽有，使用十分方便；ChemDraw 还具有分子结构的扩展功能，例如在写分子式时可以用 Me 代替甲基，用 Ph 代表苯环，再利用展开分子式功能可以将这些缩写展开。

File 菜单命令主要对绘图文件进行相关操作，如新建、打开、关闭、保存、另存等，也可以对绘图窗口的尺寸进行调整或选择与相关刊物规定的模式。

Edit 菜单命令主要对绘图进行拷贝、粘贴、选择、插入等操作。

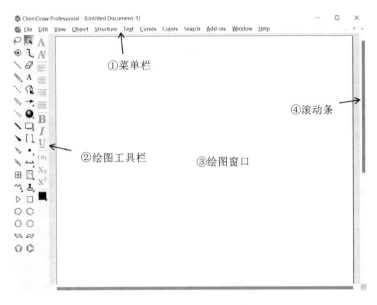

图 6-1　ChemDraw 主窗口

View 菜单命令主要对绘图进行显示操作，如显示交叉线、显示主工具栏、格式工具栏等，也可以对绘图窗口进行放大或缩小。

Object 菜单命令主要对图像元素进行变形、旋转、调整等操作。

Structure 菜单命令主要对绘制化学结构、元素等相关属性信息进行调整，也可以对化学结构及化学名称进行互换。

Text 菜单命令对结构中的文本信息进行相关调整。

Curves 菜单命令对绘制结构中的平面、直线及箭头等进行操作。

Colors 菜单命令对选择的图形、区域及文本的颜色进行调整。

Online 菜单命令包括相关的网络连接。

Window 菜单命令包括对主界面窗口的调整命令。

Help 为帮助菜单。

ChemDraw 的绘图工具如图 6-2 所示，单击图标后，在绘图窗口再次点击即可进行绘图。其中常用的工具为：键工具，用于绘制单键、双键和三键；箭头工具，用于绘制各种箭头；轨道工具，用于绘制各种轨道；画图工具，用于绘制常见几何形状；基元工具，用于绘制化学中常用符号；符号工具，用于绘制各种重要化学符号；反应查询，用于建立原子间在不同结构中的联系；模板工具，用于绘制模板库存的图形和结构。

图 6-2　ChemDraw 绘图工具

单击带有小箭头的图标后会产生图标板,将鼠标放在有右下角箭头的图标上可以展示出该类别的更多箭头工具,如图 6-3 所示。在 ChemDraw 中绘制分子结构式时,并不需要所有的结构从头绘制,程序中提供了许多常用结构的模板供选择,如芳香化合物模板工具、氨基酸模板工具、生物模板工具等,单击工具栏的模板工具就会产生相关的下拉菜单,每一个菜单条对应着一类模板工具,图 6-4 为其中的一部分模板工具。

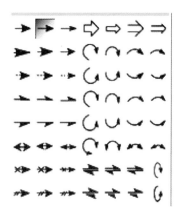

图 6-3 箭头工具

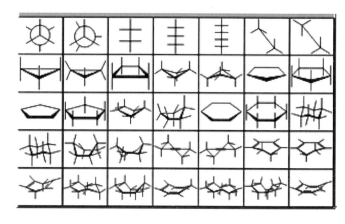

图 6-4 模板工具

6.1.2 绘制化学结构式

绘制化学结构式是 ChemDraw 软件最主要的功能之一,通过选择菜单栏与绘图工具栏上的各种工具相互结合能够有效地进行化学结构绘制。绘制化学结构式的核心工具包括 9 个键工具、10 个环工具、1 个链工具和 1 个文本工具。

6.1.2.1 绘制一般结构式

以肉桂醛结构为例,下面介绍用 ChemDraw 绘制一般化学结构式的详细步骤。

(1) 绘制苯环,选择工具栏的"Benzene"苯环键,在绘图窗口单击建立一个苯环。

(2) 在苯环上绘制丙烯醛,在 C1 定位,选择工具栏的"Solid Bond"键,按住鼠标对角地拖动鼠标至右边,与苯环的键呈 120°的角,释放鼠标按钮。

(3) 将鼠标指针指向键右边的原子,单击此原子可增加一键,增加的键与开始所画的键呈 120°的角,重复点击该键使其变成双键。

(4) 将鼠标指针指向键右边的原子,继续增加一个单键,双击末端目标原子,在文本框中键入 CHO,如图 6-5 所示,得到目标分子结构。

图 6-5 肉桂醛分子结构

6.1.2.2 绘制透视图

以 D-葡萄糖为例,下面介绍用 ChemDraw 绘制化学结构透视图的详细步骤。

(1) 在工具栏上选择"Cyclohexane"环己烷环工具,在绘图窗口单击建立一个环。

(2) 在环己烷环的右上角原子点处,定位环上的氧原子,输入 O。

(3) 在 C1 定位,向下按动建立一个向下的键,重复以上操作,建立所有化学键,将各个基团输入。

(4) 选中绘制好的化学结构,向上按动直到结构垂直缩小至 50%,把结构图形转变成沿 Z 轴的透视图形。

(5) 在工具栏上选择"Blod Bond"黑体键。单击底端化学键的中心,变为黑体键,在工具板上选择黑体楔键,单击下部两侧键的中心,此时两单键变为两黑体楔键(如果两楔键的方向是错误的,只要在中心处重新单击即可),最后得到 D-葡萄糖结构透视图,如图 6-6 所示。

(6) 从菜单栏"Structure"中选择"Check Structure"命令,检查画的结构是否正确,信息框将显示其计算结果。

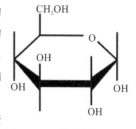

图 6-6　D-葡萄糖透视图

6.1.2.3　绘制费歇尔投影式

以 D-葡萄糖为例,下面介绍用 ChemDraw 绘制费歇尔投影式的详细步骤。

(1) 选择工具栏的"Solid Bond"键,在绘图窗口上下左右移动鼠标绘制横平竖直的化学键。

(2) 直接填充基团光标定位后,英文模式下大小写输入,或者点击"Text Tool"键后在指定位置输入各个位置基团的英文大小写。

(3) 从菜单栏"Structure"中选择"Check Structure"命令,检查画的结构是否正确,信息框将显示其计算结果。

(4) 从菜单栏"View"中选择"Show Analysis Window"命令,分析结构的常规参数,结果如图 6-7 所示。

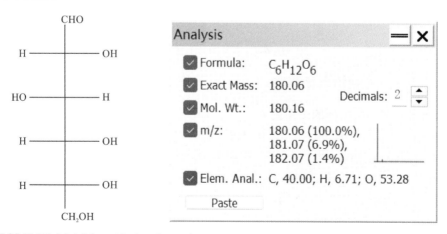

($2R,3S,4R,5R$)-2,3,4,5,6-pentahydroxyhexanal

图 6-7　D-葡萄糖费歇尔投影式

6.1.3 菜单栏常见功能的应用

6.1.3.1 结构式与名称的相互转化

1. 结构式转换成命名

ChemDraw 能够在工作窗口显示已绘制二维化学结构进行 IUPAC 法命名,具体的操作方法是:首先在 ChemDraw 绘图窗口绘制目标化学结构,在工具栏中选中该结构,在菜单栏中单击"Structure",下方出现的命令中点击"Convert Structure to Name"命令。操作完毕后,立即可以在已绘制结构的下方得到对应的 IUPAC 法化合物命名,如图 6-8 所示,即 "5-methoxynaphthalene-1,4-dione"。

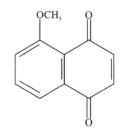

图 6-8 结构式向名称转化

2. 命名转换成结构式

ChemDraw 也能将标准的 IUPAC 命名的化合物转换成二维化学结构式。具体的操作方法是:在菜单栏中单击"Structure",下方出现的命令中点击"Convert Name to Structure"命令,在弹出的"Insert Structure"窗口中输入"2-(4-(but-3-en-1-yl)phenyl)acetic acid"并单击"OK"按钮,操作完毕后,立即可以在已绘制结构的下方得到对应的分子结构,如图6-9 所示。

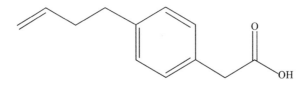

图 6-9 名称向结构式转化

6.1.3.2 检查错误结构

检查分子式错误结构的步骤如下:

(1)用工具栏的"Marquee"键选择出需要检查的分子结构。

(2)在菜单栏中单击"Structure",选择"Check Structure"命令,此时所选结构中的每个原子符号都依次被检查,如果有一个符号不正确,将出现如图 6-10 所示的"Possible Error in Drawing"对话框,引起问题的原子将会被选择(蓝色阴影处)。

(3)在"Possible Error in Drawing"对话框出现以后,若想继续检查这个结构,单击"Ignore"按钮即可。

(4)在"Possible Error in Drawing"对话框出现以后,若想终止检查这个结构,单击"Stop"按钮即可,此时错误将被选择。

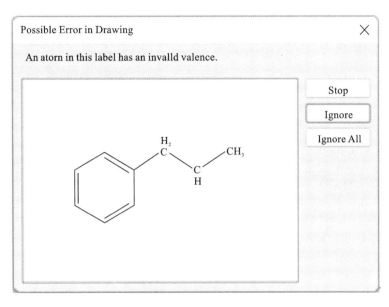

图 6-10　结构检查界面

6.1.3.3　预测核磁共振与化学位移

核磁共振（NMR）是有机化合物表征和结构鉴定中常用的波谱分析手段之一。其中，核磁共振氢谱（^{1}H-NMR）是应用最普遍的结构分析方法，它主要根据波谱图中的每一个峰组的化学位移、峰强度、峰组数和峰裂分情况来推断出对应的结构单元。ChemDraw 预测核磁共振化学位移的过程如下：首先选中化学结构，在菜单栏中单击"Structure"，选择"^{1}H-NMR Shifts"命令，对化学结构进行 ^{1}H-NMR 预测，结果如图 6-11 所示。

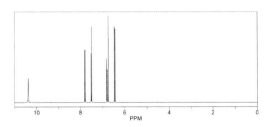

图 6-11　预测核磁共振化学位移

6.1.3.4　分析化学分子结构和性质

许多化合物并不能通过 C 谱和 H 谱及其结构就得到它更多的信息，这时用 ChemDraw 可以直接分析出化合物的一般信息。在菜单栏中单击"View"，选择"Show Chemical

Properties Windows"和"Show Analysis Windows"命令，如图 6-12 所示，可分析出其一般性质，如沸点、熔点、临界温度、临界压力、临界体积和 Gibbs 自由能等数据。

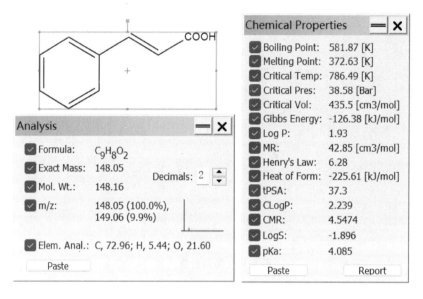

图 6-12　分析化合物的结构与性质

6.2　Chem3D 的使用

6.2.1　Chem3D 操作界面

　　Chem3D 是 ChemOffice 中一个非常有特点的组件，是目前最优秀的分子三维图形设计和结构计算软件之一，其富有特色的功能已经接近于在工作站平台上运行的分子图标软件。Chem3D 可将 ChemDraw 或 ISIS Draw 的二维分子结构直接转化为三维分子结构，也可以利用分子力学、分子动力学和量子化学计算方法研究分子的立体构象。Chem3D 能以多种方法快速构建分子模型，并且其图形显示模式多，图形显示质量高，实时地显示分子的三维空间模型，自动判断分子的模型是否正确，并可以通过计算最小化能量给出最恰当的分子空间构象。在整个过程中，分子是以三维动态的形式演示，形象地表示了分子的每一步的键长、键角和能量变化，其动态演示可以动画的形式记录下来。Chem3D 还可以计算许多分子的电子性质，并以多种模式显示相关图形，将分子结构的构建、分析、计算工具融于一体，组合成完整的工作界面。同时，Chem3D 是功能强大的结构化学计算软件，使其在有机化学领域有广泛的应用，还可以作为教学演示软件。

　　Chem3D 软件的最大特点就是界面结构简单。与 ChemDraw 类似，Chem3D 自 9.0 版本后，它的图形界面与以前版本有了很大的区别，Chem3D 打开后的窗口如图 6-13 所示,包含菜单栏、常用工具栏、模型窗口等。

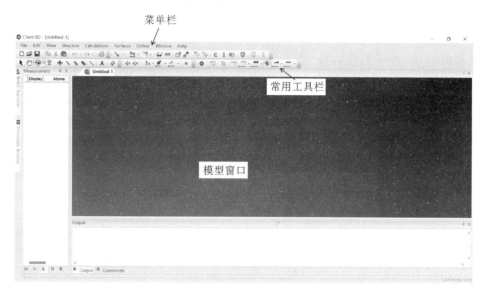

图 6-13 Chem3D 主界面

Chem3D 的操作可使用下拉菜单中各项选项实现,程序提供了以下 9 个菜单,在某些菜单下还有子菜单,下面逐一介绍各个菜单。

(1) File 菜单,包括 New(新建)、Sample File(样例文件)、Open(打开)、Import File(导入文件)、Close Window(关闭窗口)、Save(保存)、Save as(另存为)、Revert to Saved(返回已保存状态)、Print Setup(打印设置)、Print(打印)、Model Settings(模型设定)、Preferences(参数选择)、Recent Files(近期文件)、Exit(退出 ChemBio3D Ultra)等选项。

(2) Edit 菜单,包括 Undo(撤销)、Redo(重复)、Cut(剪切)、Copy(复制)、Copy as(复制为)、Paste(粘贴)、Paste Special(特殊粘贴)、Clear(删除)、Select All(全选)、Select Fragment(选择碎片)、Invert Selection(未选中)等选项。

(3) View 菜单,以视图功能为主,包括 Model Display(模型显示)、View Position(视图位置)、View Focus(视图焦点)、Toolbars(工具栏)、Model Explorer(模型资源管理器)、Structure Browser(结构浏览)、ChemDraw Panel(ChemDraw 面板)、Cartesian Table(直角坐标表)、Internal Coordinates Table(内坐标表)、Measurement Table(测量表)、Atom Property Table(原子特征表)、Parameter Tables(参数表)、Output Box(输出框)、Comments Box(注释框)、Dihedral Chart(二面角图)、Spectrum Viewer(光谱视图)、Demo(演示)、Full Screen(全屏)、Status Bar(状态条)等选项。

(4) Structure 菜单,包括 Measurements(度量)、Model Position(模型位置)、Reflect Model(反射模型)、Set Internal Coordinates(设置内坐标)、Detect Stereochemistry(探测立体化学)、Invert(反转)、Deviation From Plane(偏离平面)、Add Centroid(增加质心原子)、Rectify(矫正)、Clan Up(清除)、Bond Proximate(邻近成键)、Lone Paris(孤对电子)、Overlay(覆盖)、Align(排列)等选项。

(5) Calculations 菜单,包括 Stop(停止)、Dihedral Driver(二面角驱动)、Extended

Huckel(拓展 Huckel 方法)、MM2(MM2 分子力场)、MMFF94(MMFF94 分子力场)、Compute Properties(计算分子性质)等选项。

(6) Surfaces 菜单,包括 Choose Calculation Result(选择计算结果)、Choose Surface(选择表面)、Radius(半径)、Display Mode(显示模式)、Color Mapping(彩色绘图)、Resolution(分辨率)、Select Molecular Orbital(选择分子轨道)、Iso(等高线)、Color A(正电荷颜色)、Color B(负电荷颜色)、Advanced Molecular Surfaces(高级分子表面)等选项。

(7) Online 菜单,包括 Find Structure from PDB ID(从 PDB ID 查询结构)、Find Structure from ACX Number(从 ACX 编号查找结构)、Find Structure from Name at ChemACX.com(从 ChemACX.com 查找结构)、Find Suppliers on ChemACX.com(从 ChemACX.com 查找供给商)、Browse SciStore.com(浏览 SciStore.com 网站)、Browse CambridgeSoft.com(浏览 CambridgeSoft.com 网站)、Browse PerkinElmer Informatics Store(浏览 PerkinElmer 信息商店)、Browse Lead Discovery Special Offer(浏览发现特别优惠)、Browse PerkinElmer.Com(浏览 PerkinElmer.Com 网站)、Browse PerkinElmer Documentation(浏览 PerkinElmer 文档)、Register Online(在线注册)、Browse ChemOffice SDK(浏览 ChemOffice SDK)等选项,主要显示软件的在线功能。

(8) Window 菜单,包括 Cascade(层叠)、Tile Horizontally(水平并排)、Tile Vertically(垂直并列)、Arrange Icons(排列图标)、Close Window(关闭窗口)、Close All Window(s)(关闭所有窗口)、Window(s)(窗口)等选项,并且打开的窗口也同时显示出来。

(9) Help 菜单,显示软件的帮助功能,包括 Getting Started(入门)、Tutorials(教程)、Chem3D Basics(Chem3D 基础)、Keyboard Modifiers(键盘修饰键)、ChemScript(化学编程)、Recent Additions(新添加的内容)、Contact Support(联系支持)、Activate Chem3D(激活 Chem3D)、About Chem3D(关于 Chem3D)等选项。

Chem3D 常用工具栏如图 6-14 所示,分为 6 个区域:Standard(标准)、Building(建模)、Model Display(模型)、Demo(演示)、Calculation(计算)。

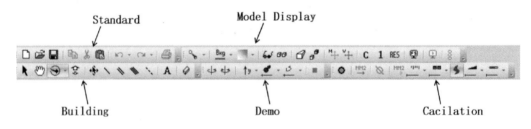

图 6-14 Chem3D 常用工具栏

6.2.2 建立 3D 模型

6.2.2.1 用文本工具创建分子模型

(1) 选择工具栏中的"Build from Text"键,鼠标点击模型窗口,弹出输入窗口。

(2) 在输入窗口中键入"CH_4"后回车,就可以得到甲烷分子的空间立体结构图,如图

6-15所示。同理,键入"CH$_3$CH$_3$"后回车,就可以得到乙烷分子的空间立体结构图,如图 6-16所示。

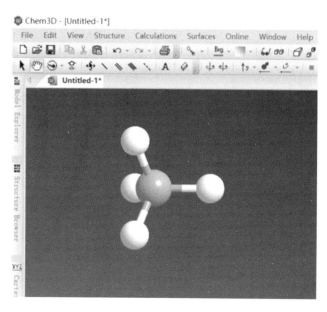

图 6-15　甲烷的立体结构

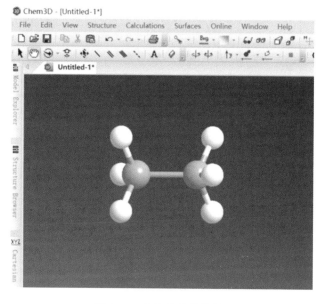

图 6-16　乙烷的立体结构

6.2.2.2　用键工具创建分子模型

(1)ChemDraw 提供多种化学键绘制工具,比如单键、双键、虚键、楔键、黑体键等基础键类型。

(2)以丙烷为例,选择工具栏中的"Single Bond"键,在模型窗口中鼠标左键点击并拖动,放开鼠标后,自动生成三维分子模型。

(3)鼠标对准一个碳原子,点击并拖动,放开鼠标后,可以得到甲烷分子的空间立体结构图如图 6-17 所示。

图 6-17　丙烷的立体结构

6.2.3　3D 与 2D 模型的相互切换

6.2.3.1　三维模型转换为二维结构

(1)在 Chem3D 软件中,选中 3D 模型。

(2)点击菜单栏"View"选择"ChemDraw Panel"命令后在模型窗口右侧自动弹出 ChemDraw 界面,完成 3D 图形转化为在 ChemDraw 中的 2D 图形,图 6-18 所示为实例结果。

(3)打开 ChemDraw 程序,然后粘贴至 ChemDraw 窗口中即可。

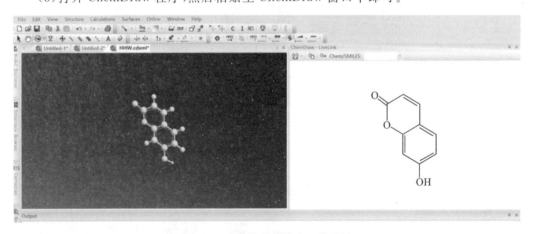

图 6-18　三维模型转换为二维结构

6.2.3.2 二维结构转换为三维模型

(1)用 Chem3D 直接打开 ChemDraw 文件,点击菜单栏"File"选择"Open"命令后弹出 Open 对话框。

(2)在文件类型窗口中选择用 ChemDraw 保存的文件。

(3)单击"Open"按钮打开文件,Chem3D 自动将 ChemDraw 转化为 3D 模型,图 6-19 所示为一个实例,左侧为二维结构模型,右侧为三维结构模型。

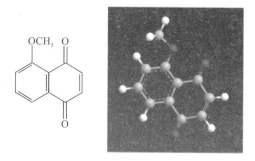

图 6-19 二维结构转换为三维模型

6.2.4 其他常用操作

6.2.4.1 分子的计算

分子的计算是 Chem3D 的主要功能之一,利用分子力学方法能够有效进行计算。在 Chem3D 中分子力学计算的方法包括两种力场:MM2 和 MMFF94。

(1)MM2,它是 Norman L. Allinger 及合作者开发的分子力场方法,在小分子的有机化学领域应用广泛。使用 MM2 可进行分子的能量优化(Minimize Energy)、分子动力学计算(Molecular Dynamics)与单点计算(Compute Properties)。

①能量优化。构建分子结构,如草酸结构,单击菜单栏"Calculations",选择 MM2 的 "Minimize Energy"命令,弹出"Minimize Energy"对话框,如图 6-20 所示,可根据需要进行设置。"Job Type"选项卡中的"Job Type"共有三个选项,分别为"Compute Properties"、"Minimize Energy"和"Molecular Dynamics",根据需要选择"Minimize Energy"。5 个复选框选项是能量优化的细节,可根据需要进行选择。Minimum RMS 为能量优化结束的标准,根据分子大小及多少可进行设置,一般分子小、数量少,可设置小一些,如 0.01 成 0.001;如果分子大,且数量多,可设置大些,如 0.1。后面几项默认,单击"Run"按钮,则能量优化开始,分子结构起初变化较大,然后逐渐变化很小,直至停止,优化结果显示在窗口下方的 Output 里。

②分子动力学计算。单击菜单栏"Calculations",选择 MM2 的"Molecular Dynamics"命令,弹出"Molecular Dynamics"对话框,如图 6-21 所示。也可直接由图 6-20 的 Job 中选择"Molecular Dynamics"选项,在"Dynamics"中根据需要进行设置。其余项默认,单

击"Run"按钮,分子动力学计算开始,分子结构不停发生变化,直至达到设置的步数而停止,计算结果显示在 Output 里。

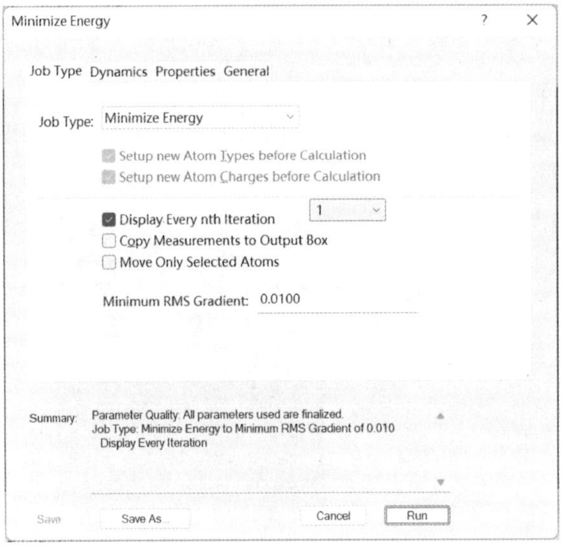

图 6-20　Minimize Energy 对话框

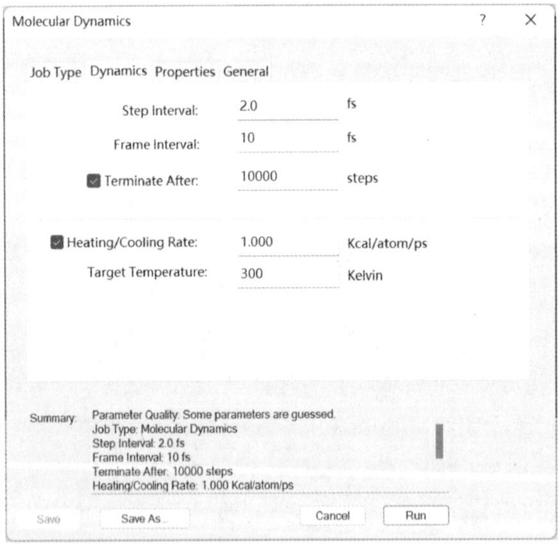

图 6-21　Molecular Dynamics 对话框

③单点计算。单击菜单栏"Calculations",选择 MM2 的"Compute Properties"命令,弹出"Compute Properties"对话框。由于 MM2 的主要功能不是单点计算,因此可计算性质很少,主要计算能量。也可直接由图 6-20 的"Job Type"中选择"Compute Properties"选项,单击"Run"按钮,计算结果保存在 Output 里。

(2)MMFF94,与 MM2 相比,它支持更多原子类型,提供更多更好的计算参数。在 MM2 中因为原子类型不存在而不能计算的分子,可以用 MMFF94 来完成。MMFF94

是一个与有机和蛋白质相结合的著名的参数化计算软件,因此非常适合对蛋白质、小分子及包含两者的系统计算。在执行力场计算前,Chem3D 会为模型中的原子确定相应的力场原子类型和原子电荷作为默认值进行计算。这些原子类型和电荷保存在原子性质表里,使用者可以在那里查看并更改这些数值。MMFF94 分子力场主要功能包括能量优化和能量计算。单击菜单栏"Calculations",选择"MMFF94"命令,显示出 MMFF94 的三项操作。

第一项为 Setup MMFF94 Atom Types and Charges(设置 MMFF94 力场原子类型与电荷),通常在进行其他操作前先单击该项操作进行力场参数设置。

第二项为 Perform MMFF94 Minimization,是能量优化项,单击进入"Perform MMFF94 Minimization"对话框,如图 6-22 所示,根据需要进行设置,单击"Run"按钮,分子开始优化,优化结果显示在 Output 里。

图 6-22　Perform MMFF94 Minimization 对话框

第三项为 Calculate MMFF94 Energy and Gradient,对话框与 Perform MMFF94 Minimization 非常相似,不同之处为只有第三、四个复选项显示,其余均为灰色,单击"Run"按钮,能量计算结果显示在 Output 里。

6.2.4.2　显示分子轨道

分子轨道图形的显示也需要先进行量子化学的计算。以苯为例来说明,首先画出苯分子结构,单击菜单栏"Calculations",选择"Extended Huckel"的"Calculate Surfaces"命令进行表面计算,然后单击菜单栏"Surfaces",选择"Choose Surface"的"Molecular Orbital"命令,显示出苯分子的 HOMO 轨道,如图 6-23 所示。如果要更改轨道,可单击菜单栏"Surfaces",选择"Molecular Orbital"命令进行更改,默认的轨道为 HOMO 轨道。从

"Surfaces"→"Selet Molecular Orbital"命令也可以看出,苯分子共有 30 条分子轨道,HOMO轨道为第 15 条,轨道能量为 -16.079 eV,而 LUMO 轨道为第 16 条,轨道能量为 1.092 eV。苯分子的 LUMO 轨道如图 6-24 所示。

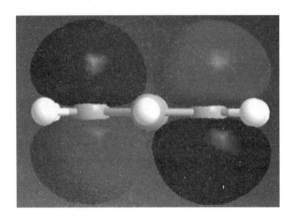

图 6-23　苯分子的 HUMO 轨道图

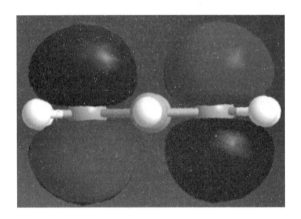

图 6-24　苯分子的 LUMO 轨道图

练 习 题

1. 用 ChemDraw 绘制有机分子并将其命名。
2. 用 ChemDraw 绘制有机分子并显示预测核磁数据。
3. 用 ChemDraw 绘制一个小分子,并在 Chem3D 中显示。
4. 绘制、计算并显示一些有机小分子的 HOMO 和 LOMO 轨道。

第 7 章

Origin——科研绘图及数据分析

  Origin 作为较流行的专业函数绘图软件，是公认的简单易学、操作灵活、功能强大的软件，既可以满足制图需要，也可以满足数据分析、函数拟合的需要。

  Origin 具有数据分析和绘图两大主要功能。Origin 的数据分析主要包括统计、信号处理、图像处理、峰值分析和曲线拟合等各种完善的数学分析功能。进行数据分析只需要选择所要分析的数据，然后再选择相应的菜单命令即可。Origin 的绘图是基于 Origin 提供的几十种二维和三维绘图模板，而且允许使用者自己定制模板。绘图时，只要选择所需要的模板就可以。Origin 还可以自定义数学函数、图形样式和绘图模板，可以与各种数据库软件、办公软件、图像处理软件等方便地连接。

  本章详细叙述了 Origin 界面、常用快捷键、菜单及工作表等基础知识；通过实例详细介绍了新建工程，数据导入，多种二维、三维及多层图形绘制，坐标轴的调整，文字及图例说明，页面设置和层设置，曲线拟合等基本操作步骤和技巧。本章将以 OriginPro 2021 为主介绍其使用方法。

7.1 Origin 简介

  Origin 为 OriginLab 公司出品的较流行的专业函数绘图软件，是公认的简单易学、操作灵活、功能强大的软件，既可以满足一般用户的制图需要，也可以满足高级用户数据分析、函数拟合的需要。

  Origin 自 1991 年问世以来，由于其操作简便，功能开放，很快就成为国际流行的分析软件之一，是公认的快速、灵活、易学的工程制图软件。

  Origin 具有两大主要功能：数据分析和绘图。Origin 的数据分析主要包括统计、信号处理、图像处理、峰值分析和曲线拟合等各种完善的数学分析功能。准备好数据后，进行数据分析时，只需选择所要分析的数据，然后再选择相应的菜单命令即可。Origin 的绘图是基于模板的,Origin 本身提供了几十种二维和三维绘图模板,而且允许用户自己定制模板。绘图时,只要选择所需要的模板就行。用户可以自定义数学函数、图形样式和绘图模板;可以与各种数据库软件、办公软件、图像处理软件等方便地连接。

Origin 可以导入包括 ASCII、Excel、NI TDM、DIADem、NetCDF、SPC 在内的多种数据。另外,它可以把 Origin 图形输出到多种格式的图像文件,譬如 JPEG、GIF、EPS、TIFF 等。

Origin 里面也支持编程,以方便拓展 Origin 的功能和执行批处理任务。Origin 里面有两种编程语言——LabTalk 和 Origin C。

在 Origin 的原有基础上,用户可以通过编写 X-Function 来建立自己需要的特殊工具。X-Function 可以调用 Origin C 和 NAG 函数,而且可以很容易地生成交互界面。用户可以定制自己的菜单和命令按钮,把 X-Function 放到菜单和工具栏上,以后就可以非常方便地使用自己的定制工具。

7.2 Origin 使用入门

7.2.1 Origin 界面简介

Origin 主要包括以下几个部分:
(1)菜单栏顶部一般可以实现大部分功能;
(2)工具栏菜单栏下面一般最常用的功能都可以通过此实现;
(3)绘图区中部所有工作表、绘图子窗口等都在此;
(4)项目管理器下部类似资源管理器,可以方便切换各个窗口等;
(5)状态栏底部标出当前的工作内容及鼠标指到某些菜单按钮时的说明。

7.2.2 Origin 常用快捷键

Ctrl+C:复制。
Ctrl+V:粘贴。
Ctrl+X:剪切。
Ctrl+Z:撤回。
Ctrl+A:全选。
Ctrl+S:保存。
Ctrl+N:新建工作簿。
Ctrl+O:可以快速打开文件,读取要导入的.opj 文件。
Ctrl+I:放大图例。如果在工作簿窗口,按"Ctrl+I"键则对应"斜体"。

Ctrl+M:缩小图例。"Ctrl+M"键还有另外一个功能,那就是显示符号表,输入法打不出的特殊符号,可以通过此快捷方式弹出的符号表找到。

Ctrl+W:整体视图。

Ctrl+Tab:可以快速在当前文件夹下切换窗口。

Ctrl+G:快速定位。当 Origin 里 Worksheet 的数据量很大的时候,可以通过该快捷键快速定位到你所需的工作簿的行列。

Ctrl+D:增加新列。可以直接在弹出的对话框中输入想要添加的列数。

Ctrl+L:恢复图例样式。比如:误删了图例还不知道怎么添加回来的时候,按"Ctrl+L"键,图例就回来了。

Ctrl+U:打开选项对话框。这一对话框内包括多种选项卡。比如:文本框字体格式、打印格式设置等。

Ctrl+T:图标的个性化显示设置。虽然 Origin 的数据处理和作图功能强大,但是每个人常用的功能却各有不同,所以个性化设置快捷图标可以在简洁的前提下满足个人需求。根据需求勾选功能图标,下次使用时就可以在相应功能区快速找到这些图标。

7.2.3　Origin 工作环境

Origin 的工作环境如图 7-1 所示,主要包括菜单栏(一般可实现大部分功能)、工具栏(可实现常用功能)、绘图区(活动工作表、绘图子窗口所在处)、项目管理器(可方便切换各个窗口)、2D Graph 及 3D Graph 工具栏等。

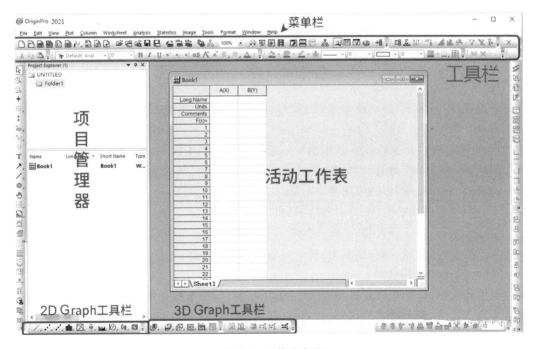

图 7-1　总体分布图

7.2.4　Origin 菜单栏介绍

打开 Origin 软件，其主要菜单栏如图 7-2 所示。

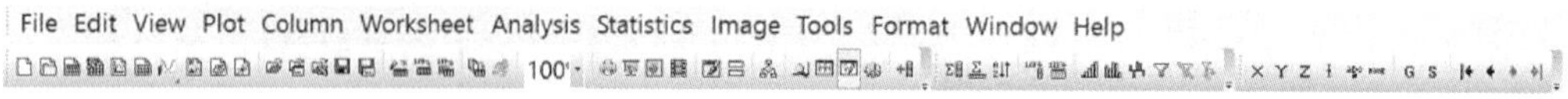

File Edit View Plot Column Worksheet Analysis Statistics Image Tools Format Window Help

图 7-2　菜单栏

File：文件操作功能，打开文件、输入输出数据图形等。

Edit：编辑操作功能，包括数据和图像的编辑等，比如复制、粘贴、清除等，特别要注意 Undo 功能。

View：视图操作功能，控制屏幕显示。

Plot：绘图操作功能，主要提供以下 5 类功能。

①几种样式的二维绘图功能，包括直线、描点、直线加符号、特殊线/符号、条形图、柱形图、特殊条形图/柱形图和饼图；

②三维绘图；

③气泡/彩色映射图、统计图和图形版面布局；

④特种绘图，包括面积图、极坐标图和向量；

⑤模板功能，把选中的工作表数据复制到模板，如绘图模板。

Column：列操作功能，比如设置列的属性，增加、删除列等。

Graph：图形操作功能，主要包括增加误差栏、函数图、缩放坐标轴、交换 X 和 Y 轴等。

Data：数据操作功能。

Analysis：分析操作功能（工作表和绘图窗口）。

对工作表窗口：提取工作表数据；行列统计；排序；数字信号处理（快速傅里叶变换 FFT、相关 Corelate、卷积 Convolute、解卷 Deconvolute）；统计功能（T-检验）、方差分析（ANOAV）、多元回归（Multiple Regression）；非线性曲线拟合等。

对绘图窗口：数学运算；平滑滤波；图形变换；FFT；线性多项式、非线性曲线等各种拟合方法。

Plot3D：三维绘图操作功能。根据矩阵绘制各种三维条状图、表面图、等高线等。

Matrix：矩阵操作功能。对矩阵的操作包括矩阵属性、维数和数值设置、矩阵转置和取反、矩阵扩展和收缩、矩阵平滑和积分等。

Tools：工具操作功能（工作表和绘图窗口）。

对工作表窗口：选项控制；工作表脚本；线性、多项式和 S 曲线拟合。

对绘图窗口：选项控制；层控制；提取峰值；基线和平滑；线性、多项式和 S 曲线拟合。

Format：格式操作功能。

对工作表窗口：菜单格式控制；工作表显示控制；栅格捕捉和调色板等。

对绘图窗口：菜单格式控制；图形页面、图层和线条样式控制；栅格捕捉；坐标轴样式控制和调色板等。

Window：窗口操作功能，控制窗口显示。

Help：帮助。

7.3 Origin 数据绘图

7.3.1 新建工程

打开 Origin,出现如图 7-3 所示界面,点击菜单"File"→"Save"→"Project"或"Save Project as",给新建工程命名,并选择保存的位置,如图 7-4 所示。

图 7-3 初始界面

图 7-4 保存界面

7.3.2 数据导入

Origin 支持多种格式数据导入,包括 ASCII、Excel、NI TDM、DIADem、NetCDF、SPC 等。

方法一:打开 Origin 选择任务栏,点击"Import Signal ASCII",如图 7-5 所示。

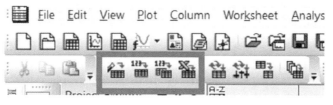

图 7-5 数据导入初始界面

在弹出窗口选择要导入的数据文件,如图 7-6 所示。

图 7-6　数据导入选择界面

方法二:打开.txt 文档(以.txt 文档为例),选中并复制所需数据,然后打开 Origin,在目标工作簿中根据复制的数据选择对应的列,点击 Workbook 1 或者 1 以下单元格,右击鼠标选择"Paste",如图 7-7 所示。

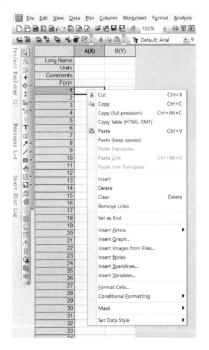

图 7-7　数据导入界面

7.3.3　数据绘图

1. 绘制线型图

(1)导入数据,选中所需制图的数据。

(2)单击菜单命令"Plot"→"Basic 2D"→"Line"或 2D Graph 工具栏的"Line"按钮,如图 7-8 所示。

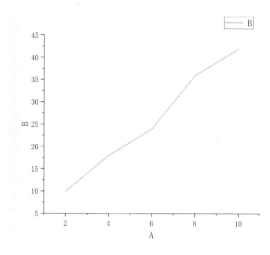

图 7-8　线型图绘制

2. 绘制 Y 误差图

(1)导入数据,选中所需绘制图的数据。

(2)选中某列将其设置为 Y Error 列,如图 7-9 所示。

(3)单击菜单命令"Plot"→"Basic 2D"→"Y Error"或 2D Graph 工具栏的"Y Error"按钮,如图 7-10 所示。

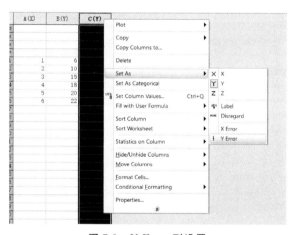

图 7-9　Y Error 列设置

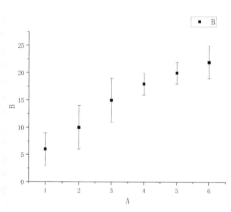

图 7-10　Y Error 绘制

3. 绘制垂线图

(1)先导入数据,选中所需数据。

(2)单击菜单命令"Plot"→"Basic 2D"→"Vertical Drop Line"或 2D Graph 工具栏"Vertical Drop Line"按钮,如图 7-11 所示。

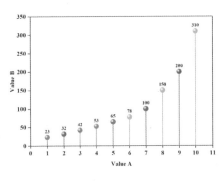
图 7-11 垂线图绘制

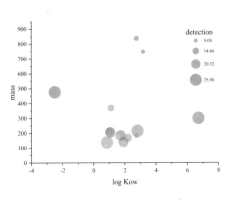
图 7-12 彩色气泡图绘制

4. 绘制彩色气泡图

数据要求：用于作图的数据包含两个数值型 Y 列（第 1 个 Y 列用于设定气泡的纵向位置，第 2 个 Y 列用于设定气泡的大小和颜色）。

(1) 导入数据，选中 B、C 两列。

(2) 单击菜单命令"Plot"→"Basic 2D"→"Bubble＋Color Mapped"或 2D Graph 工具栏上的"Bubble＋Color Mapped"按钮，如图 7-12 所示。

5. 绘制点线图

(1) 导入数据，选中所需制图的数据。

(2) 单击菜单命令"Plot"→"Basic 2D"→"Line＋Symbol"或 2D Graph 工具栏上的"Line＋Symbol"按钮，如图 7-13 所示。

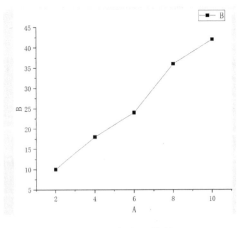
图 7-13 点线图绘制

6. 绘制柱形图

(1) 导入数据，选中所需制图数据。

(2) 单击菜单命令"Plot"→"Basic 2D"→"Column"或 2D Graph 工具栏的"Column"

按钮,如图 7-14 所示。

7. 绘制条形图

(1) 导入并选中所需数据。

(2) 单击菜单命令"Plot"→"Basic 2D"→"Bar"或 2D Graph 工具栏的"Bar"按钮,如图 7-15 所示。

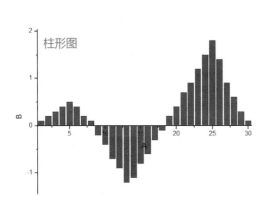

图 7-14　柱形图绘制　　　　　　图 7-15　条形图绘制

8. 绘制堆垒柱形图

(1) 导入并选中所需数据。

(2) 单击菜单命令"Plot"→"Basic 2D"→"Stacked Column"或 2D Graph 工具栏的"Stacked Column"按钮,如图 7-16 所示。

9. 绘制堆垒条形图

(1) 导入并选中所需数据。

(2) 单击菜单命令"Plot"→"Basic 2D"→"Stacked Bar"或 2D Graph 工具栏的"Stacked Bar"按钮,如图 7-17 所示。

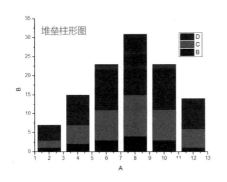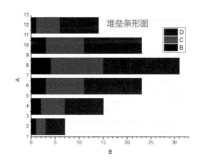

图 7-16　堆垒柱形图绘制　　　　　　图 7-17　堆垒条形图绘制

10. 绘制浮动柱形图

(1)导入并选中所需数据。

(2)单击菜单命令"Plot"→"Basic 2D"→"Floating Column"或 2D Graph 工具栏的"Floating Column"按钮,如图 7-18 所示。

11. 绘制浮动条形图

(1)导入并选中所需数据。

(2)单击菜单命令"Plot"→"Basic 2D"→"Floating Bar"或 2D Graph 工具栏的"Floating Bar"按钮,如图 7-19 所示。

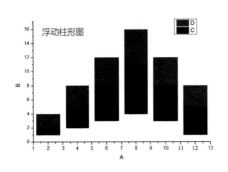

图 7-18　浮动柱形图绘制　　　　图 7-19　浮动条形图绘制

12. 绘制饼图

(1)导入并选中所需数据。

(2)单击菜单命令"Plot"→"Basic 2D"→"3D Color Pie Chart",如图 7-20 所示。

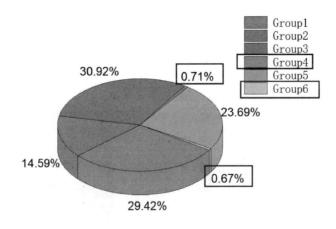

图 7-20　饼状图绘制

13. 绘制三维瀑布图

三维瀑布图将多条曲线在单个图层上按前后顺序排列并将它们向右上方做适当的错位，以便清晰地显示各曲线的细微差别，特别适合于绘制多条包含多个峰又极其相似的曲线图形。

（1）导入并选中所需数据。

（2）单击菜单命令"Plot"→"3D"→"3D Waterfall"或 3D Graph 工具栏的"Waterfall"按钮，如图 7-21 所示。

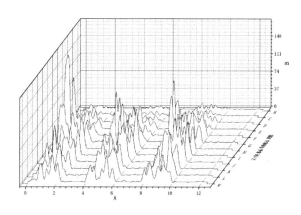

图 7-21　三维瀑布图绘制

14. 绘制面积图

（1）导入并选中所需数据。

（2）单击菜单命令"Plot"→"Basic 2D"→"Area"或 2D Graph 工具栏的"Area"按钮，如图 7-22 所示。

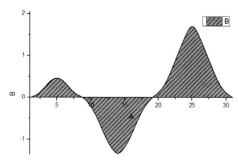

图 7-22　面积图绘制

15. 绘制堆垒面积图

（1）导入并选中所需数据。

（2）单击菜单命令"Plot"→"Basic 2D"→"Stacked Area"或 2D Graph 工具栏的"Stacked Area"按钮,如图 7-23 所示。

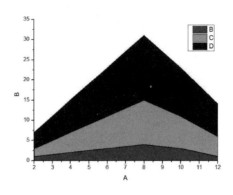

图 7-23　堆垒面积图绘制

16. 绘制填充面积图

（1）导入并选中所需数据。

（2）单击菜单命令"Plot"→"Basic 2D"→"Fill Area"或 2D Graph 工具栏的"Fill Area"按钮,如图 7-24 所示。

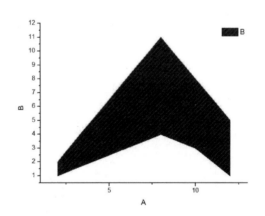

图 7-24　填充面积图绘制

7.3.4　坐标轴的调整

1. 对数坐标的调整

图 7-25 中 Y 轴数值呈现指数级增加趋势,如果直接作图(比如散点图),则不能很好地反应 Y 与 X 的对应关系。

图 7-26 中将 Y 轴坐标改成对数形式。步骤:首先做散点图(图 7-25);再双击 Y 轴,

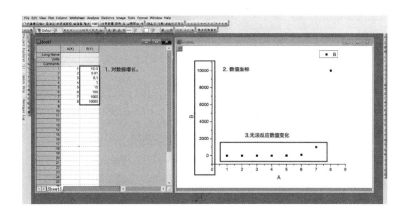

图 7-25　散点图

出现"Y Axis-Layer 1"对话框；在"Scale"选项卡中的 Type 选项中根据不同的需要选择合适的 Type，最后单击"Apply"或"OK"按钮即可。

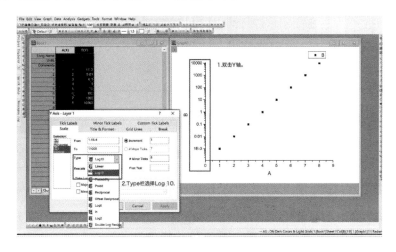

图 7-26　对数坐标图

2. 非连续坐标的调整

科研中，实验结果常常会出现突变，比如产物选择性突增，产率突升，均一性突然变好等，如何充分展现突变，同时又不掩盖其他信息成为作图的难题。举例如下：图 7-27 中 Y 轴的数据跨度很大，第四个点与第五个点之间差 50 倍。如果直接使用点线图进行绘图，前四个数据点的变化趋势完全被掩盖。

对于上述出现的难题，如果运用 Origin 中的 Break 功能，则会有不一样的效果。操作步骤如下：双击图 7-28 中 Y 轴，出现"Y Axis-Layer 1"对话框，选择"Break"；勾选"Show Break"；分别依次调整"Break Region"（断裂区域）、"Break Position"（断裂位置）、"Scale Increment"（标尺范围），多次尝试，直至满意；最后单击"Apple"或"OK"按钮即可。

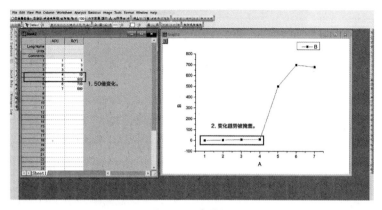

图 7-27 点线图

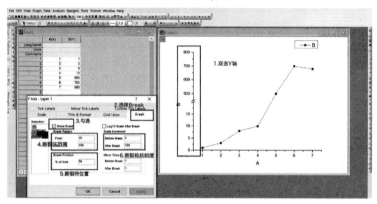

图 7-28 非连续坐标图

3. 百分比坐标的调整

百分比式数据在数据处理过程中频繁出现，Origin 中却无法直接以百分比方式呈现数据，但是经过简单的转换即可实现。图 7-29 中横坐显示为 0.1, 0.2, 0.3, …。

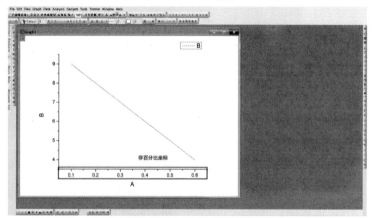

图 7-29 非百分比坐标图

现将图 7-29 中的坐标改为百分比坐标的形式。在图 7-30 中双击横坐标数值，选择"Tick Label"。首先勾选"Show Major Labels"，然后将"Divide by Factor"设置为

"1/100","Suffix"设置为"％"。

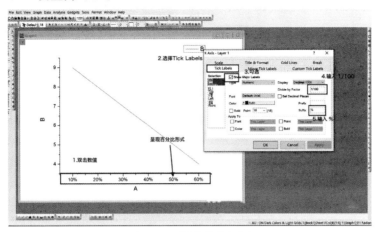

图 7-30　百分比坐标图

7.3.5　文字及图例说明

选中数字，可直接修改坐标轴字体及字号，如图 7-31 所示。

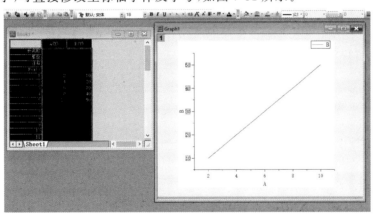

图 7-31　修改字体图

修改图例，右键点击选择"Properties"或双击图例，如图 7-32 所示。

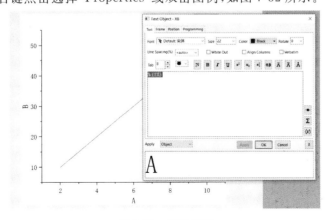

图 7-32　修改图例

设置刻度、朝向等,在坐标轴线上双击,如图 7-33 所示。

图 7-33　修改轴线图

7.3.6　页面设置及图层叠加

在使用 Origin 绘图过程中,我们不可避免地要遇到一些图层叠加的问题,那么刚接触 Origin 的同学会问,图层是什么意思?简单地说,图层就是把绘制的两张 Origin 图在软件中进行叠加,例如我们在文献中经常看到一张图里面既有柱形图又有点线图。

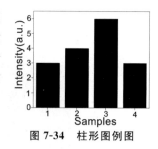

图 7-34　柱形图例图

7.3.6.1　页面设置

鼠标双击图 7-34 中的任何一个黑色柱形,就会弹出这样一个对话框,点击"Spacing"选项卡,修改"Gap Between Bars(in%)"(柱间隔)。顾名思义,这个数越大,间隔就会越大,柱形的占比就越小,一般默认值是 20,可以根据自己的需要更改,如图 7-35 所示。

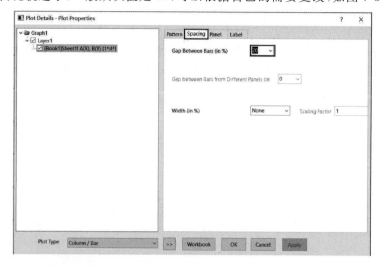

图 7-35　修改柱形的占比

在同一对话框内点击"Pattern"选项卡，可以更改柱形图的边框和填充的性质，如图7-36所示。

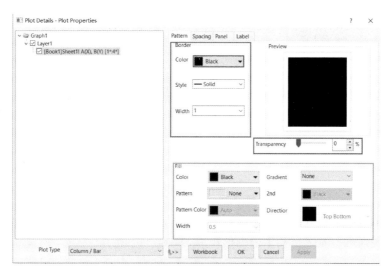

图 7-36　修改柱形边框和填充

在 Origin 中，颜色最多可以有两种填充，如果想要填充两种颜色，可以在"Gradient"中进行选择"Two Colors"，在"Directior"中可以更改填充方向，如图 7-37 所示。

也可以对柱形图填充图案，选中"Pattern"在"Pattern Color"中进行颜色的更改，如图 7-38 所示。

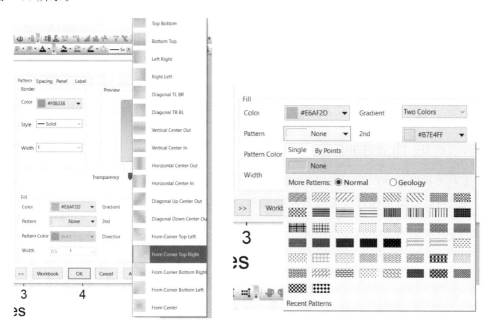

图 7-37　修改颜色和填充方向　　　　　　　图 7-38　柱形图填充图案

双击图形外的空白区域可以更改画布的大小，如图 7-39 所示。

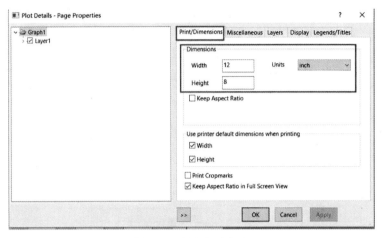

图 7-39　画布尺寸修改

双击图形内的空白处就可以更改图片的尺寸及位置。可以根据更改 Left 和 Top 的值改变图形距离画布左边框和上边框的距离，如图 7-40 所示。

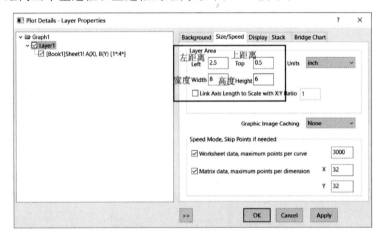

图 7-40　图片位置修改

7.3.6.2　图层叠加

接下来我们要画一个点线图，如图 7-41 所示。由于和柱形图的纵坐标标尺不一样，所以我们将点线图的标尺设置在了右边显示。

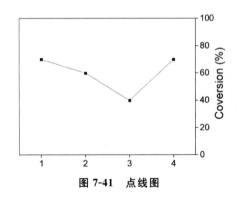

图 7-41　点线图

设置方式为双击边框,然后出现对话框,如图 7-42 所示,更改标尺和数字在右边框出现就可以。

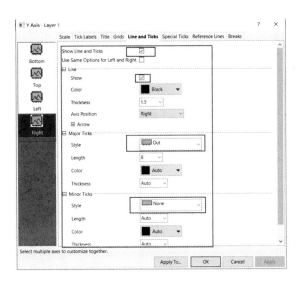

图 7-42　点线图标尺修改

至于点线图的粗细和颜色,可以通过选中点线后双击点线,对弹出的对话框中进行更改(见图 7-43),也可以在工具栏中进行更改。

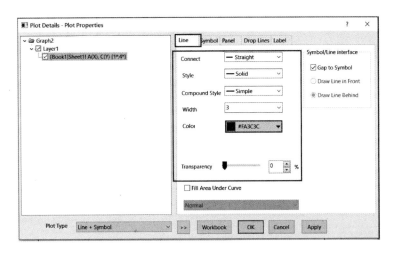

图 7-43　线条的颜色和精细修改

对于点线图中的点,可以对点线图双击进行编辑,分别对点的形状、尺寸及颜色进行更改,如图 7-44 所示。

点线图美化完成后(见图 7-45),可以根据柱形图画布及图片的尺寸,对点线图进行同样的更改。

接下来将两个图层叠加到一起。首先选中图片并复制,然后点击(见图 7-46)跳到 Graph 1 柱形图的界面。

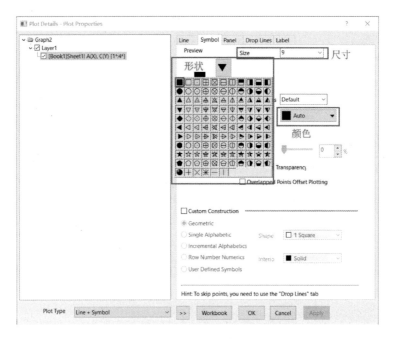

图 7-44　点的形状、尺寸和颜色修改

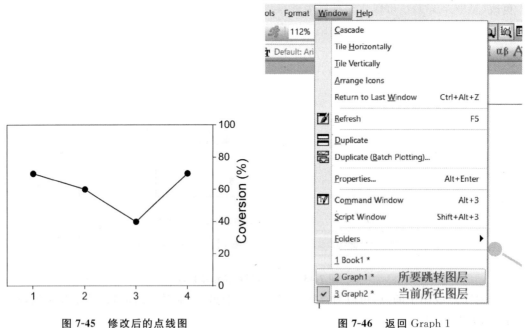

图 7-45　修改后的点线图　　　　　　图 7-46　返回 Graph 1

　　将点线图粘贴到 Graph 1,序号由 1 变成了 1 和 2,说明现在这张图中出现了两个图层,但是这两个图层并没有对齐,如图 7-47 所示。
　　在上面提到,在更改图形的尺寸时还可以更改位置,那么现在更改图层 2 的位置就可以。双击图层 2,将左边距和上边距更改为与图层 1(见图 7-48)一致就可以,最后得到由柱状图和点线图组成的双图层,如图 7-49 所示。

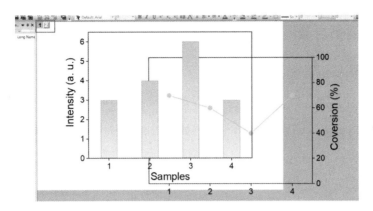

图 7-47 合并后图层

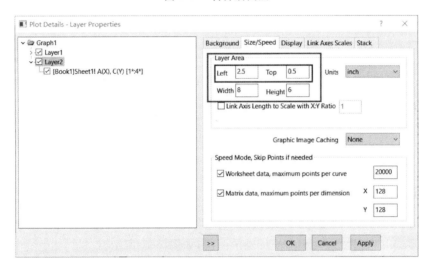

图 7-48 更改图层位置

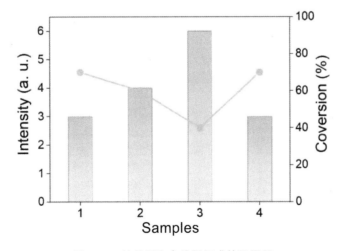

图 7-49 柱状图和点线图组成的双图层

7.3.7 绘制多层图形

1. 通过图层管理器绘制

添加图层在原有的 Graph 上,通过执行菜单命令"Graph"→"Layer Management"命令打开"Layer Management"对话框,可以添加新的图层,如图 7-50 所示。

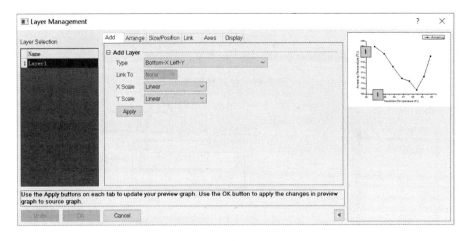

图 7-50 通过图层管理器绘制多层图形

2. 通过菜单绘制

在激活 Graph 窗口的情况下,通过"Graph"→"New Layer(Axes)"菜单下的命令,可以直接在 Graph 中添加包含相应坐标轴的图层,如图 7-51 所示。

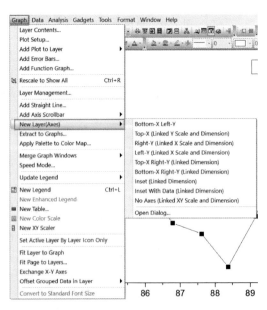

图 7-51 通过菜单命令绘制多层图形

7.3.8 绘制三维图形

先导入 X、Y、Z 三列数据并选中,然后如图 7-52 所示依次选择"Plot"→"3D"→"3D Scatter",得到如图 7-53 所示的 3D 散点图(与 2D 散点图的作法基本相同,只是多了一组 Z 轴数据)。

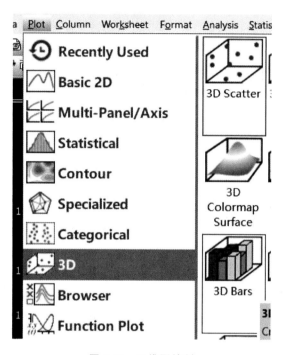

图 7-52　三维图绘制

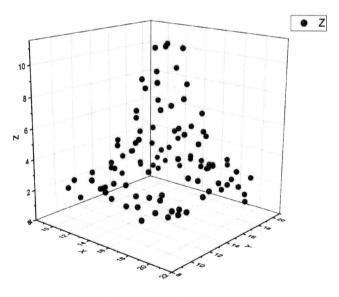

图 7-53　3D 散点图

7.4 曲线拟合

7.4.1 线性拟合

首先打开 Origin,选中 A(X)和 B(Y)列的全部数据,然后依次选择"Plot"→"Basic 2D"→"Scatter"(或者点击左下角的作图),得到图 7-54。

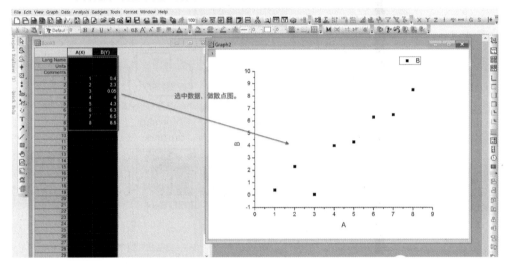

图 7-54 线性图绘制

接下来如图 7-55 所示依次选择点击"Analysis"→"Fitting"→"Linear Fit"→"Open

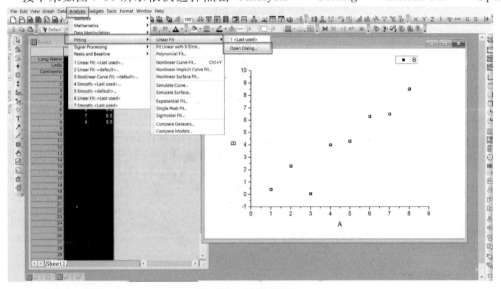

图 7-55 线性拟合

Dialog…",弹出如图 7-56 所示对话框。在对话框中,将"Recalculate"类型改为"Auto"(自动模式,若改变数据,拟合结果将自动调整)。在"Fit Options"选项下可以固定斜率或者截距。通过"Quantities to Compute"可以进行输出设置,比如可以呈现方差等数据。设置完成后,单击"OK"按钮确认。线性拟合结果如图 7-57 所示,左边表格中有各类拟合结果,如斜率、截距、数据点数目、校正标准决定系数等。

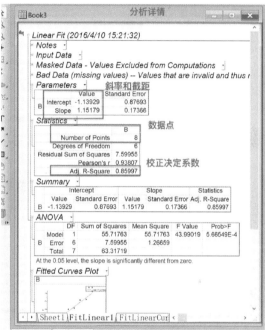

图 7-56　Reminder Message 选项　　　　图 7-57　线性拟合结果

7.4.2　非线性拟合

分析数据不仅仅是对比大小,还要分析数据的趋势或者规律。这些数据往往是通过诸如采样、实验等方法获得若干离散的数据,根据这些数据得到一个连续的函数(也就是曲线)或者更加密集的离散方程与已知数据相吻合,这过程就称为拟合。接下来详解 Origin 非线性拟合。

先选中数据制图,然后依次点击菜单命令"Analysis"→"Fitting"→"Nonlinear Curve Fit"→"Open Dialog…"(见图 7-58),弹出如图 7-59 所示的对话框,点击"Settings"选项卡,选择"Function Selection",在"Function"下拉列表框中里选择 Gauss(选择函数要视具体情况而定)。

135

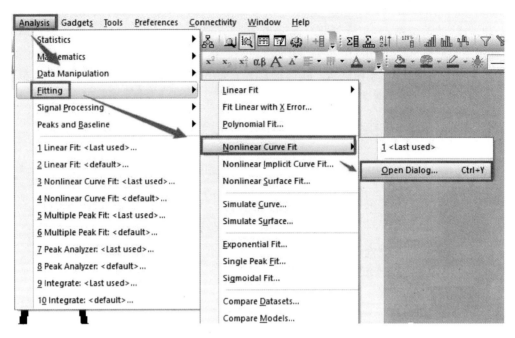

图 7-58　通过菜单命令进行非线性拟合

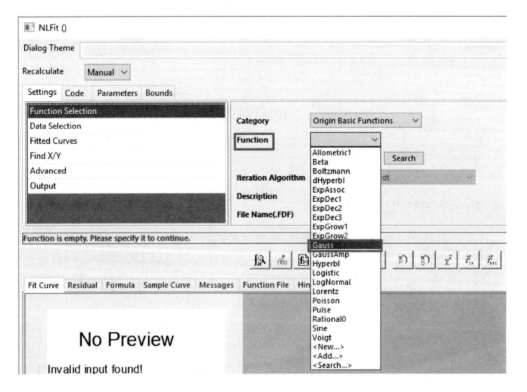

图 7-59　函数选择

以上设置都完成后,点击"Fit"按钮(见图 7-60)进行拟合,拟合结果如图 7-61 所示。

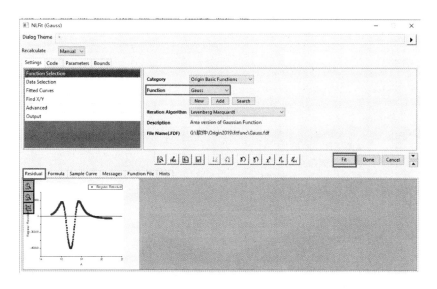

图 7-60　点击"Fit"按钮进行非线性拟合

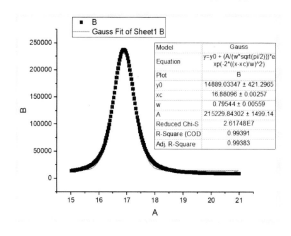

图 7-61　非线性拟合结果

7.4.3　Origin 自定义公式拟合技巧

打开"Tools"菜单中的"Fitting Function Organizer"拟合函数管理器,在"User Defined"用户自定义下面建立目录和函数,如图 7-62 所示,单击"New Category"建立目录"MyFunction"。

现在进行最重要的工作,即构建函数。一个函数关系是由自变量、因变量和相关常量构成的,常量在这里称为 Parameter。事实上,曲线拟合就是为了求得这些参数的最佳合理值,在拟合之前这些参数是未知的,因此也要使用各种代码来表示。

对于本实例来说,保持 Independent Variables(自变量)为 x,Dependent Variables(因变量)为 y 不变,拟合时这些 x 和 y 对应着源数据的记录,Parameter Names 参数名称则修改为 y0、a、b,如图 7-63 所示。填写参数时,以英文逗号隔开。

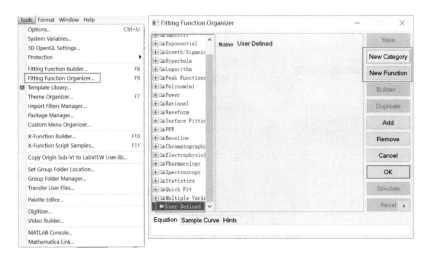

图 7-62　拟合函数管理器

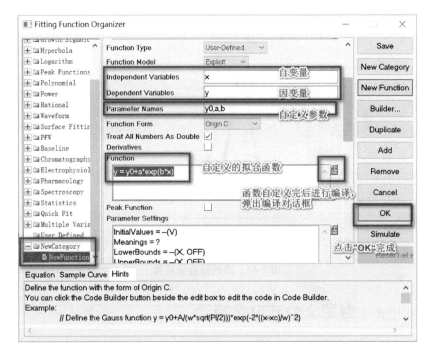

图 7-63　构建函数

为了帮助用户正确地完成自定义函数的工作，当将鼠标左键单击相应输入框时，在对话框最下面的 Hints 中会有进一步的提示，鼠标停留在"Parameter Names"，Hints 框中告诉我们如何命名参数、名称等。

完成了函数定义后，为了能够在 Origin 中进行使用，必须经过代码编译，编译后自定义函数后与内部函数一样成为系统的一部分。

单击调用 Code Builder 进行编译，可以看到系统自动将我们刚定义的函数编译成 C 语言代码。首先不要管这些代码，而是直接单击"Compile"按钮编译，可以看到左下角出现编译和链接状态提示,当看到 Done 即完成了编译工作,单击"Return to Dialog"返回自定义函数对话框,如图 7-64 所示。

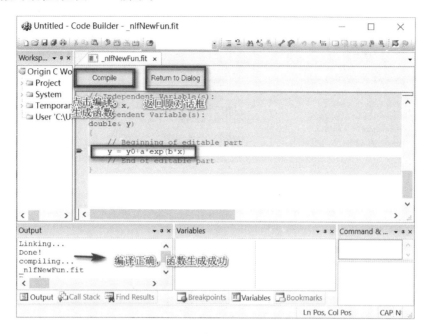

图 7-64　构建函数

单击"Save"按钮进行保存,可以单击"Simulate"对函数进行模拟,然后单击"OK"按钮回到 Origin 主界面,这样就完成了自定义函数的工作。接下来用上面自定义的拟合函数处理数据。

导入数据,绘制散点图,如图 7-65 所示。

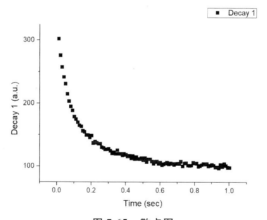

图 7-65　散点图

选择执行菜单命令"Analysis"→"Fitting"→"Nonlinear Curve Fit",打开"NLFit"对话框,如图 7-66 所示,选择"Settings"选项卡中的"Function Selection",在"Category"下拉列表框中选择"NewCategory",在"Function"下拉列表框中选择"NewFunction(User)"进行拟合。

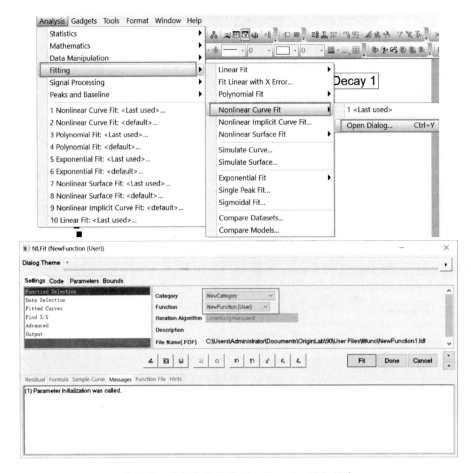

图 7-66　选择自定义的 NewFunction 进行拟合

为了得到有效的结果和减少处理工作量，必须单击"Parameters"进行参数设置，这里输入自定义的 3 个参数原始值，"Value"都定义为 1。然后单击"Fit Till Converged"按钮即拟合直到数据收敛，如图 7-67 所示，完成收敛后即可得到 y0、a 和 b 的值。单击"OK"

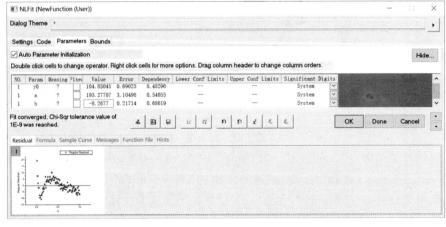

图 7-67　点击"Fit Till Converged"按钮后的界面

按钮返回主界面,完成拟合,拟合结果如图 7-68 所示。

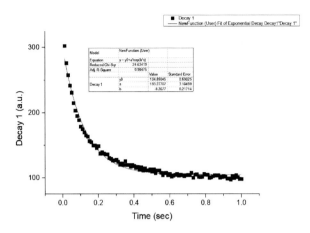

图 7-68 用自定义函数拟合的结果

将拟合结果存放到报告中,如图 7-69 所示。表格显示了自定义函数方程式、三个参数及相关系数的数值,$R^2 = 0.98475$ 表示拟合情况良好。根据拟合结果得到的参数值代入函数方程式得到拟合函数。

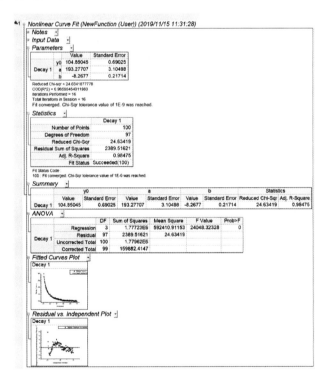

图 7-69 自定义函数拟合结果报表

练 习 题

1. 在 Origin 的编辑功能中,关于线性拟合的叙述错误的是(　　)。

(A)线性拟合方程就是线性回归方程

(B)线性拟合后的直线过所有的实验点

(C)线性拟合依据的原理是实验数据与拟合方程的误差平方和最小

(D)线性拟合处理的对象是实验点接近线性关系的数据

2. (判断题)由 Origin 编辑和绘制的图形,可以直接复制/粘贴到 Word 文档中的任何地方。(　　)

3. (判断题)Origin 文档也可以引入 Excel 数据。(　　)

4. 以样品为横坐标,降解速率(min^{-1})为纵坐标绘制柱状图,数据如下表所示。要求:坐标中文字体为宋体 22 号加粗,英文为 Times New Roman 22 号加粗,调整合适的柱形间距,导出为 JPG 格式的文件,DPI 分辨率为 600。

样品	降解速率	样品	降解速率
1	0.007	4	0.014
2	0.01	5	0.015
3	0.012	6	0.029

第 8 章

Matlab——图像处理与图形可视化

MATLAB 的名字取自矩阵实验室（Matrix Laboratory），是由美国 MathWorks 公司发布的主要面对科学计算、可视化及交互式程序设计的高科技计算。MATLAB 集数值分析、矩阵计算、科学数据可视化及非线性动态系统的建模和仿真等功能于一体，为科学研究、工程设计及必须进行有效数值计算的众多科学领域提供了一种全面的解决方案，并在很大程度上摆脱了传统非交互式程序设计语言的编辑模式，代表了当今国际科学计算软件的先进水平。

8.1 MATLAB 概述

MATLAB 的应用范围十分广泛，涉及工程计算、控制设计、信号处理与通信、图像处理、信号检测、金融建模设计等众多领域，适用于各种行业，如图 8-1 所示。MATLAB 提供了一种交互式的高级编程语言——M 语言，用户可以利用 M 语言编写脚本或用函数文件来实现自己的算法。MATLAB 最突出的特点就是简洁，它用更直观的、符合人们思维习惯的代码，代替了 C 语言和 FORTRAN 语言的冗长代码。MATLAB 给用户带来的是最直观、最简洁的程序开发环境。

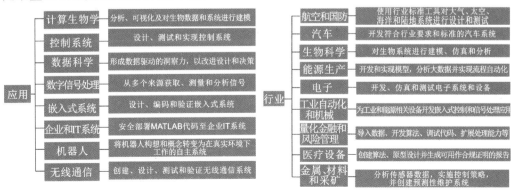

图 8-1　MATLAB 的应用和适用行业

MATLAB 的主要特点:

(1)运算符丰富。

(2)语言简洁紧凑,库函数极其丰富,使用方便灵活。可以说,用 MATLAB 进行科技开发就是站在专家的肩膀上搞科研。

(3)程序设计自由度大。例如,在 MATLAB 里,用户无需对矩阵预定义就可使用。

(4)图形功能强大,数据的可视化非常简单。

(5)较强的编辑图形界面的能力。

(6)拥有功能强大的工具箱。这些工具箱都是由该领域内学术水平很高的专家编写的,所以用户可以无需编写自己学科范围内的基础程序,而直接进行高、精、尖的研究。

目前,MATLAB 已经更新到 MATLAB R2022b 版本,增添了一些新的亮点。本章节将对 MATLAB R2022b 作简单介绍,详细信息可参考其他相关书籍。

8.1.1 操作界面

MATLAB R2022b 操作界面中包含大量的交互式界面,例如通用操作界面、工具包专业界面、帮助界面和演示界面等。这些交互式界面组合在一起构成 MATLAB 的默认操作界面。

启动 MATLAB 后的操作界面如图 8-2 所示。在默认情况下,MATLAB 的操作界面包含选项卡(含功能区)、当前文件夹、命令行窗口、工作区 4 个区域。

图 8-2 MATLAB 默认窗口

1. 选项卡

选择标题栏下方的"主页"选项卡,显示基本的文件、变量、代码及路径设置等操作命令,如图 8-3 所示。"主页"选项卡下的主要按钮功能如下。

(1)"新建脚本"按钮 :单击该按钮,新建一个 M 文件。

(2)"新建实时脚本"按钮 :单击该按钮,新建一个实时脚本。

(3)"新建"按钮 :在该按钮下显示的子菜单包括新建的文件类型。选择不同的文件类型命令,创建不同的文件。

(4)"打开"按钮：弹出"打开"对话框，在文件路径下打开所选择的不同类型的数据文件。

(5)"查找文件"按钮：单击该按钮，弹出"查找文件"对话框，用于查找文件。

(6)"比较"按钮：单击该按钮，弹出"选择需要进行比较的文件或文件夹"对话框，用于比较指定的文件或文件夹。

图 8-3 "主页"选项卡

同理，选择"绘图"和"APP"选项卡，显示相应的功能按钮。

2. 命令行窗口

命令行窗口中数值的显示格式为了适应用户以不同格式显示计算结果的需要，MATLAB 设计了多种数值显示格式以供用户选用。其中，默认的显示格式是：数值为整数时，以整数显示；数值为实数时，以 short 格式显示；如果数值的有效数字超出了范围，则以科学计数法显示结果数值显示格式的设置方法

数值显示格式的设置：单击"主页"选项卡→"环境"面板中的"预设"按钮，在弹出的"预设项"窗口中选择"命令行窗口"进行显示格式设置，如图 8-4 所示。

图 8-4 "预设项"窗口

3. 当前文件夹窗口

MATLAB 利用当前文件夹窗口组织、管理、使用所有 MATLAB 文件和非 MATLAB 文件，例如新建、复制、删除、重命名文件夹和文件等，还可以利用该窗口打开、编辑和运行 M 程序文件及载入 MATLAB 数据文件等。当前文件夹窗口如图 8-5 所示，点击按钮可进行设置。

图 8-5　当前文件夹窗口

4. 工作区窗口

在默认的情况下,工作区位于 MATLAB 操作界面的左侧。如同命令行窗口一样,也可对该窗口进行停靠、分离等操作。

工作区窗口拥有许多其他功能,例如内存变量的打印、保存、编辑、图形绘制等。这些操作都比较简单,只需要在工作区中选择相应的变量,单击鼠标右键,在弹出的快捷菜单中选择相应的菜单命令即可。双击工作区窗口中的某个变量时,会在 MATLAB 主窗口中弹出如图 8-6 所示的变量编辑器,变量编辑器也可从主窗口中分离。

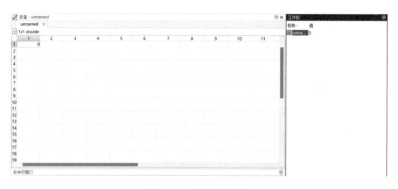

图 8-6　变量编辑器

8.1.2　帮助环境

MATLAB 为用户提供了丰富的帮助系统,可以帮助用户更好地了解和运用 MATLAB。

1. 帮助命令

在 MATLAB 中提供了丰富的帮助命令,在命令行窗口中输入相关命令可以得到帮助信息。如图 8-7 所示,简单演示如何在 MATLAB 中使用 help 命令来获得各种函数、命令的帮助信息。

在 MATLAB 的命令行窗口中输入"help help"命令,然后按"Enter"键,可以查阅如何在 MATLAB 中使用 help 命令。界面中显示了如何在 MATLAB 中使用 help 命令的帮助信息，用户可以详细阅读此信息来学习如何使用help命令。上面简单地演示了如何在MATLAB中使用help命令来获得各种函数、命令的帮助信息。在实际应用中，用户可以灵活使用这些命令来搜索所需的帮助信息。

此外，在MATLAB的命令行窗口中输入"help topic"命令，然后按"Enter"键，可以查阅关于该主题的所有帮助信息。在实际应用中，用户可以灵活使用这些命令来搜索所需的帮助信息。

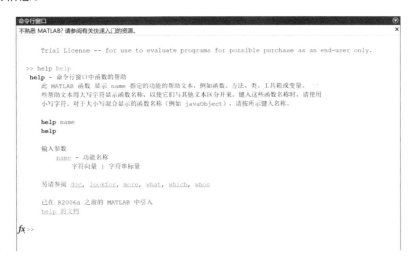

图8-7　使用help命令的帮助信息

2. 帮助导航

MATLAB的帮助浏览器窗口非常全面，几乎包括该软件的所有内容。单击工具栏的图标，选择图标下的 帮助 按钮，打开下拉帮助菜单，如图8-8所示，然后选择其中的"文档"选项，打开"帮助"交互界面，如图8-9所示。

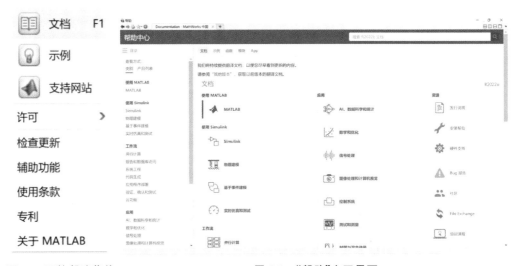

图8-8　下拉帮助菜单　　　　　　图8-9　"帮助"交互界面

选择并单击 MATLAB 主界面菜单栏上的"帮助"按钮,从下拉菜单中单击"示例"选项,如图 8-10 所示。与 MATLAB 和各工具箱相关的各种示例都可以在此找到,用好了这个功能,将有助于用户对相关知识的学习和问题的解决。

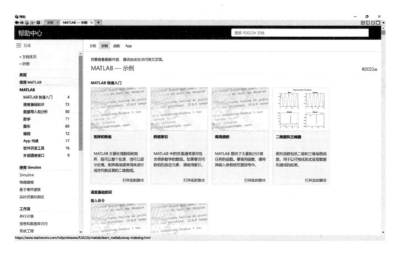

图 8-10　MATLAB 帮助的示例窗口

MATLAB 是一种功能多样、高度集成、适合科学和工程计算的软件,同时又是一种高级程序设计语言。MATLAB 的主界面集成了命令行窗口、当前文件夹、工作区和选项卡等。它们既可单独使用,又可相互配合,为用户提供了十分灵活、方便的操作环境。通过本章的学习,用户能够对 MATLAB 有一个较为直观的印象。后面的章节将详细介绍关于 MATLAB 的基础知识和基本操作方法。

8.2　数 据 分 析

8.2.1　插值

插值是指在所给的基准数据情况下,研究如何平滑地估算出基准数据之间其他点的函数数值。每当其他点上函数值获取的代价比较高时,插值就会发挥作用。

在数字信号处理和图像处理中,插值是极其常用的方法。MATLAB 提供了大量的插值函数。在 MATLAB 中,插值函数保存在 MATLAB 工具箱的 polyfun 子目录下。下面对一维插值分别进行介绍。

8.2.1.1　一维插值

一维插值是进行数据分析的重要方法,在 MATLAB 中,一维插值有基于多项式的插值和基于快速傅里叶的插值两种类型。一维插值就是对一维函数 $y=f(x)$ 进行插值。

在 MATLAB 中，一维多项式插值采用函数 interp1() 进行实现。函数 interp1() 使用多项式技术，用多项式函数通过提供的数据点来计算目标插值点上的插值函数值，该命令对数据点之间计算内插值。它找出一元函数 $f(x)$ 在中间点的数值，其中函数 $f(x)$ 由所给数据决定。各个参量之间的关系示意图如图 8-11 所示。

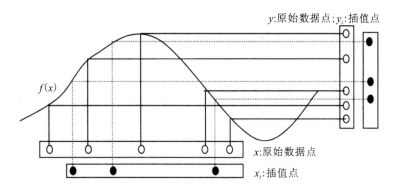

图 8-11　数据点与插值点关系示意图

【例 8-1】已知当 $x=0:0.3:3$ 时，求函数 $y=(x^2-4x+2)\sin x$ 的值，对 $x_i=0:0.01:3$ 采用不同的方法进行插值。

其实现的 MATLAB 代码如图 8-12 所示：

图 8-12　一维插值实例代码图

8.2.1.2　二维插值

二维插值主要用于图像处理和数据的可视化，其基本思想与一维插值相同，对函数 $y=f(x,y)$ 进行插值。在 MATLAB 中，采用函数 interp2() 进行二维插值。

函数格式有以下两种格式。

1. ZI=interp2(X,Y,Z,XI,YI)

返回矩阵 ZI,其元素包含对应于参量 XI 与 YI(可以是向量或同型矩阵)的元素,即 ZI(i,j)←[XI(i,j),YI(i,j)]。用户可以输入行向量和列向量 XI 与 YI,此时输出向量 ZI 与矩阵 meshgrid(XI,YI)是同型的,同时取决于由输入矩阵 X、Y 确定的二维函数 Z=f(X,Y)。参量 X 与 Y 必须是单调的,且有相同的划分格式,就像由命令 meshgrid 生成的一样。若 XI 与 YI 中有在 X 与 Y 范围之外的点,则相应地返回 NaN(Not a Number)。

特别注意:如果 Z 是二维矩阵,它有 M 行 N 列,则此时 X=1:N,Y=1:M;而 XI=(1:x:N)',YI=1:x:M,其中 x 为插值间隔。

2. ZI=interp2(X,Y,Z,XI,YI,method)

用指定的算法计算二维插值:
(1)'linear',双线性插值算法(默认算法)。
(2)'nearest',最临近插值。
(3)'spline',三次样条插值。
(4)'cubic',双三次插值。

【例 8-2】在 x 为 $[-3,3]$,y 为 $[-2,2]$ 的矩形区域随机选择一组坐标中,对分布不均匀的数据进行插值分析。

$$z=f(x,y)=(x^2-2x)e^{-x^2-y^2-xy}$$

其实现的 MATLAB 代码如下:

```
clc;clear;
x=-3+6*rand(200,1);
y=-2+4*rand(200,1);
z=(x.^2-2*x).*exp(-x.^2-y.^2-x.*y);        %生成已知数据
plot(x,y,'x')                               %样本点的二维分布
title('样本点的二维分布');
figure;
plot3(x,y,z,'x'),axis([-3,3,-2,2,-0.7,1.5]),grid   %三维图
title('三维样本图');%去除在(-1,-1/2)点为圆心、以 0.5 为半径的圆内的点
ii=find((x+1).^2+(y+0.5).^2>0.5^2);         %找出满足条件的点坐标x=x(ii);y=y(ii);z=z(ii);
figure;
plot(x,y,'x')
t=[0:.1:2*pi, 2*pi];
x0=-1+0.5*cos(t);
y0=-0.5+0.5*sin(t);
line(x0,y0)                                 %在图形上叠加该圆,观察圆内样本点是否被去除
title('去除圆内点');
```

图 8-13 二维插值实例代码图

8.2.2 线性拟合

用线性回归模型对已知数据进行拟合分析,是数据处理中重要的分析方法,在数据拟合和预测方面是最基本、最重要的方法。很多非线性拟合问题也可以转化成线性回归模型。MATLAB 中用最小二乘法进行线性回归模型拟合分析有两种方法:

(1)命令窗口下通过内部函数进行回归拟合。

(2)用基本拟合工具进行回归分析。

回归模型的好坏通常用数据观测值和模型估计值之间的残差分布来衡量。一个好的回归模型,残差应该是接近随机分布的。MATLAB 中的基本拟合工具可以计算并图形化显示各数据点处的残差分布。另外,MATLAB 的曲线拟合工具箱还提供了更多专业的拟合方法。

8.2.2.1 命令窗口下的线性回归

线性回归模型可以表示为

$$y = a_0 + a_1 f_1(x) + a_2 f_2(x) + \cdots + a_n f_n(x)$$

其中,$f_1(x), f_2(x), \cdots, f_n(x)$ 是可以通过自变量 x 计算得到的,$a_0, a_1, a_2, \cdots, a_n$ 是待拟合的系数,它们在模型中都是线性形式的。最常用的线性回归是多项式函数回归,即 $f_1(x), f_2(x), \cdots, f_n(x)$ 是 x 的幂函数。

MATLAB 中用多项式拟合函数 polyfit 可以对已知数据进行指定阶的多项式回归。本书不对 polyfit 进行详细的讲解,这里简单举例说明该函数的用法和结果的意义。

【例 8-3】多项式回归实例。

```
>>t=[0 .3 .8 1.1 1.6 2.3]';y=[0.5 0.82 1.14 1.25 1.35 1.40]';
>>p=polyfit(t,y,2);
p=-0.2387  0.9191  0.5318
>>t2=0:.1:2.8;
>>y2=polyval(p,t2);    %计算拟合函数在更多点上的值
>>plot(t,y,'o',t2,y2)   %画出原来数据点和拟合曲线,如图 8-14 所示
```

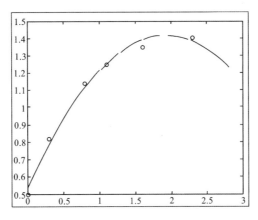

图 8-14　多项式拟合结果

对于一般的线性回归模型:

$$y = a_0 + a_1 f_1(x) + a_2 f_2(x) + \cdots + a_n f_n(x)$$

MATLAB 可以用构造模型矩阵,然后用矩阵除法求得拟合系数。实际上,该模型用线性方程组形式可以表示为

$$\begin{pmatrix} y_1 \\ y_2 \\ \vdots \\ y_n \end{pmatrix} = \begin{pmatrix} x_1 & f_1(x_1) & f_2(x_1) & \cdots & f_n(x_1) \\ x_2 & f_1(x_2) & f_2(x_2) & \cdots & f_n(x_2) \\ \vdots & \vdots & \vdots & & \vdots \\ x_n & f_1(x_n) & f_2(x_n) & \cdots & f_n(x_n) \end{pmatrix} \begin{pmatrix} a_0 \\ a_1 \\ a_2 \\ \vdots \\ a_n \end{pmatrix}$$

若简写成

$$\boldsymbol{Y} = \boldsymbol{X}\boldsymbol{A}$$

则系数矩阵 $\boldsymbol{A}$ 可以用矩阵除法表示为

$$\boldsymbol{A} = \boldsymbol{X}^{-1}\boldsymbol{Y}$$

MATLAB中通过矩阵除法可以求得拟合参数，而这一结果也是最小二乘意义的。

【例8-4】一般线性回归实例（数组除法）。

\>\>t=[0 .3 .8 1.1 1.6 2.3]';   %t 值中的0.3、0.8之类的小数,0可省略不写,可写为.3、.8

\>\>X=[ones(size(t)) exp(-t) t.*exp(-t)];

\>\>y=[0.5 0.82 1.14 1.25 1.35 1.40]';

\>\>a=X\y

a=

1.3974

−0.8988

0.4097

\>\>T=(0:0.1:2.5)';Y=[ones(size(T)) exp(-T) T.*exp(-T)]*a;

\>\>plot(T,Y,'-',t,y,'o')   %一般线性回归结果如图8-15所示

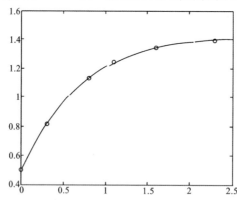

图8-15 一般线性回归结果

上述例题的结果模型可以表示为

$$y = 1.3974 - 0.8900e^{-t} + 0.4097te^{-t}$$

同样地，用矩阵除法也可以进行多元线性模型回归分析，只需要改动相应的系数矩阵即可，如下例所示。

【例8-5】多元线性回归实例。

\>\>x1=[0.2 0.5 0.6 0.8 1.0 1.1]';x2=[0.1 0.3 0.4 0.9 1.1 1.4]';

```
>>y=[0.17  0.26  0.28  0.23  0.27  0.24]';X=[ones(size(x1))  x1  x2];
>>a=X\y
a=
0.1018
0.4844
-0.2847
```

多元线性模型可表示为

$$y=0.1018+0.4844x_1-0.2847x_2$$

8.2.2.2 用基本拟合工具进行回归分析

MATLAB中除了可以用内部函数在命令窗口下进行回归分析外，还可以通过图形用户界面的基本拟合工具进行数据回归。

【例 8-6】通过三次多项式拟合预测人口普查数据。

加载和绘制人口普查数据：文件 census.mat 包含 1790 年至 1990 年的美国人口数据，以 10 年为间隔。若要加载及绘制数据，请在 MATLAB 提示符下键入以下命令：

```
>>load census
>>plot (cdate, pop,'ro')
```

load 命令将以下变量添加至 MATLAB 工作区：

(1) cdate：包含从 1790 年到 1990 年（以 10 为增量）的年份列向量，它是预测变量。

(2) pop：cdate 中每一年的美国人口列向量，它是响应变量。

数据向量按年以升序排列。应用基本拟合工具进行线性回归分析，结果如图 8-16 所示，该图将人口显示为年份的函数图形。

打开图像窗口中的 Tools 菜单下的 Basic Fitting 子菜单，弹出基本拟合窗口，如图 8-17 所示。

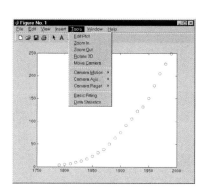

图 8-16　应用基本拟合工具线性回归的原始数据点

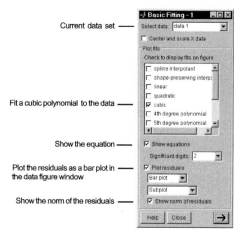

图 8-17　MATLAB 基本拟合窗口

图 8-17 的窗口下可以选择待拟合的数据集（已经通过 plot 命令传递到绘图窗口）、

中心化和归一化数据(在选择高阶多项式回归时有用,避免出现病态的模型矩阵)、选择拟合方式(简单线性、二次、高次多项式模型或样条模型),还可以选择在图像中显示拟合函数和残差分布图。在如图 8-17 所示的基本拟合窗口中进行不同的选择,绘图窗口会同步显示不同的拟合结果和残差分布,如图 8-18 所示。

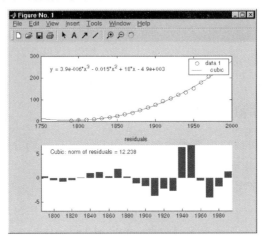

图 8-18　拟合结果和残差分布

在基本拟合工具中还可以获得拟合参数,单击图 8-17 中红色圆圈处的扩展箭头,基本拟合窗口中会出现数据拟合的结果,包括拟合模型、参数计算结果和残差。再单击扩展箭头则可以计算拟合函数在指定点的函数值,如图 8-19 所示。

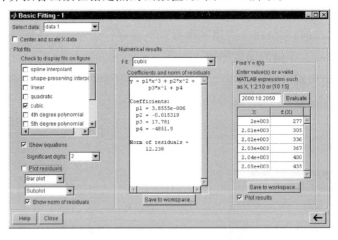

图 8-19　扩展后的基本拟合窗口

单击窗口上的"Save to workspace"按钮,可以把拟合参数的计算值和指定点的函数值保存到 MATLAB 工作区中指定名字的变量中,如图 8-20 所示。

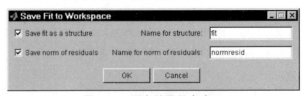

图 8-20　拟合结果保存窗口

【例 8-7】应用基本拟合工具进行线性回归分析(注:续【例 8-6】)。
>>fit
fit＝
type:'polynomial degree 2'
coeff:[－0.2387 0.9191 0.5318]
>>normresid
normresid＝0.0695
>>resids
resids＝
－0.0318
0.0340
0.0257
－0.0039
－0.0412
0.0171

8.2.3 傅里叶分析

傅里叶分析在信号处理领域有着广泛的应用,在现实生活中大部分信号都由多个不同频率组建,这些信号组建频率会随着时间的变化而变化。傅里叶变化是用来分析周期或者非周期信号的频率特性的数学工具。从时间角度来看,傅里叶分析包括连续时间和离散时间的傅里叶变换。

8.2.3.1 离散傅里叶变换

离散傅里叶变换(Discrete Fourier Transform,DFT)是离散时间傅里叶变换(DTFT)的特例(有时作为后者的近似)。DTFT 在时域上离散,在频域上则是周期的。DTFT 可以被看作是傅里叶级数的逆变换。

离散傅里叶变换是指傅里叶变换在时域和频域上都呈离散的形式,将信号的时域采样变换为 DTFT 的频域采样。在形式上,变换两端(时域和频域)的序列是有限长的;实际上,这两组序列都应当被认为是离散周期信号的主值序列。即使对有限长的离散信号作 DFT,也应当将其看作是周期延拓的变换。在实际应用中通常采用快速傅里叶变换计算 DFT。

定义一个有限长序列 $x(n)$,长为 N,则
$$x(n) = \begin{cases} x(n), & 0 \leqslant n \leqslant N-1 \\ 0, & \text{其他} \end{cases}$$

为了利用周期序列的特性,假定周期序列 $\tilde{x}(n)$ 是由有限长序列 $x(n)$ 以周期为 N 延拓而组成的,它们的关系为

$$\begin{cases} \tilde{x}(n) = \sum_{n=-\infty}^{+\infty} x(n+rN) \\ x(n) = \begin{cases} \tilde{x}(n), 0 \leqslant n \leqslant N-1 \\ 0, \quad \text{其他} \end{cases} \end{cases}$$

对于周期序列 $\tilde{x}(n)$,定义其第一个周期 $n=0\sim N-1$ 为 $\tilde{x}(n)$ 的"主值区间",主值区间上的序列为主值序列 $x(n)$。$x(n)$ 与 $\tilde{x}(n)$ 的关系可描述为

$$\begin{cases} \tilde{x} \text{ 是 } x(n) \text{ 的周期延拓} \\ x(n) \text{ 是 } \tilde{x}(n) \text{ 的"主值序列"} \end{cases}$$

下面给出离散傅里叶变换的变换对:对于 N 点序列 $\{\tilde{x}[n]\}(0 \leqslant n \leqslant N)$,它的离散傅里叶变换(DFT)为

$$\tilde{x}[n] = \sum_{n=0}^{N-1} e^{-i\frac{2\pi}{N}nk} x[n], \; k=0,1,\cdots,N-1$$

通常以符号 F 表示这一变换,即 $\tilde{x} = Fx$。

离散傅里叶变换的逆变换(IDFT)为

$$x[n] = \frac{1}{N} \sum_{k=0}^{N-1} e^{i\frac{2\pi}{N}nk} \tilde{x}[k], \; n=0,1,\cdots,N-1$$

可以记为 $x = F^{-1}\tilde{x}$。

实际上,DFT 和 IDFT 变换式中和式前面的归一化系数并不重要。在上面的定义中,DFT 和 IDFT 前的系数分别为 1 和 $1/N$,有时会将这两个系数都改成 $1/\sqrt{N}$。

关于上面两种傅里叶变换,MATLAB 提供 FFT 和 IFFT 命令来求解。FFT 是指快速傅里叶变换,即使用快速的算法来计算两种傅里叶变换。其相应的调用命令如下:

(1)fft(x):进行向量 x 的离散傅里叶变换。如果 x 的长度是 2 的幂,则用快速傅里叶变换 FFT。注意:变换没有规格化。

(2)fft(x,n):得到一个长度为 n 的向量。它的元素是 x 中前 n 个元素离散傅里叶变换值。如果 x 有 m(m<n)个元素,则令后面的第 m+1,m+2,…,n 个元素都等于零。

(3)fft(A):求矩阵 A 的列离散傅里叶变换矩阵。

(4)fft(A,n,dim):求多维数组 A 中 dim 维内列离散傅里叶变换矩阵。

(5)ifft(x):求向量 x 的离散逆傅里叶变换。用因子 1/n 进行规格化,n 为向量的长度,也可像 fft 命令一样对矩阵或者固定长度的向量进行变换。

【例 8-8】使用 FFT 从包含噪声信号在内的信号信息中寻找组成信号的主要频率,产生原始信号,并绘制信号图形。

在命令窗口输入:

```
t=0:0.01:6;
x=sin(2*pi*5*t)-cos(pi*15*t);
y=x+2*randn(size(t));
plot(100*t(1:50),y(1:50))
grid
```

查看原始信号的图形,如图 8-21 所示。

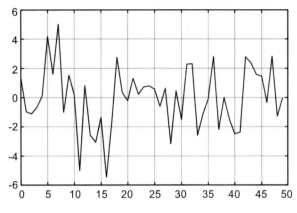

图 8-21　原始噪声信号

对信号进行傅里叶变换:

Y=fft(y,512);

Py=Y.*conj(Y)/512;

f=1000*(1:257)/512;

fy=f(1:257);

Pyy=Py(1:257);

plot(fy,Pyy)

查看信号转换图形,如图 8-22 所示。

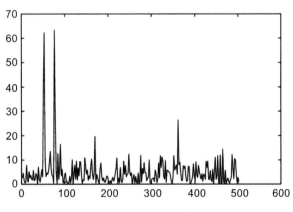

图 8-22　经过傅里叶变换的信号

8.2.3.2　FFT 和 DFT

前面曾经提过,MATLAB 通过 FFT 方法来实现离散傅里叶变换(DFT),该命令对应的是快速计算算法。为了让读者更加直观地了解 FFT 算法相对于 DFT 算法的优势,本小节中将使用一个简单的例子来进行说明。

【例 8-9】分别使用 FFT 和 DFT 方法来进行傅里叶变换，比较两者的优劣。

在命令行窗口中输入下面的程序代码：

```
N=2^10;
n=[0:N-1];
x=sin(2*pi*200/N*n)+2*cos(2*pi*300/N*n);
tic
%使用 DFT 方法
for k=0:N-1
    X(k+1)=x*exp(-j*2*pi*k*n/N).';
end
k=[0:N-1];
%使用 IDET 方法
for n=0:N-1
    xx(n+1)=X*exp(j*2*pi*k*n/N).';
end
time_IDFT=toc;
subplot(2,1,1)
plot(k,abs(X))
title('DET')
grid
hold on
tic
%使用 FET 方法
x1=fft(xx);
%使用 IFFT 方法
xx1=ifft(x1);
time_IFFT=toc;
subplot(2,1,2)
plot(k,abs(x1))
title('FFT')
grid
hold on
tic
```

使用两种不同的变换，得到的图形如图 8-23 所示。

比较两个方法的计算时间：

```
t1=['time DFT' num2str(time_IDFT)];
t2=['time FFT' num2str(time_IFFT)];
```

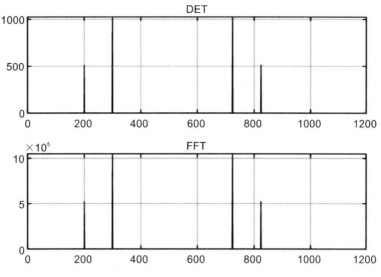

图 8-23 两种变换方法得到的图形

time=strvcat(t1,t2)

disp(time)

程序允许结果如下：

time=

  2×17 char 数组

    'time DFT0.08988'

    'time FFT0.0007276'

time DFT0.08988

time FFT0.0007276

8.3 数据图形可视化

8.3.1 MATLAB 图形窗口

MATLAB 中提供了丰富的绘图函数和绘图工具，这些函数或者工具的输出都显示在 MATLAB 命令行窗口外的一个图形窗口中。

8.3.1.1 创建图形窗口

在 MATLAB 中，绘制的图形被直接输出到一个新的窗口中，这个窗口与命令行窗口是相互独立的，被称为图形窗口。如果当前不存在图形窗口，MATLAB 的绘图函数就会自动建立一个新的图形窗口；如果已存在一个图形窗口，MATLAB 的绘图函数就会在这个窗口中进行绘图操作;如果已存在多个图形窗口,MATLAB 的绘图函数就会在当前窗口中进行绘图操作(当前窗口通常是指最后一个使用的图形窗口)。

在 MATLAB 中可以使用函数 figure 来建立图形窗口。在 MATLAB 命令框中输入"figure"就可以建立如图 8-24 所示的图形窗口。

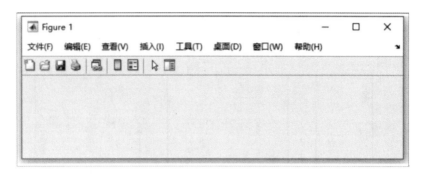

图 8-24　MATLAB 的图形窗口

在 MATLAB 命令框中输入"figure(x)"(x 为正整数)就会得到图形框名称为 Figure x 的图形,直接输入"figure"时默认显示图形框名为 Figure 1。使用"图形编辑工具条"可以对图形进行编辑和修改,也可以用鼠标右键选中图形中的对象,在弹出的快捷菜单中选择菜单项来实现对图形的操作。

8.3.1.2　关闭与清除图形框

执行 close 命令可关闭图形窗口,其调用方式有以下几种。
(1)close:关闭当前图形窗口,等效于 close(gcf)。
(2)close(x):关闭图形句柄 h 指定的图形窗口。
(3)close name:关闭图形窗口名 name 指定的图形窗口。
(4)close all:关闭除隐含图形句柄的所有图形窗口。
(5)close all hidden:关闭包括隐含图形句柄在内的所有图形窗口。
(6)status=close(…):调用 close 函数正常关闭图形窗口时,返回 1;否则返回 0。

清除当前图形窗口中的对象,可使用如下命令。
(1)clf:清除当前图形窗口中所有可见的图形对象。
(2)clf reset:清除当前图形窗口中所有可见的图形对象,并将窗口的属性设置为默认值。

8.3.2　二维图形的绘制

MATLAB 不但擅长与矩阵相关的数值运算,而且提供了许多在二维和三维空间内显示可视信息的函数,利用这些函数可以绘制出所需的图形。MATLAB 还对绘出的图形提供了各种修饰方法,可以使图形更加美观、精确。

MATLAB 中最常用的绘图函数为 plot。plot 函数根据参数的不同可以在平面上绘制不同的曲线。该函数是将各个数据点通过连折线的方式来绘制二维图形,若对曲线细分,则曲线可以看成是由直线连接而成的。plot 命令的格式有以下几种。

1. plot(y)

y 为一个向量时,以 y 的序号作为 x 轴,按照向量 y 的值绘制图形。

【例 8-10】用函数 plot 画出向量 y=[-1,1,-1,1,-1,1]的图形。

在 MATLAB 的命令行窗口中输入如下命令:

y=[-1,1,-1,1,-1,1];

plot(y);

将在图形窗口中显示如图 8-25 所示的折线。

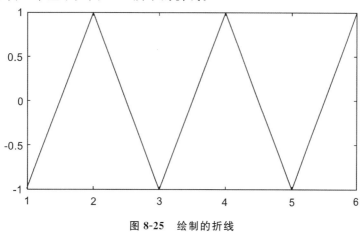

图 8-25　绘制的折线

2. plot(x,y)

x、y 均为向量,以向量 x 作为 x 轴,以向量 y 作为 y 轴绘制曲线。

【例 8-11】用 plot 函数绘制一条以向量 x 作为 x 轴、以向量 y 作为 y 轴的曲线。

x=[0,1,3,4,7,19,23,24,35,40,54];　　　%x 坐标

y=[0,0,1,1,0,0,2,2,0,0,3];　　　　　　%y 坐标

plot(x,y);　　　　　　　　　　　　　　%绘制图形

输出图形如图 8-26 所示。

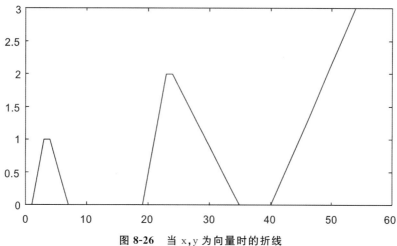

图 8-26　当 x,y 为向量时的折线

3. plot(x,y1,'option',x,y2,'option',…)

以公共的 x 向量作为 x 轴,分别以向量 y1,y2,…的数据绘制多条曲线,每条曲线的属性由相应的选项'option'来确定。

option 选项可以是表示曲线颜色的字符、表示线性格式的符号和表示数据点的标记,各个选项有的可以连在一起使用。曲线颜色、线型格式和标记如表 8-1 所示。

表 8-1 曲线颜色与线型格式

符号	颜色	符号	颜色	符号	线型	符号	标记	符号	标记
'w'	白色	'y'	黄色	'-'	实线	'V'	▽	'*'	星号
'm'	洋红色	'r'	红色	'--'	虚线	'∧'	△	'.'	圆圈
'g'	绿色	'k'	黑色	':'	点线	'×'	叉号	'square'	□
'b'	蓝色	'c'	青色	'-.'	点画线	'+'	加号	'diamond'	◇

4. plot(x1,y1,'option',x2,y2,'option',…)

分别以 x1,x2,…作为 x 轴,以 y1,y2,…的数据绘制多条曲线,每条曲线的属性由相应的选项'option'来确定。

【例 8-12】用 plot 函数绘制一条虚线正弦波、一条线型为加号的余弦波。

x=0:pi/30:4*pi;   %取 x 坐标
y1=sin(x);   %y1 坐标
y2=cos(x);   %y2 坐标
plot(x,y1,'--',x,y2,'*'); %绘制图形

绘制的两条曲线如图 8-27 所示。

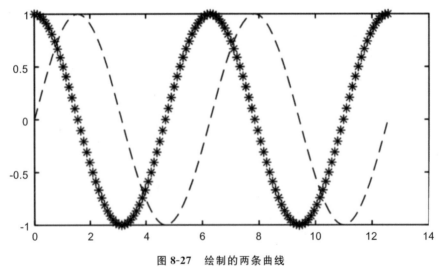

图 8-27 绘制的两条曲线

8.3.3 三维图形的绘制

MATLAB可以通过二维或三维图形实现数据的可视化。本节紧接前面介绍MATLAB在三维空间上实现数据可视化的方法,这包括一般的三维曲线、曲面图形和三维片块模型。此外,本节还将介绍三维视图相关的工具,包括视角设置和数据查询工具。

8.3.3.1 三维图形概述

MATLAB中的三维图形包括三维曲线图、三维网格线图和三维表面图。创建三维图形与创建二维图形的过程类似,都包括数据准备、绘图区选择、绘图、设置和标注,以及图形的打印或输出。不过,三维图形能够设置和标注更多的元素,如颜色过渡、光照和视角等。MATLAB中创建三维图形的基本流程如表8-2所示。

表8-2 三维绘图基本流程

三维绘图基本流程	M-代码举例	备注

(1)数据准备	x=-8:0.1:8;
	y=-8:0.1:8;
	[X,Y]=meshgrid(x,y);
	Z=(exp(X)-exp(Y)).*sin(X-Y);
		三维曲线图用一般的数组创建即可
		三维网线图和三维表面图的创建需要通过meshgrid创建网格数据

(2)图形窗口和绘图区选择	figure	创建绘图窗口和选定绘图子区
(3)绘图	surf(X,Y,Z)	创建三维曲线图、网线图或表面图
(4)设置视角	view([72 25])	设置观察者查看图形的视角和Camera属性
(5)设置颜色表	colormap hsv	为图形设置颜色表,从而可以用颜色显示z值的大小变化 对表面图和三维片块模型还可以设置颜色过渡模式
(6)设置光照效果	light('Position',[1 0.5 0.5]) lighting gouraud material metal	设置光源位置和类型 对表面图和三维片块模型还可以设置反射特性
(7)设置坐标轴刻度和比例	axis square set(gca,'ZTickLabel','')	设置坐标轴范围、刻度和比例
(8)标注图形	Xlabel('x') Ylabel('y') colorbar	设置坐标轴标签、标题等标注元素
(9)保存、打印或导出	print	将绘图结果打印或导出为标准格式图像

从表 8-2 中可以看出，三维绘图中多了颜色表、颜色过渡、光照等专门针对三维图形的设置项，其他基本流程都与二维绘图类似。表 8-2 中列举的 M-代码连贯起来运行，可以得到如图 8-28 所示的绘图结果。

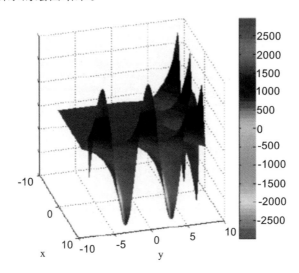

图 8-28　表 8-2 中列举 M-代码的绘图结果

下面几小节介绍各种类型的三维图形绘制的方法。

8.3.3.2　三维曲线图

三维曲线图描述的是 x、y 沿着一条平面曲线变化时 z 随之变化的情况。MATLAB 中三维曲线图的绘制函数是 plot3，其常用的调用格式如下：

plot3(x,y,z)

其中 x、y、z 是 3 个尺寸相同的数组。plot3 与 plot 类似，也可以用表征线型和颜色的字符串来设置三维曲线的线型和颜色，或者通过设置 LineStyle、LineWidth、Marker 属性来定义曲线线型、线宽和数据点标记等。一般情况下，x、y、z 是具有同样长度的一维数组，这时 plot3 画出一条三维曲线。实际上，x、y、z 也可以是同样尺寸且具有多列的二维数组，这时 plot3 会将 x、y、z 对应的每一列当做一组数据分别绘制出多条曲线。

【例 8-13】利用 plot3 函数绘制三维曲线图。

在命令窗口输入：

>>x=-5:0.4:5;y=5:-0.4:-5;z=exp(-0.2*x).*cos(y);
>>[X,Y]=meshgrid(x,y);Z=exp(-0.2*X).*cos(Y);figure
>>subplot(2,1,1);plot3(x,y,z,'or',x,y,z);subplot(2,1,2);plot3(X,Y,Z)

上述 M-代码执行后，绘图结果如图 8-29 所示。

从图 8-29 的第二个子图中可以看到，MATLAB 在同时绘制多条三维曲线时，会通过默认的颜色序，区分各条曲线，这些都与二维图形的绘制是一样的。

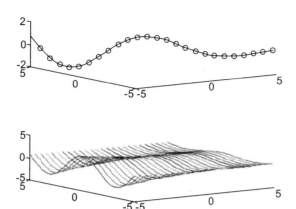

图 8-29 三维曲线图

8.3.3.3 三维曲面图

1. 矩形网格

(x,y)定义在一条曲线上时,可以用曲线图描绘(x,y,z)的变化关系。对于(x,y)定义在一个区域中的情况,则应该用曲面图来显示。MATLAB 中的曲面图分为网线图和表面图两种类型。MATLAB 通过矩形网格组合来描绘曲面,即将(x,y)定义的区域分解为一个个小矩形区域,然后计算在这个小矩形区域每一个顶点处的 z 值,在显示时通过把这些邻近的顶点都互相连接起来,从而组合出整个(x,y)区域上的(x,y,z)曲面。

在组合这些网格显示整个曲面时,MATLAB 可以采用两种方式。

(1)网线图:只用线条将各个邻近顶点连接,而网格区域内部显示为空白,这种通过矩形网格边框线来显示整个曲面的曲面图称为网线图。

(2)表面图:不但显示网格线边框,而且将其内部填充着色,从而通过一个个矩形平面来组合显示整个曲面,这种曲面图称为表面图。

因此,绘制三维曲面图,首先要创建(x,y)的网格,MATLAB 提供了 meshgrid 函数可以在(x,y)的矩形区域上创建网格,meshgrid 的调用格式如下:

[X,Y]=meshgrid(x,y)

通过数据重复在一维数组 x、y 的每一个交叉点上创建网格点,当 x 和 y 都是长度为 n 的一维数组时,X 和 Y 是 n∗n 的二维数组,每一个对应的(X,Y)就是一个网格点。

【例 8-14】绘制矩形网格。

在命令窗口输入:

\>\>x=−5:0.5:5;y=5:−0.5:−5;

\>\>[X,Y]=meshgrid(x,y);plot(X,Y,'o')

运行上述 M 代码,绘制出如图 8-30 所示的矩形网格顶点。

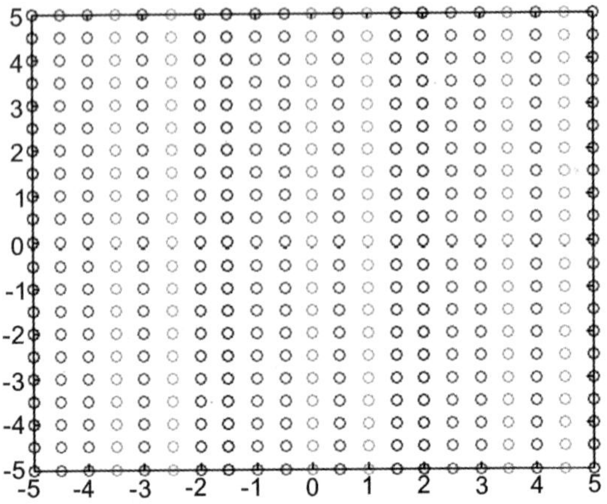

图 8-30 矩形网格

运行 whos 查看工作区变量属性,得到结果如下:

Name Size Bytes Class

X 21x21 3528 double array

Y 21x21 3528 double array

x 1x21 168 double array

y 1x21 168 double array

Grand total is 924 elements using 7392 bytes

创建了(X,Y)网格点后,就可以绘制网线图或表面图了。

2. 三维网线图

网线图是把邻近的网格顶点(X,Y)对应曲面上的点(X,Y,Z)用线条连接起来的三维曲面图,网格对应的曲面区域内则显示为空白。MATLAB 中可以通过 mesh 函数绘制三维网线图,该函数的语法格式如下:

mesh(X,Y,Z)

绘制网格点数据(X,Y,Z)对应的三维曲面的网线图,其中 X、Y 一般是通过[X,Y]=meshgrid(x,y)生成的 n*n 二维数组,Z 是通过函数对应关系由 X、Y 计算生成的函数值。另外,MATLAB 中还有两个 mesh 的派生函数。

(1)meshc:在绘制网线图的同时,在 x-y 平面上绘制函数的等值线。

(2)meshz:在网线图基础上,在图形的底部外侧绘制平行于 z 轴的边框线。

【例 8-15】绘制三维网线图。

在命令窗口输入:

>>[X,Y]=meshgrid(-3:.5:3);Z=2*X.^2-3*Y.^2;

>>subplot(2,2,1);plot3(X,Y,Z);title('plot3')

\>\>subplot(2,2,2);mesh(X,Y,Z);title('mesh')

\>\>subplot(2,2,3);meshc(X,Y,Z);title('meshc')

\>\>subplot(2,2,4);meshz(X,Y,Z);title('meshz')

运行以上代码,得到如图 8-31 所示的绘图结果。

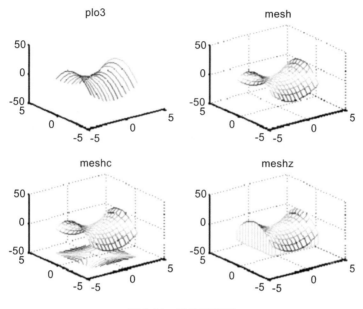

图 8-31 三维网线图

从图 8-31 中可以看到,plot3 只能画出 X、Y、Z 的对应列表示的一系列三维曲线,它只要求 X、Y、Z 这三个数组具有相同的尺寸,并不要求(X,Y)必须定义网格点。mesh 函数则要求(X,Y)必须定义网格点,并且在绘图结果中可以把邻近网格点对应的三维曲面点(X,Y,Z)用线条连接起来。

此外,plot3 绘图时按照 MATLAB 绘制图线的默认颜色序,循环使用颜色以区别各条三维曲线,而 mesh 绘制的网线图中颜色用来表征 z 值的大小,可以通过 colormap 命令显示表示图形中颜色和数值对应关系的颜色表。

3. 三维表面图

三维表面图与三维网线图不同,其显示结果中用黑色的线段连接邻近曲面点(X,Y,Z),而对网格区域内的曲面区域则用颜色填充。MATLAB 中绘制三维表面图的函数是 surf,其用法和 mesh 一样。另外,surfc 可以在表面图的 x-y 平面上附加绘制等值线;surfl 可以给表面图添加光照效果。

【例 8-16】绘制三维表面图。

在命令窗口输入:

\>\>[X,Y]=meshgrid(-3:.5:3);Z=2*X.^2-3*Y.^2;

```
>>subplot(2,2,1);mesh(X,Y,Z);title('mesh')
>>subplot(2,2,2);surf(X,Y,Z);title('surf')
>>subplot(2,2,3);surfc(X,Y,Z);title('surfc')
>>subplot(2,2,4);surfl(X,Y,Z);title('surfl')
```

以上代码运行后绘制的图形如图 8-32 所示。

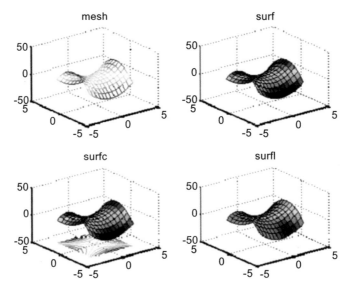

图 8-32 三维表面图

在图 8-32 中,可以看到 mesh 和 surf 绘图的区别。mesh 绘制的网线图中网格边框线是彩色的,区域内是空白的,线条颜色表示了该处 z 值的大小;而 surf 绘制的表面图中,网格边框线是黑色的,而区域内是彩色填充的,区域颜色表示该处 z 值的大小。这两种曲面图中都可以通过 colormap 显示颜色和 z 值的对应表。

4. 网格边框线设置

在默认情况下,mesh 绘制的三维网线图中,观察者所处位置不可见的网格边框线会自动被隐藏。用户可以通过设置 hidden 开关,设置是否显示这些不可见的网格边框线,hidden off 会设置禁止自动隐藏,从而在 mesh 图中显示这些边框线。

【例 8-17】设置网格边框线。

在命令窗口输入:

```
>>[X,Y]=meshgrid(-3:.25:3);Z=-sqrt(X.^2+3*Y.^2);
>>subplot(1,2,1);mesh(X,Y,Z);hidden on;title('hidden on')
>>subplot(1,2,2);mesh(X,Y,Z);hidden off;title('hidden off')
```

以上代码运行后绘制的图形如图 8-33 所示。

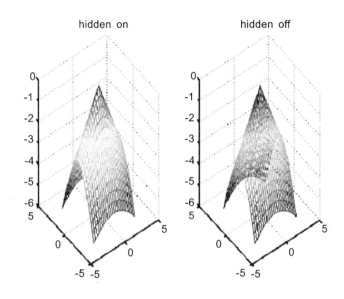

图 8-33　网格边框线的隐藏和显示

5. 非网格数据点绘图

mesh 和 surf 绘制三维曲面图,都要求数据(X,Y)是均匀分布的网格点坐标,但很多实际上采样得到的数据是散乱分布的,这时就需要通过 meshgrid 先创建插值网格点,并在这些网格点上插值计算 z 值,这样就可以用 mesh 或 surf 命令绘制三维曲面图。

在 MATLAB 中,在网格点上插值计算 z 值的函数是 griddata,其常用调用格式如下:

ZI＝griddata(x,y,z,XI,YI,method)

其中,x、y、z 是采样得到的原始数据点,即插值源数据;XI、YI 是待插值数据点坐标;method 指定了插值方法;返回值 ZI 是在(XI,YI)处的函数插值结果。

method 字段的可选字符串有:'linear'(线性插值算法,默认的插值算法)、'cubic'(立方插值算法)、'nearest'(最邻近点插值算法)和'v4'(MATLAB 4 网格点插值法)。其中,'cubic'和'v4'插值算法得到的插值曲面连续光滑,而'linear'和'nearest'得到的插值曲面则不连续,在默认情况下,MATLAB 会采用'linear'线性插值算法。

【例 8-18】绘制非网格数据点。

在命令窗口输入:

```
>>x＝[0.6259  0.1379  0.2178  0.1821  0.0418];
>>y＝[0.1069  0.6164  0.9397  0.3545  0.4106];
>>z＝cos(0.5.*x).*sin(y);xi＝linspace(0,1,50);
>>yi＝linspace(0,1,50);[X,Y]＝meshgrid(xi,yi);
>>subplot(2,2,1);Z1＝griddata(x,y,z,X,Y,'linear');
```

```
>>mesh(X,Y,Z1);title('linear')
>>subplot(2,2,2);Z1=griddata(x,y,z,X,Y,'nearest');
>>mesh(X,Y,Z1);title('nearest')
>>subplot(2,2,3);Z1=griddata(x,y,z,X,Y,'cubic');
>>mesh(X,Y,Z1);title('cubic')
>>subplot(2,2,4);Z1=griddata(x,y,z,X,Y,'v4');
>>mesh(X,Y,Z1);title('v4')
```

以上代码运行后绘制的图形如图 8-34 所示。

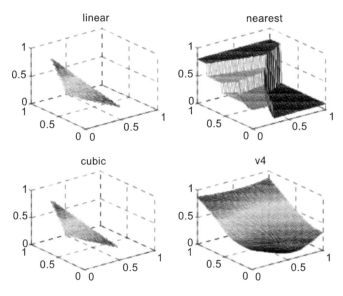

图 8-34　非网格数据点插值绘图

8.3.3.4　特殊三维绘图

MATLAB 中也可以创建柱状图、散点图、饼状图等特殊样式的三维图形。

1. 三维柱状图

三维柱状图绘制函数是 bar3 和 bar3h，用法与 bar、barh 类似，将每一元素用一个三维柱状图表示。

【例 8-19】绘制三维柱状图。

在命令窗口输入：

```
>>x=[0.5518,0.0826,0.3545;0.5836,0.7196,0.9713;0.5118,0.9962,0.3464;];
>>subplot(2,2,1);bar(x);title('bar')
>>subplot(2,2,2);barh(x,'stack');title('barh-stack')
>>subplot(2,2,3);bar3(x);title('bar3')
>>subplot(2,2,4);bar3h(x,'stack');title('bar3h-stack')
```

以上代码运行后绘制的图形如图 8-35 所示。

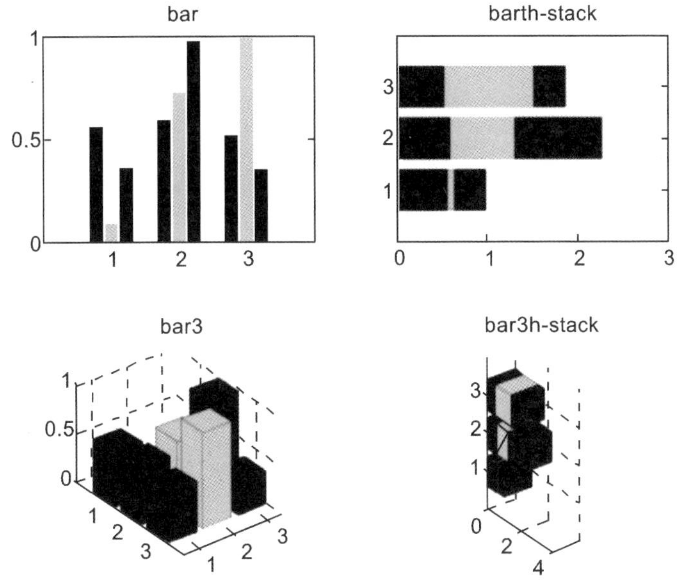

图 8-35　三维柱状图

从图 8-35 中可以看出,对于普通的二维数组数据,二维柱状图把每一行的数据元素表示在一组内,用同一颜色标记不同行之间相同列的数据,而三维柱状图则把每一列的数据元素表示在一组内,因此在 bar3 绘制的三维柱状图中不但可以清楚地比较各行内元素的差别,也能清楚地看到各列内元素值的差别。

2. 三维散点图

三维散点图绘制函数是 scatter3。与 scatter 类似,scatter 3 将三维空间的离散点 (x,y,z) 标识在三维坐标轴下,实际上与指定标记点类型的 plot3 的功能一样。

【例 8-20】绘制三维散点图。

在命令窗口输入:

>>x=[0.6259　0.1379　0.2178　0.1821　0.0418];
>>y=[0.1069　0.6164　0.9397　0.3545　0.4106];
>>z=x.^2+y.^2;scatter3(x,y,z,'ro');hold on
>>[X,Y]=meshgrid(0:0.1:1);Z=X.^2+Y.^2;mesh(X,Y,Z);hidden off

以上代码运行后绘制的图形如图 8-36 所示。

在例 8-20 中,scatter3(x,y,z,'ro')指定了标记散点为红色圆圈,hold on、mesh(X,Y,Z)、hidden off 则在此散点图基础上附加绘制了网线图,并设置网格线不隐藏模式(这样在网线图表示的曲面后的散点就会显示在图形中)。

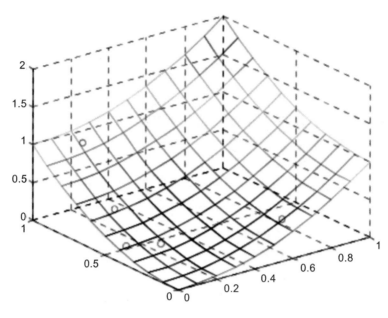

图 8-36　三维散点图

3. 三维饼状图

三维饼状图的绘制函数是 pie3，用法与 pie 类似，以三维饼状图形显示各组分所占比例。

【例 8-21】绘制三维饼状图。

在命令窗口输入：

>>x＝[32　45　11　76　56];explode＝[0　0　1　0　1];pie3(x,explode)

以上代码运行后绘制的图形如图 8-37 所示。

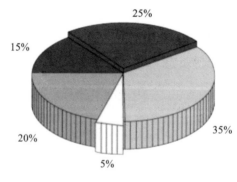

图 8-37　三维饼状图

4. 三维火柴杆图

三维火柴杆图的绘制函数是 stem3，用法与 stem 类似，stem3(x,y,z) 在三维坐标轴下 (x,y) 处绘制长度为 z 且平行于 z 轴的火柴杆图。

【例 8-22】绘制三维火柴杆图。

在命令窗口输入：

>>x=[0.6259 0.1379 0.2178 0.1821 0.0418];
>>y=[0.1069 0.6164 0.9397 0.3545 0.4106];
>>z=x.^2+2*y;stem3(x,y,z,'fill')

以上代码运行后绘制的图形如图 8-38 所示。

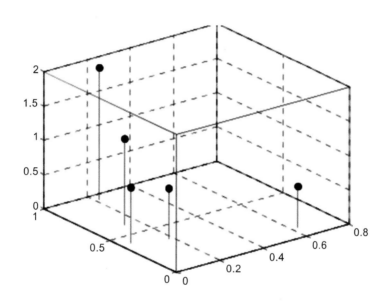

图 8-38　三维火柴杆图

5. 三维向量场图

三维向量场图绘制函数是 quiver3，用法与 quiver 类似，quiver3 可以在三维空间的指定点用箭头标示指定的向量。

【例 8-23】绘制三维向量场图。

在命令窗口输入：

>>[X,Y]=meshgrid(-3:0.4:3);Z=-3*X.^2-Y.^2;
>>[U,V,W]=surfnorm(X,Y,Z);quiver3(X,Y,Z,U,V,W,0.2)
>>hold on;surf(X,Y,Z)

以上代码运行后绘制的图形如图 8-39 所示。

在例 8-23 中，surfnorm 函数计算曲面在(X,Y,Z)处的法向量(U,V,W)，然后通过三维向量场图绘制函数 quiver3(X,Y,Z,U,V,W,0.2)把(U,V,W)缩减为原来长度的 1/5 后，绘制在(X,Y,Z)处，最后叠加绘制了(X,Y,Z)的三维表面图。

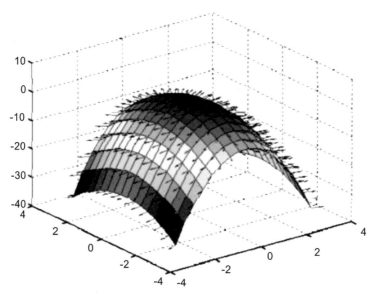

图 8-39　三维向量场图

6. 三维等值线图

在 MATLAB 中，三维等值线图绘图函数是 contour3，它不同于二维等值线图那样只在 x-y 平面上显示 z 值的等值圈，而是在把等值线显示在平行于 x-y 平面的每一个切面上。

【例 8-24】绘制三维等值线图。

在命令窗口中输入：

>>[X,Y]=meshgrid(-3:0.01:3);Z=X.^2+Y.^2;
>>contour3(X,Y,Z,20);view([45　50])

以上代码运行后绘制的图形如图 8-40 所示。

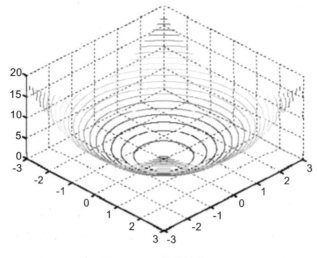

图 8-40　三维等值线图

在例 8-24 的代码中，view([45　50])是用来设置视角的，本章后面会介绍到。

7. 简易绘图函数

在 MATLAB 中，还有一些简易绘制三维图形的函数，它们接收函数句柄作为输入参数，能快捷地绘制二元函数图形，如表 8-3 所示。

表 8-3 三维图形简易绘制函数

函　　数	说　　明
ezplot3（funx,funy,funz,[tmin,tmax]）	在[tmin,tmax]范围下绘制(funx(t),funy(t),funz(t))三维曲线
ezmesh(fun,domain)	在 domain 指定的区域绘制 fun 指定的二元函数的网线图
ezmeshc(fun,domain)	在 domain 指定的区域绘制 fun 指定的二元函数的网线图，并在 x-y 平面叠加绘制等高线
ezsurf(fun,domain)	在 domain 指定的区域绘制 fun 指定的二元函数的表面图
ezsurfc(fun,domain)	在 domain 指定的区域绘制 fun 指定的二元函数的表面图，并在 x-y 平面叠加绘制等高线

在表 8-3 中，funx、funy、funz、fun 这些参数可以是函数句柄、匿名函数或者函数字符串，domain 是指定平面区域[xmin,xmax,ymin,ymax]的数组。

【例 8-25】利用简易绘图函数绘制三维图形。

在命令窗口输入：

```
>>subplot(2,2,1);ezplot3('sin(t)','cos(t)','sin(2*t)',[0,2*pi])
>>subplot(2,2,2);ezmesh(@peaks,[-5  5  -5  5])
>>subplot(2,2,3);ezsurf(@(x,y)(x.^2+y.^2),[-5  5  -5  5])
>>subplot(2,2,4);ezsurfc(@(x,y)(x.^2+y.^2),[-5  5  -5  5])
```

以上代码运行后绘制的图形如图 8-41 所示。

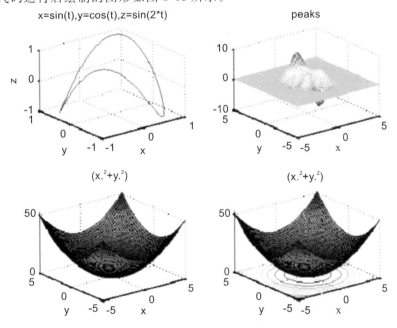

图 8-41 简易三维绘图函数

在例 8-25 中，peaks 是 MATLAB 内置的一个二元函数,因此@peaks 代表这一函数的句柄，与@sin、@cos 类似。

8.3.3.5 创建三维片块模型

1. 创建片块模型

在 MATLAB 中，三维可视化技术还包括创建片块模型，与一般的三维曲线、曲面图相比，片块模型能更逼真地描绘真实世界的实体，而三维曲线、曲面图更适合描绘二元函数。MATLAB 中的片块模型实际上是一系列互相连接的多边形，其创建函数如表 8-4 所示。创建片块模型必须属性项如表 8-5 所示。

表 8-4　片块模型创建函数

函　数	说　明
fill(X,Y,C)	创建 X、Y 指定顶点坐标的平面多边形，用 C 指定的颜色填充为片块模型
fill3(X,Y,Z,C)	创建 X、Y、Z 指定顶点坐标的空间多边形，用 C 指定的颜色填充为片块模型
patch(X,Y,Z,C)	patch 的高级语法形式； 创建 X、Y、Z 指定顶点坐标的空间多边形，用 C 指定的颜色填充为片块模型
patch('PropertyName', Property Value)	patch 的低级语法形式； 通过对待创建的片块模型的必须属性 PropertyName 赋值为 PropertyValue 来创建片块模型

表 8-5　创建片块模型必须属性项

属　性	取值范围	说　明
XData	一维或二维数组	指定片块多边形顶点的 X 坐标，每一列代表一个多边形片块模型
YData	一维或二维数组	指定片块多边形顶点的 Y 坐标，每一列代表一个多边形片块模型
ZData	一维或二维数组	指定片块多边形顶点的 Z 坐标，每一列代表一个多边形片块模型
Vertices	k*3 数组或 k*2 数组	指定具有 k 个顶点的片块多边形的 k 个顶点的坐标，每一行代表一个顶点
Faces	m*n 数组	指定 m 个片块多边形各自的顶点连接顺序，每一行表示一个片块多边形，顺次给出多边形顶点索引(即 Vertices 中的行标)

【例 8-26】创建三维片块模型。

在命令窗口输入：

```
>>subplot(2,2,1);x=[0  1  0.5];y=[0  0  1];
>>fill(x,y,'r');title('fill')
>>subplot(2,2,2);X=[0  0  0];Y=[0  1  1  0];Z=[0  0  1  1];
>>fill3(X,Y,Z,'g');title('fill3')
>>subplot(2,2,3);patch(X,Y,Z,'b');view([30,30])
>>title('patch:high-level syntax')
```

```
>>subplot(2,2,4);patch('XData',X,'YData',Y,'ZData',Z);view([30,30])
>>title('patch:low-level syntax')
```
以上代码运行结果如图 8-42 所示。

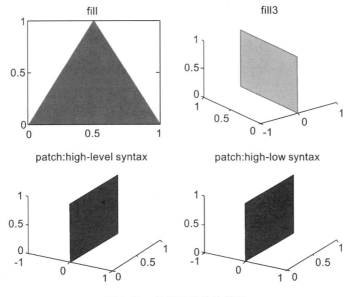

图 8-42 创建三维片块模型

在创建单个片块模型时，每个顶点坐标最好只出现一次，MATLAB 会自动识别是否需要把最后一个顶点和第一个顶点连接起来。一般要求用户指定颜色，而在 patch 的低级语法形式中，虽然不必指定颜色，但当用户不指定时，MATLAB 默认自己指定顶点、边界线和区域填充色，这在 fill、fill3 和 patch 的高级语法调用中都必须用黑色边框线和白色填充色。

2. 多个片块模型的创建和颜色设置

创建片块模型时，如果输入的坐标数组是普通的二维数组，那么 MATLAB 会自动把每一列的数组当做一个片块多边形的顶点处理，因此对于 m*n 的坐标数组，将会创建 n 个分别具有 m 个顶点的片块模型。

这样的方法要求创建每一个片块时都输入一次顶点坐标，有些情况下，创建的多个片块会互相共用一些顶点，这种情况下如果还要求对每一个面都指定各个顶点的坐标将会很烦琐，通过 patch 可以大大降低输入的工作量，patch 的低级语法形式如下：

```
patch('Vertices',vmatrix,'Faces',fmatrix)
```

其中，vmatrix 数组指定所有出现的顶点的坐标，fmatrix 数组指定各个多边形片块的顶点索引（即在 vmatrix 数组中的行标），fmatrix 的每一行确定一个多边形片块。

【例 8-27】创建多个片块模型。

在命令窗口输入：

```
>>subplot(1,2,1);X=[0  0;0  1;0  1;0  0];Y=[0  0;1  0;1  1;0  1];
```

```
>>Z=[0 0;0 0;1 0;1 0];patch(X,Y,Z,'r');view([30,30])
>>subplot(1,2,2);Vm=[0 0 0;1 0 0;1 0 1;0 0 1;0 1 1;1 1 1;1 1 0];
>>Fm=[1 2 3 4;3 4 5 6;6 3 2 7];
>>patch('Vertices',Vm,'Faces',Fm,'EdgeColor','r');view([30,30])
```

以上代码运行后绘制的图形如图 8-43 所示。

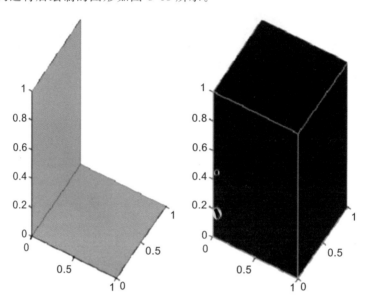

图 8-43　创建多个片块模型

从图 8-43 中可以看到，创建的多个片块模型填充色是一样的，这显然不能满足形象地显示真实世界实体的需要。实际上，MATLAB 中可以通过 patch 低级语法格式设置片块模型显示属性，以达到复杂模拟的效果。表 8-6 列出了与片块显示效果相关的一些属性项。

表 8-6　片块显示效果属性

属　　性	取值范围	说　　明
Marker	点标记符号，如'o'	标记原始数据点(顶点)
LineStyle	线型标记符号，如'-'	设置片块多边形边界线线型(设置为 none，则不显示边界线)
LinWidth	线宽数值	设置边界线线宽
Cdata	标量或数组	根据取值类型指定顶点、边界线、界面区域的颜色
FaceVertexCData	标量或数组	根据取值类型指定顶点、界面区域的颜色
EdgeColor	表示颜色或数组或字符，或 none，flat，interp	设置边界线颜色(设为 none 时不显示边界，设为 flat 时用相应顶点的颜色单色显示边界，设为 interp 时两端顶点的颜色的插值过渡颜色显示边界)
FaceColor	表示颜色的数组或字符，或 none，flat，interp	设置多边形内部颜色(设为 none 时不显示多边形面，设为 flat 时单色显示，设为 interp 时用插值过渡色显示)

在大多数多片块模型共存的情况下,用户都需要设置边界或区域内以插值过渡色显示,这时可以设置 CData 和 FaceVertexCData 属性中的一个,然后将 EdgeColor 和(或) FaceColor 属性设置为 interp。在这种情况下,MATLAB 对 CData 和 FaceVertexCData 属性值的解释比较复杂,解释方式依赖于该属性设置值的类型和数组形状。以 patch ('Vertices',vmatrix,'Faces',fmatrix,'FaceVertexCData',cmatrix,…)创建的多个片块模型为例,当 Vertices 取值为 k * 3 数组(总共有 k 个顶点)、Faces 取值为 m * n(总共有 m 个片块多边形,每个片块多边形有 n 个顶点)时,FaceVertexCData 属性的设置值 cmatrix 的解释方式有如下几种情况(CData 属性类似)。

(1)cmatrix 为 1 行 1 列的标量时,则将所有顶点颜色都设置为该标量在当前图形的颜色表中对应的颜色,并按照 EdgeColor 和 FaceColor 的属性设置,确定边界线和区域填充色(此时这两个属性都不能设置为'interp')。

(2)cmatrix 为 1 行 3 列的数组时,则将所有顶点颜色都设置为该一维数组代表的 RGB 色彩空间中的颜色,并按照 EdgeColor 和 FaceColor 的属性设置,确定边界线和区域填充色(此时这两个属性都不能设置为'interp')。

(3)cmatrix 为 k 行 1 列的数组时,则将 k 个顶点颜色分别设置为这 k 个标量在当前图形的颜色表中对应的颜色,并按照 EdgeColor 和 FaceColor 的属性设置,确定边界线和区域填充色是用单色显示还是插值过渡色显示。

(4)cmatrix 为 k 行 3 列的数组时,则将 k 个顶点颜色分别设置为这 k 个一维数组代表的 RGB 色彩空间中的颜色,并按照 EdgeColor 和 FaceColor 的属性设置,确定边界线和区域填充色是用单色显示还是插值过渡色显示。

(5)cmatrix 为 n 行 1 列的数组时,则将 n 个多边形区域内填充色设置为这 n 个标量在当前图形的颜色表中对应的颜色,即单色显示,此时 FaceColor 的属性不能设置为'interp'。

(6)cmatrix 为 n 行 3 列的数组时,则将 n 个多边形区域内填充色设置为这 n 个一维数组代表的 RGB 色彩空间中的颜色,即单色显示,此时 FaceColor 的属性不能设置为'interp'。

关于片块模型的顶点、边界线、区域颜色的设置,MATLAB 帮助文件中有更详细的说明,有兴趣的读者可以自行参考。

【例 8-28】设置多个片块模型的颜色。

在命令窗口输入:

```
>>Vm=[0 0 0;1 0 0;1 0 1;0 0 1;0 1 1;1 1 1;1 1 0];
>>Fm=[1 2 3 4;3 4 5 6;6 3 2 7];subplot(3,2,1)
>>patch('Vertices',Vm,'Faces',Fm,'FaceVertexCData',rand(1,1),'FaceColor','flat')
>>view([30,30]);title('set uniform index-color');subplot(3,2,2)
```

```
>>patch('Vertices',Vm,'Faces',Fm,'FaceVertexCData',rand(1,3),'FaceColor','flat')
>>view([30,30]);title('set uniform RGB-color');subplot(3,2,3)
>>patch('Vertices',Vm,'Faces',Fm,'FaceVertexCData',rand(size(Vm,1),1),'FaceColor','interp')
>>view([30,30]);title('assign multi-index-color to Vertices')
>>subplot(3,2,4)
>>patch('Vertices',Vm,'Faces',Fm,'FaceVertexCData',rand(size(Vm,1),3),'FaceColor','interp')
>>view([30,30]);title('assign multi-RGB-color to Vertices')
>>subplot(3,2,5)
>>patch('Vertices',Vm,'Faces',Fm,'FaceVertexCData',rand(size(Fm,1),1),'FaceColor','flat')
>>view([30,30]);title('assign multi-index-color to Faces');subplot(3,2,6)
>>patch('Vertices',Vm,'Faces',Fm,'FaceVertexCData',rand(size(Fm,1),3),'FaceColor','flat')
>>view([30,30]);title('assign multi-RGB-color to Faces')
```

以上代码运行后绘制的图形如图8-44所示。

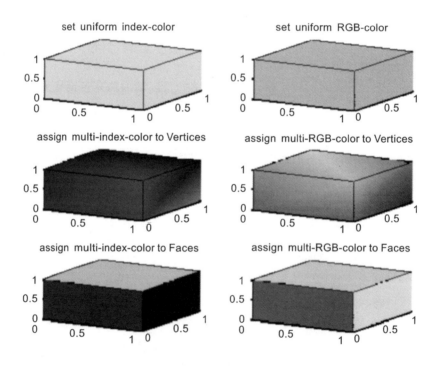

图8-44 设置多个片块模型的颜色

8.3.3.6 三维图形显示控制

1. 设置坐标轴

三维图形下坐标轴的设置与二维图形下的类似,都是通过带参数的 axis 命令设置坐标轴的显示范围和显示比例。

(1)axis([xmin xmax ymin ymax zmin zmax]):设置三维图形的显示范围,数组元素列表确定每一坐标轴显示的最大值、最小值。

(2)axis auto:根据 x、y、z 的范围自动确定坐标轴的显示范围。

(3)axis manual:锁定当前坐标轴的显示范围,除非手动进行修改。

(4)axis tight:设置坐标轴显示范围为数据所在范围。

(5)axis equal:设置各坐标轴的单位刻度,长度等长显示。

(6)axis square:将当前坐标范围显示在正方形(或正方体)内。

(7)axis vis3d:锁定坐标轴比例,不随三维图形的旋转而改变。

【例 8-29】设置坐标轴。

在命令窗口输入:

\>\>subplot(1,3,1)

\>\>ezsurf(@(t,s)(sin(t).*cos(s)),@(t,s)(sin(t).*sin(s)),@(t,s)cos(t),[0,2*pi,0,2*pi])

\>\>axisauto;title('auto');subplot(1,3,2)

\>\>ezsurf(@(t,s)(sin(t).*cos(s)),@(t,s)(sin(t).*sin(s)),@(t,s)cos(t),[0,2*pi,0,2*pi])

\>\>axisequal;title('equal');subplot(1,3,3)

\>\>ezsurf(@(t,s)(sin(t).*cos(s)),@(t,s)(sin(t).*sin(s)),@(t,s)cos(t),[0,2*pi,0,2*pi])

\>\>axissquare;title('square')

以上代码运行结果如图 8-45 所示。

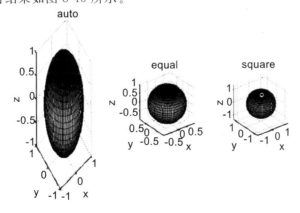

图 8-45 设置坐标轴

2. 设置视角

在不同位置查看三维图形会看到不同的侧面和结果,因此,设置一个能够查看整个图形最主要的特性的视角,在三维图形的查看中是重要的。MATLAB下可以通过函数命令或图形旋转工具改变视角。

view 函数的常用语法格式如表 8-7 所示。

表 8-7 view 函数的常用语法格式

函数语法格式	说明
view(ac,el) view([az,el])	设置视角位置在 azimuth 角度和 elevation 角度确定的射线上
view([x,y,z])	设置视角位置在[x,y,z]向量所指示的方向
view(2)	默认的二维视图视角,相当于 az=0,el=90
view(3)	默认的三维视图视角,相当于 az=−37.5,el=30
[az,el]=view	返回当前视图的视角 az 和 el

在表 8-7 中,参数 az 和 el 分别确定了图形中心(三维坐标轴原点)和观察者眼睛连线确定的向量与−y 轴方向和 x-y 平面的夹角,其意义如图 8-46 所示。

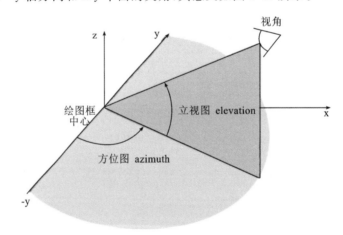

图 8-46 视角设置参数意义图示(来自 MATLAB 联机帮助)

【例 8-30】设置视角。

在命令窗口输入:

```
>>subplot(2,2,1);ezmesh(@peaks);view(3);
>>[a,b]=view;title(mat2str([a,b]));
>>subplot(2,2,2);ezmesh(@peaks);view(2);
>>[a,b]=view;title(mat2str([a,b]))
>>subplot(2,2,3);ezmesh(@peaks);view([30 45]);
>>[a,b]=view;title(mat2str([a,b]))
```

```
>>subplot(2,2,4);ezmesh(@peaks);view([1  1  sqrt(2)]);
>>[a,b]=view;title(mat2str([a,b]))
```
以上代码运行结果如图 8-47 所示。

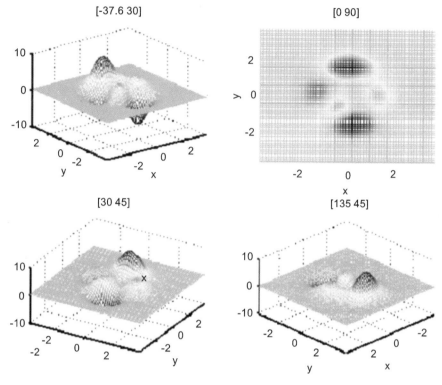

图 8-47 设置视角

3. Camera 控制

在 MATLAB 图形窗口下查看一幅三维图形,类似于用户的眼睛作为摄像头对图形场景进行拍摄。MATLAB 基于这一类比,提供了 Camera 控制工具条,可供用户便捷地调节图形的查看效果。在默认的图形窗口下,Camera 控制工具条是不显示的,选择"View"菜单下的"Camera Toolbar"选项,可以在当前窗口显示(或隐藏)Camera 控制工具条,如图 8-48 所示。

图 8-48 Camera 控制工具条

在图 8-48 所示的工具条中,第一组工具按钮是控制 Camera(用户眼睛)和图形相对位置的,从左向右的按钮及功能依次如下。

(1)Camera 圆周旋转按钮:固定图形位置,用户眼睛在以坐标轴原点为圆心的圆周上旋转查看。

(2)场景灯光旋转按钮:设置光源相对于坐标原点和用户眼睛连线的角度。

(3)图形圆周旋转按钮:用户固定眼睛,图形(以坐标轴原点为准)在以用户眼睛为圆心的圆周上旋转时,用户查看图形的效果。

(4)Camera 平移按钮:固定图形位置,用户眼睛水平或垂直移动。

(5)Camera 推进或后退按钮:在不改变视角的情况下,改变用户眼睛和图形之间的距离。

(6)Camera 缩放按钮:增大或缩小用户眼睛观察时取景的角度。

(7)Camera 旋转按钮:用户眼睛和图形位置固定,绕连线轴旋转眼睛观察。

紧邻的第二组工具按钮用来设置当前图形坐标轴取向;第三组工具按钮设置当前图形场景光源;第四组工具按钮设置透视模式;最后一组工具按钮用来重置或终止 Camera 移动和场景灯光。这些工具按钮的应用效果要通过实际的例子来体会,用户可以针对自己的三维图形窗口进行练习。另外,MATLAB 帮助文件中也有形象地解释这些按钮效果的图片,感兴趣的读者请自行参考。

4. 其他控制工具

三维图形窗口下还有其他的图形控制工具,包括缩放、平移和旋转等工具,其操作与 Camera 工具按钮类似,即选择相应的工具按钮后,在绘图时拖拽鼠标来实现按钮功能,这些操作都很简单,用户通过自己的三维图形实际练习即可。

另外需要补充说明的是,颜色条标注在二维图形下基本不使用,但在三维图形下,尤其是使用了索引颜色表的三维图形,标注出颜色条可以让用户清楚地理解图形中颜色所代表的数值范围,因此,颜色条标注在三维图形下是很常用的。

本节讲述了 MATLAB 中三维数据可视化方法,包括基本的三维曲线图和三维曲面图的绘制,三维片块模型的创建、设置和三维图形显示设置。

练 习 题

1. MATLAB 系统由哪些部分组成?

2. 编写一段 MATLAB 程序,绘制出二元函数 $z=\dfrac{2\sin x\sin y}{xy}$ 三维网线图,要求如下:

(1) x,y 的取值范围为 $-9\leqslant x\leqslant 9,-9\leqslant y\leqslant 9$;

(2) x,y 每隔 0.5 取一个点;

(3)图形的线型和颜色由 MATLAB 自动设定。

3. 编写一段 MATLAB 程序,绘制出函数 $y_1=x\sin\dfrac{1}{x}$,$y_2=\sin 2x$ 图形的 MATLAB 语句,要求如下:

(1) x 的取值范围为 $-3\leqslant x\leqslant 3$;

(2) x 每隔 0.01 取一个点;

(3) y_1 和 y_2 的图形要画在同一幅图里;

(4)图形的线型和颜色由 MATLAB 自动设定。

第 9 章

Gaussian——量子化学计算

高斯程序(Gaussian)是做半经验计算和从头计算使用最广泛的量子化学软件,计算功能强大,作业控制的关键词和选项条目繁多,本章主要讲解 Gaussian 16 的输入文件的建立和基本操作。

9.1 量子化学计算基础

9.1.1 概述

Gaussian 是目前计算化学领域应用最广、最受欢迎的商业化量子化学软件包。它是由美国卡内基梅隆大学的 1998 年诺贝尔化学奖获得者约翰•波普(John A. Pople)在 20 世纪 60 年代末 70 年代初主导开发的,其名称来自于该软件中使用的 Gaussian 型基组。最初,Gaussian 的著作权属于约翰•波普供职的卡内基梅隆大学,1986 年约翰•波普进入美国西北大学后,其版权由 Gaussian Inc. 公司所持有。Gaussian 软件的出现降低了学习量子化学计算的门槛,使得从头算方法可以广泛使用,从而极大地推动了其在方法学上的发展。

Gaussian 16(G16)代表了先前公布的高斯 70、高斯 76、高斯 80、高斯 82、高斯 86、高斯 88、高斯 90、高斯 92、高斯 92/DFT、高斯 94、高斯 98、高斯 03 和高斯 09 系统的进一步发展。G16 可用于执行各类不同精度和理论水平的分子轨道(MO)计算,包括 Hartree-Fock 从头算(HF)、Post-HF 从头算(各级 CI 和 MP)、密度泛函理论(DFT),以及多种半经验(Semi-empirical)方法,进行分子和化学反应性质的理论预测。其主要计算项目包括分子能量和结构、过渡态能量和结构、化学键和反应的能量、热化学性质、化学反应路径、分子轨道、偶极矩和多极矩、原子电荷、振动频率、红外和拉曼光谱、核磁性质、自旋-自旋耦合系数、振动圆二色性强度、电子圆二色性强度、g 张量和超精细光谱的其他张量、旋光性、非谐性的振动分析和振动-转动耦合、电子亲和能和电离势、极化率和超极化率、各向异性超精细耦合常数、静电势和电子密度。

9.1.2 主界面介绍

G16 的主界面如图 9-1 所示。

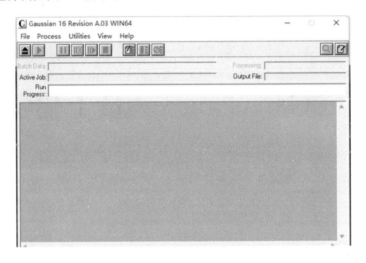

图 9-1　G16 的主窗口

主界面上第一行为菜单栏,各菜单功能如下。

(1)File 菜单的主要功能是建立和访问 G16 输入文件和程序的初始化设置。其中,Open 命令用来打开 G16 输入文件 *.gif 或上传批处理文件 *.bef;Modify 命令可以编辑当前输入文件;Preferences 命令是进行初始化设置。

(2)Process 菜单里面的所有选项在主界面的工具栏中都有对应的图标(见工具栏各按钮功能的描述),用来管理执行文件。

(3)Utilities 菜单包含编辑批处理文件、文件转换和其他一些功能。其中,Edit Batch List 命令用来编辑批处理文件中的作业表;NewZMat 命令用来转换输入文件;CubeGen 命令为标准立方形三维空间网格产生工具;CubMan 命令为利用检查点文件提供的 MO 波函数,以立方网格的模式生成电子密度和静电势的空间分布;FreqChk 命令为打印出检查点文件中的频率和热化学数据;FormChk 为将检查点文件由二进制格式转换为 ASCII 文本格式;UnFchk 命令可以将一个带格式的检查点文件转换为二进制格式;ChkChk 命令为显示一指定检查点文件的作业控制段和题目段;ChkMove 命令可以实现检查点文件在二进制格式与文本格式间的转换,以适应该文件在不同计算机或不同操作系统间的传递;C8603 命令可以将以前 Gaussian 版本(如 G98)的二进制检查点文件转化为 G16 格式;External PDB Viewer 为默认的分子图形外部浏览器。

(4)View 菜单里面的选项主要用于改变窗口的外观和调用外部文本编译器。

(5)Help 菜单为在线帮助。

主界面工具栏中各按钮的功能如下。

:开始当前作业。

:暂停当前运行的作业。

:在当前作业正在执行的 Link 完成时暂时停止。

:恢复执行当前作业。

:终止当前运行的作业。

:编辑当前批处理文件或建立新的批处理文件。

:在当前作业完成后终止当前批处理。

:终止当前作业和批处理任务。

:用外部编辑器编辑 G16 输出文件。

:打开外部编辑器。

在打开主窗口后或作业正在进行或已结束时,这些按钮不会同时显亮。只有作业执行的当前状态允许启动的那些功能,相应的按钮才会显亮。G16 提供计算作业进行批处理的功能,可以使计算机自动执行事先设定的若干个作业。

9.1.3 G16 的初始化设置

G16 安装后的首次启动需进行工作环境的初始化设置,即规定主程序、检查点文件、输入和输出文件的默认子目录和路径。在主窗口上打开"File"菜单,单击"Preferences"选项后弹出"Gaussian Preferences"对话框(见图 9-2),用户应根据个人计算机及软件安装的实际情况逐条准确填写。

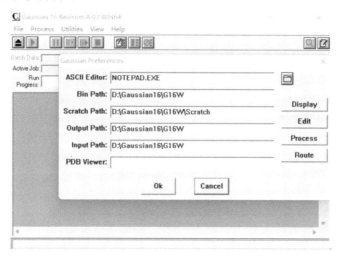

图 9-2　Gaussian Preferences 对话框

6 个文本框的含义分别如下。

ASCII Editor:外部 ASCII 文本编辑器,用于编辑输入和输出文件、Default.Rou、

g16.ini 及其他 Text 格式文件。G16 安装时自动设定为 Windows 附件中的 Notepad。

Bin Path：G16 执行程序文件所在路径。

Scratch Path：G16 检查点文件和运行时中间文件的位置和路径。如本栏空白，则这些文件将在输入文件所在子目录生成。建议将其设定于 G16 根目录下的\Scratch 子目录。

Output Path：G16 作业输出文件 *.out 的位置和路径。可选择与输入文件路径相同，也可自行定义。

Input Path：G16 作业输入文件 *.gif 的位置和路径。

PDB Viewer：默认的分子图形外部浏览器，用于在线浏览当前分子的图形。

9.2　G16 输入文件

所有的量化程序（包括 Gaussian）都是将所输入的分子文件转化为薛定谔方程，然后求解方程从而获得所需要的分子的性质。因此，必须要将所研究的体系转化为 Gaussian 输入文件，这样才能调入到 Gaussian 中进行计算。输入分子结构的合理性将直接影响薛定谔方程的合理性，也就影响着所得到的解的准确性，所以创建一个合理的输入文件是量化计算的一个重要环节。

9.2.1　输入说明

G16 的输入是在一个 ASCII 文件中包含一系列的行，其基本结构主要有 5 个部分，如表 9-1 所示。

表 9-1　输入文件部分及用途

输入文件部分	用　途	是否需要空行作为结束
(1)Link 0 命令行(％Section)	定位和命名 scratch 文件	否
(2)计算执行路径行(Route Section，即♯行)	指定需要的计算类型、化学模型和其他选项。需要以♯开头	是
(3)标题行(Title Section)	计算的简要说明	是
(4)分子说明行(Charge & Multiple, Molecular Specification)	定义要研究的分子	是
(5)可选的附加部分	用于特殊任务类型的输入	通常需要

在 G16 的图形界面输入方式中，程序会在每一输入部分的终端按照需要自动添加空行，因此不需手动输入终端的空行。G16 编辑输入文件的界面如图 9-3 所示。

图 9-3 是一个水分子的单点能计算的例子。在这个任务中，计算执行路径和标题部分只有一行。分子说明部分从分子电荷和自旋多重度的行开始：0 电荷（中性分子），自旋多重度是 1。接下来是描述分子中每个原子位置的行，这里采用笛卡儿直角坐标。

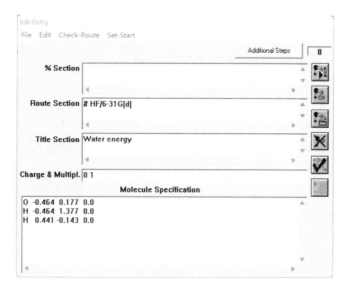

图 9-3　G16 编辑输入文件的界面

9.2.2　用 GaussView 构建输入文件

9.2.2.1　GaussView 介绍

GaussView 是一个专门设计的与 Gaussian 配套使用的软件,其主要用途有两个:构建高斯的输入文件;以图的形式显示高斯计算的结果。除了可以自己构建输入文件外,GaussView 还可读入 Chem3D、Hyper Chem 和晶体数据等诸多格式的文件,从而使其可以与诸多图形软件一起使用,大大拓宽了使用范围。

1. 界面

开启 GaussView 会看到一大一小的两个窗口,后面灰色背景的窗口为选择窗口,在里面选择要输入的分子或基团;最前面的窗口为绘图窗口,可以使用鼠标绘制想要绘制的图形,如图 9-4 所示。

图 9-4　GaussView 界面

2. 菜单栏

File：主要功能是建立、打开、保存和打印当前的文件。
Edit：完成对分子的剪贴、拷贝、删除、抓图等。
View：与显示分子相关的都在这个菜单下，如显示氢原子、键、元素符号、坐标等。
Calculate：直接向 Gaussian 提交计算。
Results：接收并显示 Gaussian 计算后的结果。
Windows：控制窗体，如关闭、恢复等。
Help：帮助。

3. 快速工具栏

快速工具栏如图 9-5 所示。

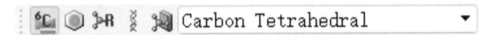

图 9-5　快速工具栏

为选择元素与价键，单击打开会看到一个元素周期表，如图 9-6 所示，通过它可以选择需要绘制的元素及价态。

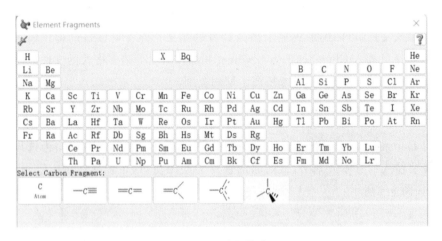

图 9-6　元素周期表

为环工具，其作用与上一个差不多，只是这里提供的都是环状化合物残基，如图 9-7 所示。

提供常用的 R 基团模板，其中包括乙基、丙基、异丙基、异丁基等，如图 9-8 所示。

为氨基酸残基，使用它可以迅速绘制氨基酸。

为用户自定义基团，可以将常用的基团存放到此处。

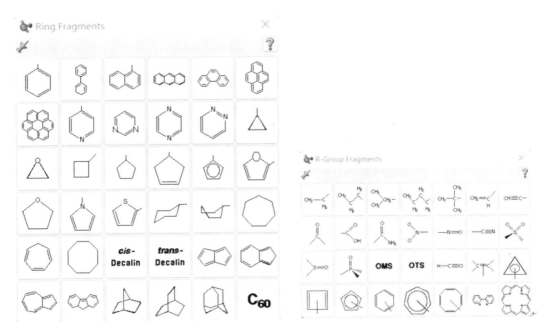

图 9-7　环状化合物残基　　　　　　　图 9-8　R 基团模板

3. 快速编辑栏

快速编辑栏如图 9-9 所示。

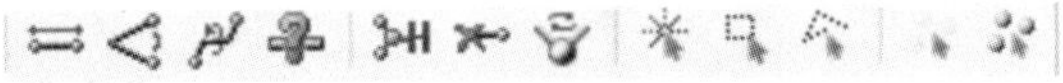

图 9-9　快速编辑栏

这条快速编辑栏中从左到右依次为键调整、键角调整、二面角调整、查询已有结构、增加化学键、删除化学键、翻转原子、单个选择、框选、去除选择和全选。这里面的所有选项都可以通过在绘图窗口点击右键得到。

4. 常用工具栏

常用工具栏如图 9-10 所示。

图 9-10　常用工具栏

上面这两条工具栏是最常用的,几乎所有软件都有新建、打开等工具。

9.2.2.2　用 GaussView 构建分子

这里以构建一个间氟苯乙烷分子,并从 GaussView 里递交计算为例来说明。

开启 GaussView,双击 ⬢ 按钮,选择苯基(第一个),会看到主程序框体中出现苯环,在工作窗口单击,可以看到工作窗口也出现了一个苯环,如图 9-11 所示。

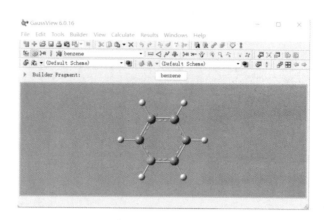

图 9-11　GaussView 构建的苯

单击左键,可以将主程序框体中的分子或基团加入到工作窗口;按上下左右键,或者左键单击不放,移动鼠标,可以调节分子的角度;滚动鼠标滚轮,可以放大缩小分子;按住"Shift"键,左键单击不放,移动鼠标,可以移动分子;当工作窗口内有多个分子时(在构建大的分子时,这种情况很容易出现),用"Shift+Alt+鼠标左键"组合键,移动想要移动的分子;用"Ctrl+Alt+鼠标左键"组合键来调节其中一个分子的角度;双击 图标(或者左键不放),在元素周期表中选择 F 元素,回到工作窗口在苯的任意一个 H 上单击,使之变成 F,如图 9-12 所示。

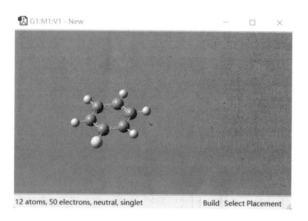

图 9-12　GaussView 构建的氟苯

双击 图标,从链烃库中选择乙基(第一个),然后点击间位上的 H 即可,如图 9-13 所示。

至此,分子式已经构建完成,GaussView 存储个人常用分子,双击 View 上的 图标,在下面的对话框中输入相关项目,保存即可,如图 9-14 所示。

查看分子坐标:单击 GaussView 界面的 图标,查看分子的坐标,如图 9-15 所示。

至此,保存一下构建好的间氟苯乙烷分子,在绘图界面单击"File"→"Save",然后选择保存路径即可。

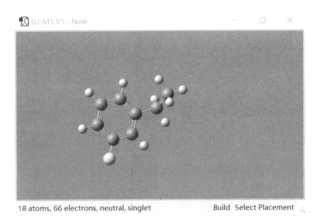

图 9-13　GaussView 构建的间氟苯乙烷

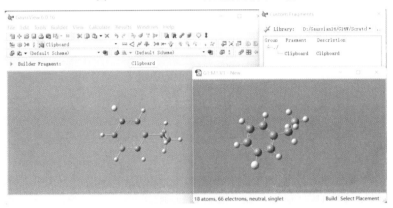

图 9-14　保存构建的分子式

Row	Highlight	Display	Tag	Symbol	NA	NB	NC	Bond	Angle
1		Show	1	C					
2		Show	2	C	1			1.3951600	
3		Show	3	C	2	1		1.3947121	120.0086322
4		Show	4	C	3	2	1	1.3954270	119.9941646
5		Show	5	C	4	3	2	1.3948251	119.9939923
6		Show	6	C	1	2	3	1.3948291	119.9984568
7		Show	7	H	1	6	5	1.0996103	120.0043199
8		Show	8	H	3	2	1	1.0996802	120.0127949
9		Show	9	H	4	3	2	1.0996801	119.9811421
10		Show	10	H	5	4	3	1.0997610	120.0113434
11		Show	11	F	2	1	6	1.3500000	119.9807704
12		Show	12	C	6	1	2	1.5400000	120.0079970
13		Show	13	C	12	6	1	1.5002500	110.7128328
14		Show	14	H	12	6	1	1.1171462	108.1909533

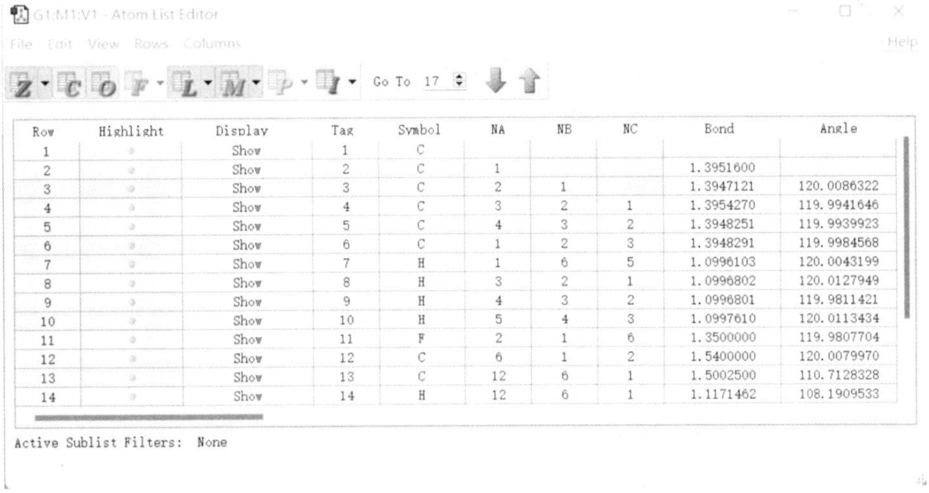

图 9-15　分子的坐标

9.2.2.3　向 Gaussian 提交计算

现在打开间氟苯乙烷分子，点击 GaussView 界面上的"Calculate"→"Gaussian Calculation

Setup",弹出如图 9-16 所示的对话框,从对话框中我们可以选择许多参数。

图 9-16 参数设置

下面是参数设置:

Job Type(工作类型):Energy(能量),Optimization(优化),Frequency(频率),Opt+Freq(优化+频率),Scan(扫描),Stability(稳定性),NMR(核磁)。这里我们选择 NMR。

Method(方法):每种计算模式都提供了若干种方法,这里选择默认值即可。

Title(题目):这项可以根据自己的项目自行命名。

Link 0:给检查点文件命名。

其他选择默认即可。选好后点击"Submit"按钮提交至 Gaussian,并保存。系统会询问是否提交至 Gaussian,选择"OK"按钮,Gaussian 会自动开启并计算,如图 9-17 所示,计算时间因硬件配置而异。

图 9-17 G16 计算界面

计算完毕后系统会提示关闭 Gaussian，点击"Yes"按钮。计算完毕后会生成两个文件，分别为 log 格式和 chk 格式，如图 9-18 所示。log 格式的文件是系统日志，便于查看计算结果。这里我们选择 chk 格式的文件，点击"Open"按钮。

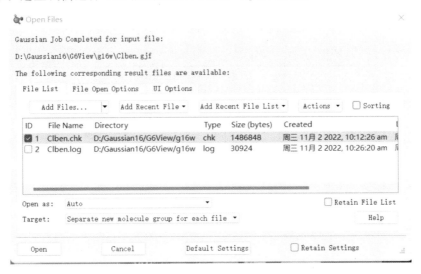

图 9-18　生成文件

接下来可以又一次看到绘制的间氟苯乙烷分子，表面上没什么不同，但这次我们可以知道它的许多性质，在 GaussView 的主界面点击"Results"→"Summary"可以看到刚才的计算总结，点击"View File"可以看到日志文件，如图 9-19 所示。

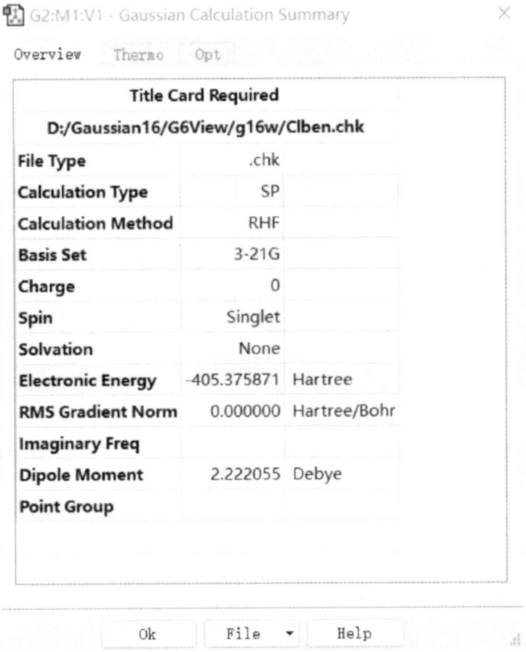

图 9-19　日志文件

点击"Results"→"NMR",可以得到核磁图谱,这是所有元素的核磁谱图,在左下方 Element 右方选择"H",即 H 谱,旁边 Reference 选择"TMS HF/6-31G(d)",得到间氟苯乙烷分子理论计算的核磁谱图,如图 9-20 所示。

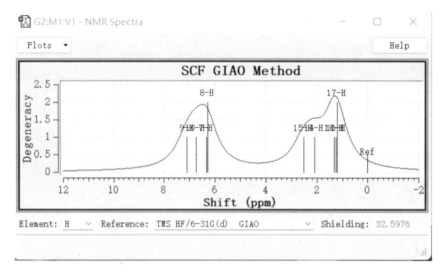

图 9-20　间氟苯乙烷分子理论核磁谱图

在绘图界面点击"View"→"Labels"可以看到每个 H 原子对应场中的位置,如图 9-21 所示。

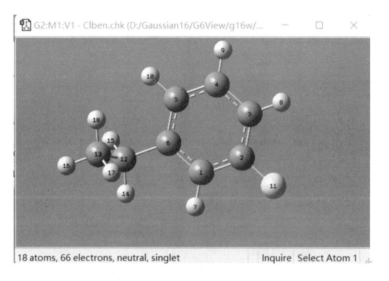

图 9-21　间氟苯乙烷分子氢原子对应位置

9.2.3　批处理

G16 提供了计算作业进行批处理的功能,可以使计算机自动执行事先设定的若干个作业。这一功能依赖于批处理控制系统和 BCF 文件。启动 G16,单击菜单"Utilities"→

"Edit Batch List"(或单击主界面工具栏中的 图标),即弹出"Edit Batch Control List"对话框(见图 9-22)。对话框下方各按钮功能为:Add 为在作业栏中添加一对输入和输出文件;Delete 为删除一对输入和输出文件;Reorder 为允许用户给计算任务重新排序;Set Start 可以设定最先运行的作业。

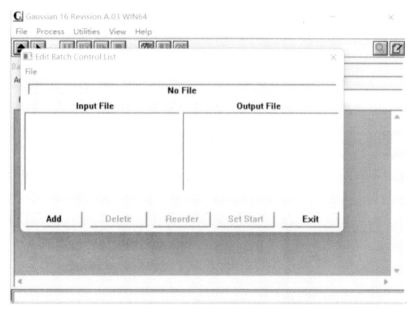

图 9-22 "Edit Batch Control List"对话框

用 G16 批处理 5 个输入文件(1.gjf、2.gjf、3.gjf、4.gjf、5.gjf)。运用"Add"按钮依次添加 5 个输入文件 *.gjf 和相应的输出文件 *.out,如图 9-23 所示。

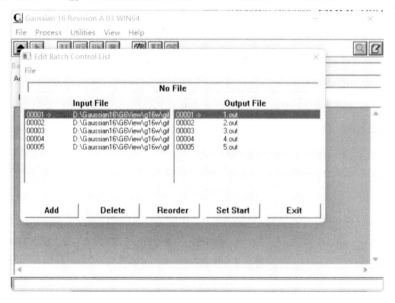

图 9-23 输入文件

单击"File"→"Save as"命令,在工作目录下将批处理文件保存为 bcf 格式,如图 9-24 所示。

图 9-24　另存为的对话框

单击"Exit"按钮,返回 G16 的主界面(见图 9-25),这时在 Batch Data 栏出现批处理文件 *.bcf,而在 Processing 栏显示出计算作业的进程。

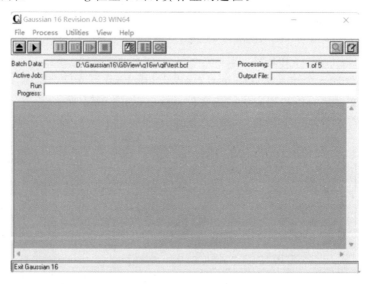

图 9-25　返回后的 G16 的主界面

9.3　运行作业

启动 G16 程序,由"File"→"Open"命令打开输入文件 *.gjf,如图 9-26 所示。

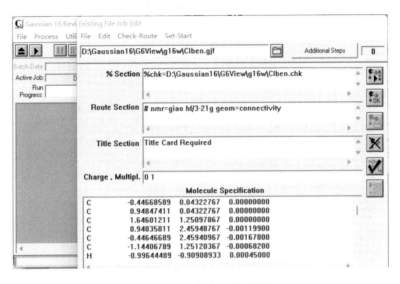

图 9-26　打开输入文件对话框

单击 按钮,屏幕上弹出"Enter Job Output Filename"对话框(见图 9-27),要求用户确定和更改输出文件名。程序默认的输出文件与输入文件同名(后缀改为 out),并且与输入文件在同一工作目录,然后单击"保存"按钮,该对话框消隐,作业立即启动。

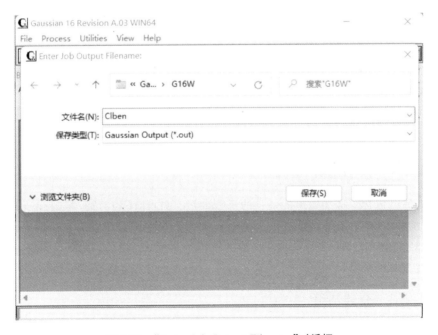

图 9-27　"Enter Job Output Filename"对话框

作业正常结束后,G16 的主窗口如图 9-28 所示,其中 Run Progress 栏中显示"Processing Complete.",窗口底栏中显示"Finalizing Calculation and Output"。

输出文件*.out 可以用 GaussView 软件来显示和分析,非常方便,这里不详细介绍。

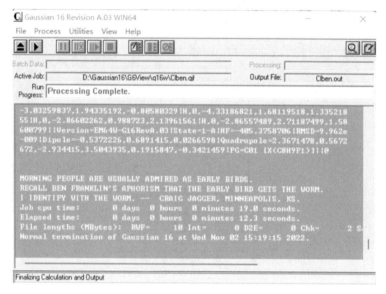

图 9-28　作业正常结束后 G16 的主窗口

9.4 基　组

基组是体系内轨道的数学描述。大的基组由于对电子在空间上有小的限制而具有更大的精确性。用于电子结构计算的标准的基组使用线性的高斯函数来模拟轨道。Gaussian 提供大量的已经定义好的基组。

9.4.1　Pople 型基组

9.4.1.1　最小基组

最小基组包含了描述轨道的最少的函数数量。H:1s; C:1s, 2s, 2px, 2py, 2pz。STO-3G 是最小基组(虽然不是可能的最小基组)，每一个基本函数中含有三个高斯函数，于是就有了 3G 的名称。STO 代表 Slater 形的轨道。这样，STO-3G 就表示采用三个高斯函数来描述 Slater 轨道。

9.4.1.2　分裂基组

增大基组的第一个方法就是增加每个原子基函数的数量。分裂基组，3-21G 和 6-31G 对于价键轨道都用两个函数来进行描述，比如 H:1s, 1s'; C:1s, 2s, 2s', 2px, 2py, 2pz, 2px', 2py', 2pz'。其中的主要轨道和非主要轨道在大小上不同。双 zeta 基组，如 Dunning-Huzinaga 基组(D95)，采用每个原子的两种不同大小的函数的线性组合来描述分子轨道。同样地，三重分裂基组，如 6-311G，采用三个不同大小的收缩函数来描述轨道。

9.4.1.3 极化基组

分裂基组允许轨道改变其大小,但不能改变形状。极化基组则取消了这样的限制,增加了角动量。比如在碳原子上增加 d 轨道的成分,在过渡金属上增加 f 轨道成分。有些在氢原子上增加 p 轨道成分。

一般地,常用的极化基组是 6-31G(d),这个基组来源与 6-31G 基组,并在其基础上,对于重原子增加了 d 轨道的成分。由于这个基组是中等大小的基组,在计算中很常用。另一个常用的极化基组是 6-31G(d,p),在前一个极化基组的基础上,在氢原子轨道中加入了 p 的成分。注意:d 轨道含有 6 个笛卡尔形式,表示的是 5 个纯粹的轨道。笛卡尔形式为 d(x2),d(y2),d(z2),d(xy),d(xz),d(yz);纯粹轨道为 d(z2-r2),d(x2-y2),d(xy),d(xz),d(yz)。

9.4.1.4 弥散函数

弥散函数是 s 和 p 轨道函数的大号版本。它们允许轨道占据更大的空间。对于电子相对离原子核比较远的体系,如含有孤对电子的体系、负离子,以及其他带有明显负电荷的体系、激发态的体系、含有低的离子化能的体系和纯酸的体系等,弥散函数都有重要的应用。

6-31+G(d)基组表示的是 6-31G(d)基组在重原子上加了弥散函数,6-31G++(d)基组表示对氢原子也加上弥散函数。这两者一般在精度上没有大的差别。

9.4.1.5 高角动量基组

现在使用的更大的基组,是在分裂基组的基础上增加多个角动量。比如 6-31G(2d) 就是在 6-31G 基础上增加两个 d 轨道的函数,而 6-31++G(3df,3pd)表示在重原子和氢原子上添加弥散函数,同时在重原子上加三个 d 函数和一个 f 函数,在氢原子上加三个 p 函数和一个 d 函数。这样的基组在用电子相关方法描述电子之间的作用中有很重要意义。常用 Pople 型基组如表 9-2 所示。

表 9-2 Pople 型基组应用范围和说明

Pople 型基组	应用范围	描述与说明
STO-3G	[H～Xe]	最小的基组,适用于较大的体系
3-21G	[H～Xe]	
6-31G(d)(6-31G*)	[H～Cl]	在重原子上增加极化函数,用于大多数情况下计算
6-31G(d,p)(6-31G**)	[H～Cl]	在氢原子上增加极化函数,用于精确的能量计算
6-31+G(d)	[H～Cl]	增加弥散函数,适用于孤对电子、阴离子和激发态体系
6-31+G(d,p)	[H～Cl]	在 6-31G(d,p)基础上增加弥散函数
6-311+G(d,p)	[H～Br]	在 6-31+G(d)基础上增加额外的价函数
6-311+G(2d,p)	[H～Br]	对重原子 2d 函数和弥散函数,对氢原子加上 1p 函数
6-311+G(2df,2p)	[H～Br]	对重原子加上 2d、1f 函数及弥散函数,对氢原子加上 2p 函数
6-311++G(3df,2pd)	[H～Br]	对重原子加上 3d 和 1f 函数,对氢原子加上 2p 和 1d 函数,并且二者都加上弥散函数

9.4.2 第三周期以后的原子的基组

第三周期以上的原子的基组很难处理。由于存在非常大的核,原子核附近的电子通过有效核电势方法(ECP)进行了近似,这一处理同时也包含了相对论效应。其他常用基组的描述及应用范围如表9-3所示。

表 9-3 常见基组应用范围和描述

基组	描述	应用范围	极化函数	弥散函数
D95	Dunning/Huzinaga 价电子基组	H~Br(除了Mg和Na)	(3df,3dp)	++
D95V	Dunning/Huzinaga 全电子基组	H~Ne	(d)或(d,p)	++
LANL2DZ	对第二周期原子是D95V,对Na—Bi是Los Alamos ECP加上DZ	H,Li~Ba,Li~Bi		
SDD,SDDAll	对一直到Ar的原子是D95V,对周期表其他原子使用Stuttgart/Dresden ECP	除Fr和Ra的整个周期表原子		
cc-pV(DTQ56)Z	Dunning 相关一致基组	H~Kr	包含在定义中	加aug前缀
SVP,TZV,TZVP	Ahlrichs 等人发展	H~Kr	包含在定义中	

另外,还可以使用 ExtraBasis、Gen 和 GenECP 等关键词为程序输入其他的基组。

9.5 Gaussian——量子化学计算常用计算方法

9.5.1 几何优化

分子几何构型的变化对能量有很大的影响。由于分子几何构型而产生的能量变化,被称为势能面。势能面是连接几何构型和能量的数学关系。对于双原子分子,能量的变化与两原子间的距离相关,这样得到势能曲线,对于大的体系,势能面是多维的,其维数取决于分子的自由度。

9.5.1.1 势能面

势能面中,包括一些重要的点,如全局最大值点、局域极大值点、全局最小值点、局域极小值点及鞍点。极大值点是一个区域内的能量最高点,向任何方向的几何变化都能够引起能量的减小。在所有的局域极大值中的最大值,就是全局最大值;极小值也同样,在所有极小之中最小的一个就是具有最稳定几何结构的一点。鞍点则是在一个方向上具有极大值,而在其他方向上具有极小值的点。一般地,鞍点代表连接着两个极小值的过渡态。

寻找极小值。几何优化做的工作就是寻找极小值,而这个极小值就是分子的稳定的几何形态。对于所有极小值和鞍点,其能量的一阶导数,也就是梯度,都是零,这样的点被称为稳定点。所有的成功的优化都在寻找稳定点,虽然找到的并不一定就是所预期的点。几何优化由初始构型开始,计算能量和梯度,然后决定下一步的方向和步长,其方向总是向能量下降最快的方向进行。大多数的优化通过计算能量的二阶导数来修正力矩阵,从而表明在该点的曲度。

9.5.1.2 收敛标准

优化计算不能无限制地进行下去。用来判定是否可以结束优化的判据就是收敛标准。注意这个标准规定的是两个 SCF 计算结果的差别,即当计算出的两个能量值的差别在程序默认的标准范围之内时,程序就认为收敛达到,优化结束。必须指出的是,单点能计算中也有一个收敛标准,这个收敛标准是用于判定 SCF 计算是否完成。SCF 计算是一个迭代过程:假定一个解,代入到方程中求出另一个解,再将这个解代入到方程中,如此循环,直至两次解的差别在程序默认的范围之内时,SCF 计算完成。

Gaussian 程序给出了 4 个收敛标准:

Item	Value	Threshold	ConvRerged?
Maximum Force	0.001235	0.000450	NO
RMS Force	0.000234	0.000300	YES
Maximum Displacement	0.103483	0.001800	NO
RMS Displacement	0.012763	0.001200	NO

Maximum Force:力的收敛标准是 0.00045。
RMS Force:力的均方根的收敛标准为 0.0003。
Maximum Displacement:位移的收敛标准为 0.0018。
RMS Displacement:位移均方根的收敛标准是 0.0012。

在优化过程中,有时会出现只有前两项收敛(YES 表示已收敛,NO 表示不收敛)优化,计算仍正常结束,这种结果是可以接受的。Gaussian 程序默认当计算所得的力已比收敛标准小两个数量级时,即使位移值仍大于收敛标准,整个计算也认为已收敛。这种情况对大分子(具有较平缓的势能面)比较常见。

9.5.1.3 难处理的优化

有一些系统的优化很难进行,采用默认的方法得不到结果,其产生的原因往往是所计算出的力矩阵与实际的相差太远。当默认方法得不到结果时,就要采用其他的方法。

Opt=ReadFC:从频率分析(往往是采用低等级的计算)所得到的 checkpoint 文件中读取初始力矩阵,这一选项需要在设置行前加入%Chk=filename,说明文件的名称。

Opt=CalCFC:采用优化方法相同的基组来计算力矩阵的初始值。

Opt=CalcAll：在优化的每一步都计算力矩阵。这是非常昂贵的计算方法，只在非常极端的条件下使用。

有时候，优化往往只需要更多的次数就可以达到好的结果，这可以通过设置 MaxCycle 来实现。如果在优化中保存了 Checkpoint 文件，那么使用 Opt=Restart 可以继续所进行的优化。当优化没有达到效果的时候，不要盲目加大优化次数。这时要注意观察每一步优化的区别，寻找没有得到优化结果的原因，判断体系是否收敛。如果体系能量有越来越小的趋势，那么增加优化次数是有可能得到结果的；如果体系能量变化没有什么规律，或者离最小点越来越远，那么就要改变优化的方法。

也可以从输出文件的某一个中间构型开始新的优化，关键词 Geom=(Check,Step=n)表示在取得 Checkpoint 文件中第 n 步优化的几何构型。

9.5.2 频率分析

频率分析可以用于多种目的。预测分子的红外和拉曼光谱（频率和强度）为几何优化计算力矩阵，判断分子在势能面上的位置，计算零点能和热力学数据，如系统的熵和焓。

9.5.2.1 红外和拉曼光谱

几何优化和单点能计算都将原子理想化了，实际上原子一直处于振动状态。在平衡态，这些振动是规则的和可以预测的。频率分析的计算要采用能量对原子位置的二阶导数。HF 方法、密度泛函方法（如 B3LYP）、二阶 Moller-Plesset 方法（MP2）和 CASSCF 方法（CASSCF）都可以提供解析二阶导数。对于其他方法，可以提供数值二阶导数。

9.5.2.2 频率分析输入

Freq 关键词代表频率分析。频率分析只能在势能面的稳定点进行，这样频率分析就必须在已经优化好的结构上进行。最直接的办法就是在设置行的同时设置几何优化和频率分析。特别注意的是，频率分析计算所采用的是基组和理论方法，必须与得到该几何构型采用的方法完全相同。

9.5.2.3 频率和强度

频率分析首先要计算输入结构的能量，然后计算频率。Gaussian 提供每个振动模式的频率、强度、拉曼极化率。

例如，以下是输出文件中的前四个频率：

1	2	3	4
B1	B2	A1	A2
1336.0041	1383.6449	1679.5843	2028.0971
1.3689	1.3442	1.1039	7.2497

0.3694	23.1589	8.6240	150.1861
0.7657	4.5170	12.8594	8.1124
0.7500	0.7500	0.5908	0.3281

由于 HF 方法忽略的电子相关，所得到的频率结果有系统误差，为 10%～12%。一般地，HF 方法采用计算的频率乘以矫正因子 0.8929，从而与实验值吻合。这里的计算由于采用的是中等基组，误差要稍大一些，大约为 15%。计算得到的相对强度数值是可靠的。

矫正因子和零点能：其他方法得到的频率同样存在系统误差，下面列出对于频率和零点能的矫正因子。

方法	频率矫正因子	零点能矫正因子
HF/3-21G	0.9085	0.9409
HF/6-31G(d)	0.8929	0.9135
MP2(Full)/6-31G(d)	0.9427	0.9646
MP2(FC)/6-31G(d)	0.9434	0.9676
SVWN/6-31G(d)	0.9833	1.0079
BLYP/6-31G(d)	0.9940	1.0119
B3LYP/6-31G(d)	0.9613	0.9804

频率矫正因子与用于计算热力学数据的零点能矫正因子之间有较小的差异，但在一般处理上可以采用频率矫正因子。

基组也对矫正因子产生影响，相关的数据需要查相应的参考书。

9.5.2.4 简正模式

输出文件同时还提供振动的简正模式。比如对于如下的标准坐标：

Number	Number	X	Y	Z
1	6	0.00000	0.000000	−0.542500
2	8	0.000000	0.000000	0.677500
3	1	0.000000	0.940000	−1.082500
4	1	0.000000	−0.940000	−1.082500

其中，第一个振动模式是：

Atom	AN	X	Y	Z
1	6	0.17	0.00	0.00
2	8	−0.04	0.00	0.00
3	1	−0.70	0.00	0.00
4	1	−0.70	0.00	0.00

在标准坐标中，四个原子的 X 坐标都是零，分子在 Y-Z 平面上。对于振动模式，其熟

知的正负比大小要重要得多。本例中，两个氢原子向 X 轴负方向有显著的振动，表明其偏离了 X 平面。这个振动产生的红外光谱在 1189 cm^{-1}（经过矫正）。

9.5.2.5 热力学分析

频率分析也包括对体系的热力学分析。默认情况下，系统计算在 298.15 K 和 1 atm 下的热力学数值。

Gaussian 提供在指定温度和压力下的热力学数值计算。

	E(Thermal) KCAL/MOL	CV CAL/MOL-KELVIN	S CAL/MOL-KELVIN
TOTAL	20.114	6.255	52.101
ELECTRONIC	0.000	0.000	0.000
TRANSLATIONAL	0.889	2.981	36.130
TOTATIONAL	0.889	2.981	15.921
VIBRATIONAL	18.337	0.294	0.049

注意这里的热容是恒压热容。热力学计算的方法可以参考有关统计热力学方面的书。

计算中可以设置温度和压力参数。采用 Freq=ReadIsotopes 关键词，并在分子结构输入完毕后，输入参数，包括温度、压力和同位素。

temp pressure [scale]

isotope for atom 1

…

isotope for atom N

温度单位是 K，压力为大气压，同位素采用整数，计算时程序会采用实际的值。

9.5.2.6 零点能和内能

热力学计算中也包括了零点能的输出，零点能是对分子的电子能量的矫正，计算了在 0 K 温度下的分子振动能量。

当比较在 0 K 的能量时，需要在总能量中加上零点能。和频率一样，理论模型本身也给零点能计算带来系统误差，可以通过矫正因子修正来与实验值相符。如果没有设置 Freq-ReadIsotopes 关键词，并且设置矫正因子，那么就需要手工对所计算的能量进行修正。

为了计算较高温度下的能量，内能也要考虑到总能量中，它包括平动能、转动能和振动能。注意在计算内能的时候，已经考虑了零点能。为了让得到的结果能够直接与实验值进行比较，在计算时必须设置 ReadIsotopes 关键词和矫正因子。因为最终的能量只有一部分是需要矫正的。下面是一个计算实例：

Temperature 298.15 Kelvin. Pressure 1.0000 Atm
Zero-point correction=0.029201
Thermal corection to Energy=0.032054
Thermal correction to Enthalpy=0.032999
Thermal correction to Gibbs Free Energy=0.008244
Sum of electronic and zero-point Energies= －113.837130
Sum of electronic and thermal Energies= －113.834277
Sum of electronic and thermal Enthalpies= －113.833333
Sum of electronic and thermal Free Energies= －113.858087

后面四行的四个能量分别为 E_0、E、H、G,计算公式为

$E_0 = E(elec) + ZPE$

$E = E_0 + E(vib) + E(rol) + E(transl)$

$H = E + RT$

$G = H - TS$

上式中,E(elec)是优化计算中所得的 SCF 能量,ZPE 是零点能,E(vib)、E(rol)、E(transl)分别为平动能、转动能和震动能,R 为热力学常数,T 为温度,S 为熵。

9.5.2.7 极化率和超极化率

频率分析还可以计算极化率和超极化率,一般在输出文件的末尾输出极化率。极化率的输出是:

Exact polarizability:　　　6.478　0.000　　12.979　0.000　　0.000　17.641
Approx polarizability:　　 6.257　0.000　　10.136　0.000　　0.000　16.188

所列出的值是对应标准坐标的下三角形格式 xx,xy,yy,xz,yz,zz。
超极化率列出的是下四角顺序,但采用的坐标是内坐标。

9.5.2.8 表征稳定点

频率分析的另外一个用处是判断稳定点的本质。

稳定点表述的是在势能面上力为零的点,它既可能是极小值,也可能是鞍点。极小值在势能面的各个方向都是极小的。而鞍点则是在某些方向上是极小的,但在某一个方向上又是极大的,因为鞍点是连接两个极小值的点。

在输出文件中可以从两个方面寻找有关鞍点的信息:负的振动频率、频率相应简正振动的模式。鞍点存在负的振动频率,可以定义存在 n 个负的频率的结构是 n 阶鞍点。要注意的是:发现了一个鞍点并不意味着找到了与反应性能等有关的信息。鞍点是连接两个极小值的点,但这两个点不一定是反应物和产物。

当一个结构产生负的振动频率时,可以表明在该振动方向可能存在着能量更低的结构。判断所得鞍点是不是需要的鞍点的方法,就是查看它的简正振动模式,分析是不是可以导向所需要的产物或反应物。进一步的,更好的办法是通过 IRC 计算来判断反应

物、产物与得到的鞍点是否有关系。

表 9-4 列出了需要描述稳定点时必须考虑的问题。

表 9-4 描述稳定点时必须考虑的问题

目的	频率分析	显示	应该
寻找极小值	0 个虚频	是极小值	比较其他异构体,得到最小值
寻找极小值	1 个虚频	不是极小值	继续寻找,尝试改变对称性,或按虚频的振动模式修正分子结构
寻找过渡态	0 个虚频	是极小值	尝试 Opt=QST2 或 QST3 寻找过渡态
寻找过渡态	1 个虚频	是过渡态	判断其是否与反应物或产物相关
寻找过渡态	多个虚频	是高阶鞍点	尝试 QST2,或者检查虚频对应的振动模式,可能是指向反应物和产物,在该点的过渡态方向下修正分子,重新计算

现在讨论 C_3H_5F,氟取代丙烯的势能面。

考虑其三种异构体、反式异构体、顺式异构体(HCCH 二面角 0°)及顺式异构体(HCCH 二面角 180°)。能量比较:trans(0),−215.92046;trans(180),−215.91694;cis,−215.92147。

180°顺式异构体只比 0°顺式异构体能量高 2.5 kcal/mol,其能量比 C=C 双键的旋转所需要的键能要小很多。注意 180°顺式异构体具有 Cs 对称性,其振动有两种对称性,即 A′和 A″。对其进行频率分析,可以发现其存在虚频,对称性为 A″,其频率为−226,不算大,说明其分子的扭曲程度不大。其代表的振动模式,是甲基三个氢原子的振动。查看该简正振动模式的另一种形式:eigenvector of the Hessian,其给出的是内坐标的振动模式。明显看出,有 6 个二面角有最大的变化趋势,其对应的是甲基的旋转。注意该振动具有 A″对称性,在 Cs 点群分子中,代表反对称的,也就是说,体系有降低对称性、获得更低的能量的趋势。

从上述分析可以看到,该点代表了两个极小点的连接,而这两个极小点之间的变化是通过甲基的旋转完成的。要寻找顺式异构体与反式异构体的转换的过渡态,自然要寻找和 C=C 双键有关的振动模式,包括烯上的两个碳原子和碳上的氢原子、氟原子,以及氟原子的二面角的振动。给出的另一个过渡态,得到的虚频达到−1517,其对应的振动模式是包括双键上碳原子的二面角的变化。这是要寻找的过渡态,这一过渡态的能量达到了−215.76438,产生了一个高达 86.61 cal/mol 的势垒,这个数值和预计的相当,但偏高。双键旋转的计算往往需要高等级的理论模型,如用 CASSCF 来得到精确的值。

9.5.3 单点能计算

9.5.3.1 简要介绍

单点能计算是指对给定几何构性的分子的能量进行计算。由于分子的几何构型是固定不变的,是"一个点",所以称为单点能计算。

单点能计算可以用于计算分子的基本信息,作为分子构型优化前对分子的检查。在由较低等级计算得到的优化结果上进行高精度的计算,体系只能进行单点计算。单点能的计算可以在不同理论等级上采用不同基组进行。

9.5.3.2 计算设置

一般需要设置计算采用的理论方法、基组和所要进行计算的种类等信息。默认的计算种类是单点能计算,关键词为SP,可以省略。

计算执行路径行中经常使用的一些命令如下。

Pop-Reg:显示能量最高的5个占据轨道和能量最低的5个空轨道,可采用Pop-Full命令显示所有的分子轨道。

Units:指定所使用的单位(默认为原子单位)。

SCF-Tight:对波函数使用更严格的收敛标准,通常在默认收敛条件下波函数不收敛时使用。

9.5.3.3 输出文件中的信息

以甲醛的单点能为例。

(1) 标准几何坐标。找到输出文件中 Standard Orientation 一行,它下面的坐标值就是输入分子的标准几何坐标。

(2) 能量。找到 SCF Done:E(RHF)=−113.863697598 A.U. after 6 cycles,这里的数值就是能量,单位是 hartree。在一些高等级计算中,往往有不止一个能量值,比如 E2=−0.3029540001D+00,EUMP2=−0.11416665769315D+03,这里在 EUMP2 后面的数字是采用 MP2 计算后的能量。MP4 计算的能量输出就更复杂。

(3) 分子轨道和轨道能级。对于按照计算设置所打印出的分子轨道,列出的内容包括轨道对称性及电子占据情况,O 表示占据,V 表示空轨道;分子轨道的本征值,也就是分子轨道的能量,分子轨道的顺序就是按照能量由低到高的顺序排列的;每一个原子轨道对分子轨道的贡献。要注意轨道系数,这些数字的相对大小(忽略正负号)表示组成分子轨道的原子轨道在所组成的分子轨道中的贡献大小。寻找 HOMO 和 LUMO 轨道的方法就是看占据轨道和非占据轨道的交界处。

(4) 电荷分布。Gaussian 采用的默认的电荷分布计算方法是 Mullikin 方法,在输出文件中寻找 Total Atomic Charges,可以找到分子中所有原子的电荷分布情况。

(5) 偶极矩和多极矩。Gaussian 提供偶极矩和多极矩的计算,寻找 Dipole Momemt(Debye),其下面一行就是偶极矩的信息,再下面两行是四极矩、偶极矩的单位是德拜。

(6) CPU 时间和其他。Job CPU time:0 days 0 hours 0 minutes 9.1 seconds。

练 习 题

1. 用 GaussView 构建间氯苯甲烷分子输入文件。

2. 什么是基组？

3. 什么是单点能计算？

第 10 章

AutoCAD——化工制图

计算机辅助设计是当今世界上最为流行的计算机辅助设计软件,也是我国目前应用最为广泛的图形软件之一。在 1982 年 1 月,Autodesk 公司在这一年推出 AutoCAD(当时命名为 Micro CAD),并在之后在 20 多年的发展历程中,该企业不断丰富和完善 AutoCAD 系统,并连续推出各个新版本,使 AutoCAD 由一个功能非常有限的绘图软件发展到现在功能强大的绘图系统,并在城市规划、建筑、测绘、机械、电子、造船、汽车、化工等许多行业得到了广泛的应用。统计资料表明,AutoCAD 目前已成为世界上工程技术人员的必备工具之一。

AutoCAD 的版本几乎每年更新一次,它提供了强大的视窗界面。对各种修改工作,可以通过双击目标对象而自动进入修改界面,由其提供的修改对话框进行修改,方便工程人员绘制。本章以 AutoCAD 2017 版本为例,对 AutoCAD 的各项功能进行介绍。首先通过对 AutoCAD 的界面进行介绍,让读者从视觉上了解它。

10.1 AutoCAD 的简介

10.1.1 AutoCAD 的工作界面

打开 AutoCAD 应用程序有两种方式:双击桌面上的 AutoCAD 快捷图标打开 AutoCAD 程序;单击电脑界面的"开始"按钮,选择"AutoCAD 2017",并打开 AutoCAD 程序。AutoCAD 程序打开后,会出现如图 10-1 所示的初始界面,在此界面上还不能直接进行绘图操作。

图 10-2 是 AutoCAD 的工作选择界面。工作选择界面可以选择当前工作状态,有草图与注释、三维基础、三维建模等模式,用户可以选择自己所需要的模式来进行绘图。

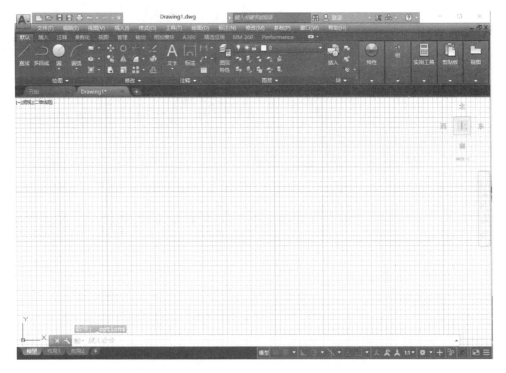

图 10-1　AutoCAD 2017 的初始界面

图 10-2　AutoCAD 2017 的工作选择界面

图 10-3 是 AutoCAD 的工作界面，作为绘图软件，AutoCAD 中的绘图和图像编辑是最核心的功能。这些操作可以从菜单栏中直接应用，也可以通过工作界面左右两侧的绘图工具栏和编辑工具栏进行相应指令的调用。借助命令行中的提示及键盘的数据输入能实现对各种功能命令的使用，中间的区域是绘图区域，可以在上面进行图形的绘制，还可以对各种图形进行编辑。

在 AutoCAD 2017 工作界面的左上角单击"应用程序菜单"按钮，会打开菜单界面，如图 10-4 所示，从中可以执行新建、打开、保存、另存为、输入、输出、发布、打印、关闭等操作。我们可以搜索需要的命令，并可以从"最近使用的文档"列表中快速访问所需的图形文档。"最近使用的文档"列表中列出的文档除了按已排序列表显示之外，还可以

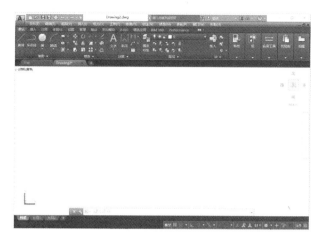

图 10-3 AutoCAD 2017 工作界面

找访问日期、按大小或按类型排序，CAD 用户只需从一个下拉列表框中选择相应的选项即可。

图 10-4 应用程序菜单

10.1.2　AutoCAD 帮助

学会调用 AutoCAD 的帮助系统是非常重要的。在 AutoCAD 中有非常完善的 AutoCAD 帮助系统来帮助初学者熟悉各种命令的使用方法。AutoCAD 的帮助调用有以下三种方式。

(1) 通过 AutoCAD 菜单中的"帮助"来打开帮助系统：单击 AutoCAD 菜单中的"帮助"，选择"帮助"命令，打开 AutoCAD 帮助程序，屏幕上即弹出如图 10-5 所示的对话框。

(2) 如图 10-6 所示在命令行中直接输入 HELP，调出帮助窗口。

图 10-5　AutoCAD 2017 帮助窗口

(3)使用键盘上的"F1"键来调用帮助系统。

图 10-6　命令行窗口

10.1.3　文件的保存

对于绘制完成的图形,我们使用以下方式进行保存:单击标准工具栏中的"保存"按钮,会弹出如图 10-7 所示的对话框,选择保存文件的路径,并输入需要的文件名称,文件类型一般为 dwg 文件。

图 10-7　"保存"对话框

此外还有一个便利操作:用户需要长期使用某个模板设置时,可以在利用 AutoCAD 软件进行绘图,对图形的属性及图形单位等格式进行相应的设置。当下次绘图需要用到相似的设置时,可以进行直接调用。

10.2 图形的绘制与修改

10.2.1 图形的绘制

1. 直线的绘制

"直线"命令是进行二维绘制时最常用的命令，通过指定两点画图，在起点和终点点击即可绘制一条直线；绘制直线段，每条线段都是可以单独进行编辑的直线对象。要绘制直线，需在功能区"默认"选项卡的"绘图"面板中单击"直线"按钮（见图10-8），或者从菜单栏中选"绘图"→"直线"命令；或者在命令窗口的"键入命令"提示下（见图10-9）输入 LINE 并按回车键，接着根据命令行提示进行相关操作，即可绘制直线。

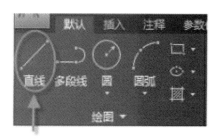

图 10-8 "直线"按钮

图 10-9 "直线"命令

2. 多段线的绘制

多段线命令与直线命令存在着相似之处，不过从两者的功能上看，所绘制的直线性质存在不同。其中，多段线不仅仅可以绘制直线，还可以进行圆弧、厚度等其他命令的操作。当用直线命令进行"目"形图的绘制时，图形的每一条直线都是独立的对象，用鼠标单击选择时，只能选中所单击的那一条直线，其他直线无法被选中。而用多段线命令所绘制的图形，无论鼠标单击哪一条直线，整个图形都会被同时选中，即用多段线命令所绘制的图形是一个整体。多段线菜单选择如图10-10所示。

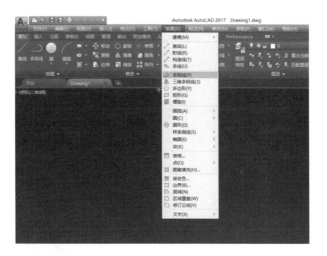

图 10-10 多线段的绘制

3. 正多边形的绘制

AutoCAD 的正多边形的绘制,在左边的工具栏,我们可以看到有个正多边形的选项,单击它(见图 10-11);或者直接输入快捷命令 POL,然后按回车键即可进入。

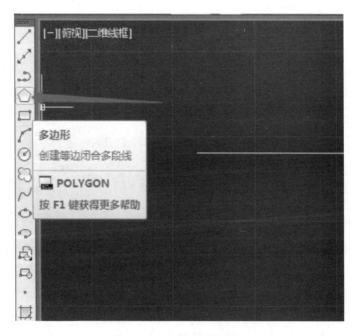

图 10-11 正多边形的绘制

(1)确定绘制的多边形的边数,多边形的边数是需要大于等于 3 的,根据自己的需要输入边数。

(2)确定正多边形的中心点,这里的中心点就像圆的圆心一样,是一个道理的。

(3)选择正多边形的方式,一般来说有三种方式:一是直接是正多边形的角到圆心的距离;二是内切圆多边形;三是外切圆多边形。应根据自己的要求来选择。

(4)输入正多边形的半径大小,应根据自己的需要输入半径,然后按回车键,这样正多边形就画好了。

4. 矩形的绘制

在功能区单击"矩形"按钮,然后在绘图区域任意处点击,确定矩形的一个角点,再拖动鼠标在任意处点击,确定第二个角点位置,这时矩形就绘制完成了。也可以输入矩形命令"REC"按回车键进入绘制界面,其余步骤与前面的类似。如果想在 AutoCAD 中画出指定长和宽的矩形,比如画出长 300、宽 100 的矩形:首先输入命令 REC 按回车键,然后输入矩形第一个角点坐标(0,0)(即把矩形的第一个角点确定在原点位置处)按回车键,最后再输入第二个角点的坐标(300,100),按回车键完成绘制,如图 10-12 所示。

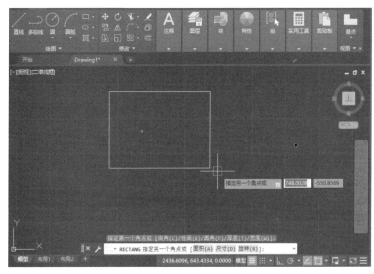

图 10-12 矩形的绘制

5. 绘制圆弧

绘制圆弧的方式,包括"三点""起点,圆心,端点""起点,圆心,角度""起点,圆心,长度""起点,端点,角度""起点,端点,方向""起点,端点,半径""圆心,起点,端点""圆心,起点,角度""圆心,起点,长度""连续",用户可以从功能区"默认"选项卡的"绘图"面板中找到绘制圆弧的相应工具按钮,如图 10-13 所示。在默认情况下,以逆时针方向绘制圆弧;按住"Ctrl"键的同时拖动,以顺时针方向绘制圆弧。

6. 图案填充

在功能区"绘图"选项卡中找到"图案填充"(见图

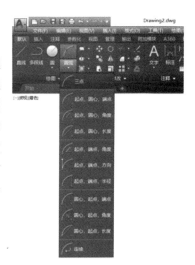

图 10-13 圆弧的绘制

10-14)。单击"图案填充"按钮则在功能区中打开"图案填充创建"上下文选项卡。

图 10-14　图案的填充

"图案填充创建"上下文选项卡包括以下几个面板,如图 10-15 所示。下面就图案填充功能用一个圆来进行举例,将圆分成四份,对其四个面进行填充。

图 10-15　"图案填充创建"上下文选项卡

首先绘制一个圆,绘制半径为 80,选择主菜单中的"点样式",选择 ⊕;然后选择"绘图"→"定点等分"命令,设定等分数目为 4;再用线段将四个点连接起来,如图 10-16(a)所示;最后点击图案填充按钮,弹出如 10-15 所示的"图案填充创建"上下文选项卡,选择合适的图案对圆进行填充,得到如图 10-16(b)的效果。

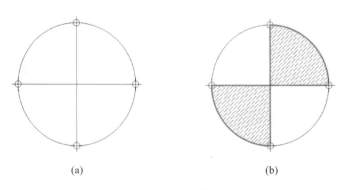

图 10-16　圆的填充

10.2.2　图形的修改

1. 图形位移

(1) 移动图形。通过选择菜单栏"修改"→"移动"命令,或单击"移动"按钮,或在命令行中输入 MOVE 来执行。可以将一个或者多个对象平移到新的位置,相当于删除对象,并进行复制和粘贴。

(2) 旋转图形。选择菜单栏"修改"→"旋转"命令,单击"旋转"按钮,或在命令行中输入 RO 来执行,如图 10-17 所示。可以改变对象的方向,并按指定的基点和角度定位新的方向,如图 10-18 所示。

一般来说,移动和旋转命令中,基点的指定都需要配合对象捕捉功能来完成,基点是一些具有特殊位置的点。

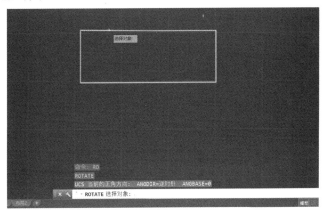

图 10-17　图形的"旋转"命令

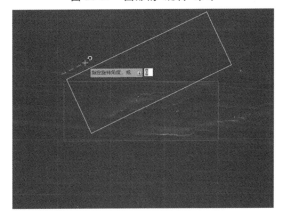

图 10-18　图形的旋转演示

2. 图形修改

(1) 删除图形。通过选择菜单栏"修改"→"删除"命令,或单击"删除"按钮,或在命令行中输入 ERASE 来执行。选择"删除"命令后,此时屏幕上的光标将变为一个拾取框,选择需要删除的对象,按回车键。删除最快的办法是先选择物体,再调用"删除"命令或按"Delete"键。另外,也可以使用剪切到剪贴板的方法将对象删除。

图 10-19　图形的"删除"操作

图 10-20　图形的"删除"命令

(2)拉伸图形。可以拉伸选中对象的选定部分,没有选定部分会保持不变。在使用拉伸图形命令时,图形选择窗口外的部分不会有任何改变;图形选择窗口内的部分会随图形选择窗口的移动而移动,但也不会有形状的改变。选择菜单栏"修改"→"拉伸"命令,或单击"拉伸"按钮(见图10-21),或在命令行中输入 STRETCH 来执行拉伸。要进行拉伸的对象必须用交叉窗口或交叉多边形的方式来进行选取。

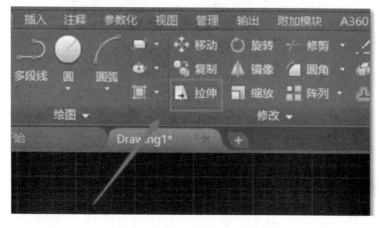

图 10-21　图形的"拉伸"按钮

(3) 延伸图形。可以将选定对象延伸至指定边界上。可以将直线、射线、圆弧、椭圆弧、非封闭等多段线延伸至指定的直线、射线、圆弧、椭圆弧、多段线、构造线和区域等上面。通过选择菜单栏"修改"→"延伸"命令，或单击"延伸"按钮（见图10-22）。可延伸对象必须是有端点的对象，如直线、多段线等，而不是无端点的对象，如圆、椭圆等。

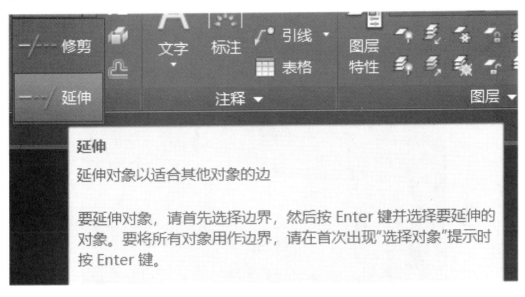

图 10-22　图形的"延伸"按钮

(4) 修剪图形。修剪图形可以将选定对象在指定边界一侧部分剪切掉。修剪对象包括直线、椭圆弧、射线、多段线、圆弧、构造线及样条曲线等。有效边界包括直线、射线、椭圆弧、多段线、圆弧、填充区域和构造线等。

打开AutoCAD 2017之后，鼠标左键点击一次画图界面，然后用键盘输入字母TR，选择TRIM这个选项（见图10-23），再拖动鼠标选定整个图像，选定后点击键盘的空格键确认，最后用鼠标左键依次点击想要裁剪的线条，重复这个操作即可完成图像的裁剪。

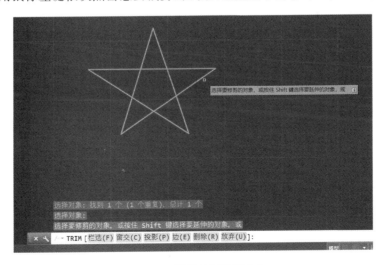

图 10-23　图形的"修剪"命令

(5)打断图形。打断图形用于打断所选的对象,将所选对象分成两部分,或去除对象上的某一部分。该命令作用于直线、射线、椭圆弧、圆弧、多段线和构造线等。打断命令将会删除对象上位于第一点和第二点之间的部分。第一点选择该对象时的拾取点,第二点为选定的点,如果选定的第二点不在对象上,系统将选择对象上离该点最近的一个点。选择菜单栏"修改"→"打断"命令,或单击"打断"按钮(见图10-24),或在命令行中输入BREAK来执行(见图10-25)。圆或圆弧的打断,是按照逆时针方向进行的。

图 10-24　图形的"打断"按钮

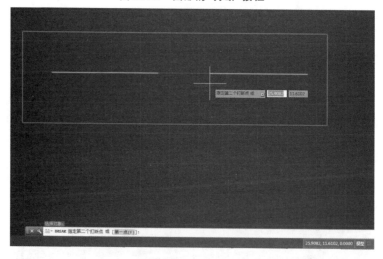

图 10-25　图形的"打断"命令

(6)圆角和倒角。圆角和倒角是用选定的方式,通过事先确定的圆弧或直线段来连接两条直线、圆弧、椭圆弧、多段线、构造线,以及样条曲线。选择菜单栏"修改"→"圆角"命令,或单击"圆角"按钮,或在命令行中输入FILLET来执行。激活圆角命令后,设定半径参数和指定角的两条边,就可以完成对这个角的圆角操作。选择菜单栏"修改"→"倒角"命令,或单击"倒角"按钮(见图10-26)。执行倒角命令后,需要依次指定角的两边、设定倒角在两条边上的距离。倒角尺寸就由两个距离来决定。

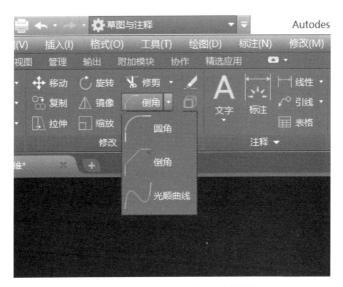

图 10-26　图形的"倒角/圆角"按钮

(7)缩放图形。

①首先在打开的图形文件中点击修改工具中的"缩放"按钮(见图 10-27)。

②然后点击选择要缩放的图形,左键点击选择,可以多次点击来多选。

③选择缩放的基点,可以点击"确定"按钮,也可在动态输入中输入坐标来确定(见图 10-28)。

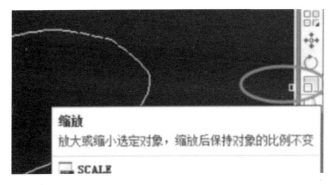

图 10-27　图形的"缩放"按钮

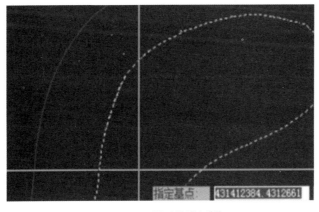

图 10-28　图形的"缩放"

(8)分解图形。分解图形主要用于将一个对象分解为多个单一对象,如主要应用于对整体图形、图块、文字、尺寸标注等对象的分解。选择"分解"命令,或单击"分解"按钮,如图10-29所示。

图10-29　图形的"分解"按钮

(9)合并图形。合并图形是使打断对象或者相似对象合并为一个对象。例如,可以使用圆弧和椭圆弧创建完整圆和椭圆。合并对象包括圆弧、椭圆弧、直线、多段线和样条曲线。选择"合并"命令,或单击"合并"按钮,或在命令行中输入JOIN来执行,如图10-30所示。

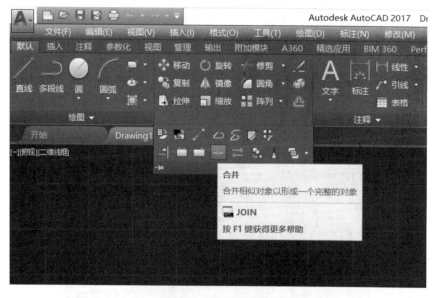

图10-30　图形的"合并"命令

10.3 图形的标注和布局

图形标注是一个重要的环节。本节将介绍尺寸标注的基本概念,再分别对各种标注进行介绍和举例。尺寸标注在制图工作中具有很重要的地位,机件的大小是以图样上标注的尺寸数值为制造和检验依据的。尺寸标注的合理、正确,会直接影响图样的质量。为保证不会因为误解而造成差错,AutoCAD 的尺寸标注必须要遵循相应行业统一的规则、标准和方法。在机械制图中,尺寸标注的基本规则主要归纳为以下几点。

(1)图样上标注的尺寸数值是机件实际大小的数值,该数值与绘图时采用的缩放比例和精确度都无关。图样上标注的尺寸是机件的最后完工尺寸,否则要另加说明。

(2)图样上的尺寸默认以毫米(mm)为计量单位,如果应用其他计量单位,则必须注明相应计量单位的名称。

(3)机件的每个尺寸只在图形上标注一次。

(4)定形尺寸尽可能标注在反映形状特征的视图上,同一形体的尺寸尽量集中标注,尽可能避免在虚线上标注尺寸,务必要合理安排尺寸。

10.3.1 线性标注

可以使用水平、竖直或旋转的尺寸线创建线性标注。要创建线性标注,单击"标注"按钮,接着指定第一个尺寸界线原点和第二个尺寸界线原点,然后在提示下指定尺寸线位置即可创建一个线性尺寸标注,并且还可以移动位置,图 10-31 是线性标注示例。

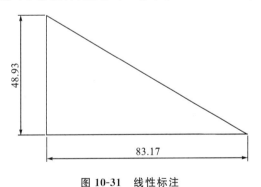

图 10-31　线性标注

10.3.2 坐标标注

坐标标注命令用于测量从原点到要素的水平或垂直距离。坐标标注通过保持特征要素与基准点之间的精确偏移量来避免误差增大。坐标标注由 x 或 y 值和引线组成。x 基准坐标标注沿着轴测量特定点与基准点的距离,y 基准坐标标注沿轴测量特定点与基准点的距离,如图 10-32 所示。

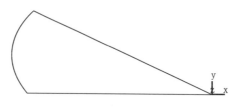

图 10-32 坐标标注

10.3.3 连续标注

连续标注命令是以上一个标注或已选定标注的第二条尺寸界限处的新的标注第一条尺寸界限,进行新标注的标注命令,如图 10-33 所示。选择"标注"→"连续"命令即可启动相应命令。

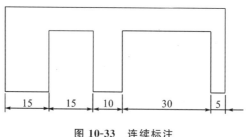

图 10-33 连续标注

10.3.4 基线标注

基线标注用于产生一系列基于同一尺寸界限的尺寸标注,适用于线型标注、角度标注、对齐标注与坐标标注。在使用之前,应该标注出一个相关的尺寸作为基线标准。首先要通过"注释"→"标注"选项,绘制第一个标注;然后在菜单栏依次选择"注释"→"标注"→"基线"选项,接着选择基准标注;最后指定第二条尺寸界线原点或"放弃(U)/选择(S)"→"选择"。选择好第二条后,系统会自动继续让你选择剩余的标注,但是注意标注的起点边界线与第一次选择的标注的起点边界线是重合的。图 10-34 为基线标注的示意图。

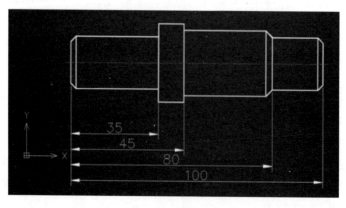

图 10-34 基线标注

10.3.5 角度标注

选中三角形图形,点击标注里面的"角度标注",或是输入"DIMANGULAR"命令。比如要标注一个三角形的角标注度数,就选角的对角线点击"角度标注"即可,如图 10-35 所示。

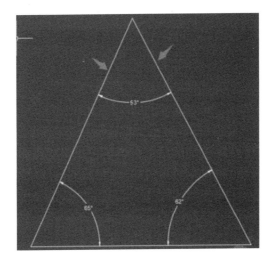

图 10-35 角度标注

10.3.6 创建标注样式

在进行尺寸标注之前,首先应该创建所需的标注样式。各个行业使用的标注样式可能不尽相同,这需要用户注意。创建好所需的标注样式后,可以将它保存在一个样板图形中,便于以后制图时调用该样板图形文件。在 AutoCAD 输入快捷命令 D(见图 10-36),按空格键执行命令。

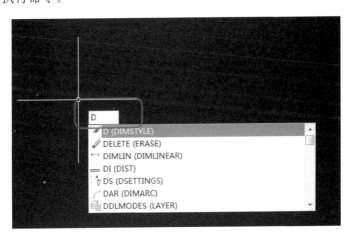

图 10-36 创建标注样式

执行命令后,进入标注样式管理器,选择"新建"并进入,如图 10-37 所示。

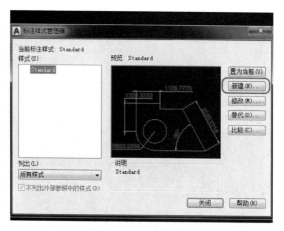

图 10-37　样式管理器

进入创建的新建样式界面,确定样式名称、基础样式、用于范围,点击"继续"按钮,如图 10-38 所示。。

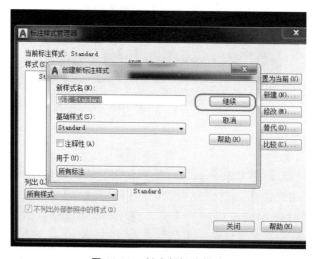

图 10-38　创建新标注样式

继续修改标注样式的各种信息,修改完毕后点击"确定"按钮,如图 10-39 所示。

图 10-39　继续修改标注信息

确定后,点击"关闭"按钮,即可新建标注样式,如图 10-40 所示。

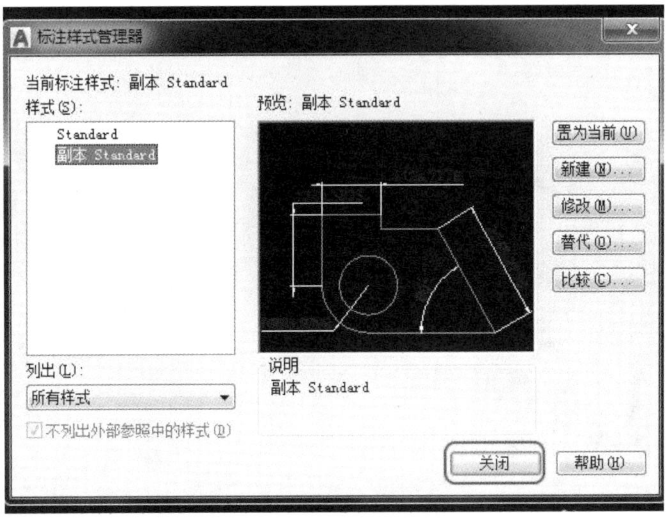

图 10-40　完成标注样式的创建

10.3.7　创建和管理布局

　　图纸空间中的布局主要是为图形的打印输出做准备,在布局的设置中包含很多打印选项的设置,例如纸张的大小和幅面、打印区域、打印比例和打印方法等。布局代表的是打印页面。要创建一个新的布局,则在功能区"布局"选项卡的"布局"面板中单击"新建布局"按钮(见图 10-41),接着输入新布局名,即可创建一个新布局;也可以在图形窗口左下角处的"模型"或"布局"选项卡标签处右键单击,接着从弹出的快捷菜单中选择"新建布局"命令,从而添加一个新的布局选项卡;还可以插入基于现有布局样板的新布局,即利用现有样板中的信息创建新的布局,所谓的布局样板是从 DWG 或 DWT 文件中输入的布局,AutoCAD 2017 提供了布局样板,以供设计新布局环境时使用。基于样板创建布局时,页面设置和图纸空间都用在新布局中。用户需要注意的是,任何图形都可以保存为图形样板(DWT 格式文件),其中包括了所有图形对象、布局设置及其他设置等。使用"另存为"选项,可以将布局保存为新的布局样板文件(DWT 格式)。要从样板创建新布局,则可以按照以下的方法步骤进行。

　　(1)执行"工具"→"向导"→"创建布局"命令,打开"创建布局-开始"对话框,从中输入新布局的名称,在此默认为"布局 3",单击"下一步"按钮。

　　(2)在打开的"创建布局-打印机"对话框中选择打印机的类型,然后单击"下一步"按钮。

　　(3)在"创建布局-图纸尺寸"对话框中选择图纸的尺寸为 A4 纸张,然后单击"下一步"按钮。

　　(4)在"创建布局-方向"对话框中单击"横向"单选按钮,然后单击"下一步"按钮。

　　(5)在"创建布局-定义视口"对话框中,单击"单个"单选按钮,并设置视口比例,单击

"下一步"按钮。

(6)在"创建布局-拾取位置"对话框中,单击"拾取位置"按钮,可以在视口中框选位置。设置视口的大小和位置后系统自动弹出"创建布局-完成"对话框,单击"完成"按钮,结束布局的创建。

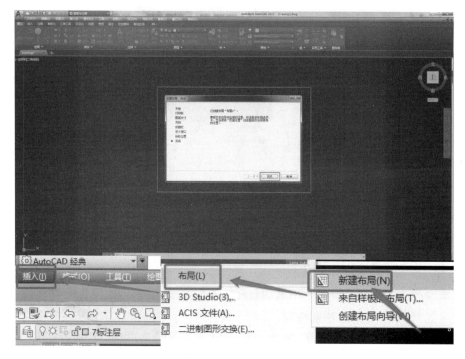

图 10-41 布局的设定

10.4 化工中的 AutoCAD

化工厂的建设过程中,无论是设计、施工,还是设备的制造、安装,或是生产过程中的试车、检修、技术改造,均离不开化工图样。其中,化工设备图和化工工艺流程图是化工行业中常用的工程图样。化工设备图样要求能够完整、正确、清晰地表达化工设备,包括化工设备总图、装配图、部件图、零件图、管口方位图、表格图及预焊接件图等。化工工艺流程图是工艺设计的关键文件,它表示工艺设计过程选用设备的排列情况、物流的连接、物流的流量和组成,以及操作的条件,包括方案流程图、物料流程图、工艺管道及仪表流程图、设备布置图、管道布置图、管道轴测图等。

10.4.1 化工设备图

在化学工业生产中,典型的化工设备有容器、热交换器、塔器和反应器。用来表达化工设备的结构、形状、大小、性能和制造、装配等技术要求的图样称为化工设备装置图,简称化工设备图。化工设备图用以表达设备零部件的相对位置、相互连接方式、装配关系、工作原理和主要零件的基本形状。一般应用在设备的加工制造、检测验收、运输安装、拆卸维修、开工运行、操作维护等生产过程中。化工设备图一般应包括以下几个基本内容:

(1)一组视图:表示该设备的结构形状、各零部件之间的装配连接关系,视图是图样中的主要内容。

(2)必要的尺寸:包括尺寸基准、尺寸种类、零部件之间的相对位置尺寸,设备安装在基础、墙面、梁柱或其他构架上所需的尺寸等,为制造、装配、安装、检验等提供数据。

(3)零部件编号和明细表:组成该设备的所有零部件必须按顺时针或逆时针方向依次编号,并在明细栏内填写每一编号零部件的名称、规格、材料、数量、重量等内容。

(4)管口符号及管口表:设备上所有管口均需注明符号,并在管接口表中列出各管口的有关数据和用途等内容。

(5)技术特性表:表中列出设备的主要工艺特性,如操作压力、操作温度、设计压力、设计温度、物体名称、容器类别、腐蚀程度和焊缝系数等。

(6)技术要求:文字说明设备在制造、检验、安装和运输等方面的特殊要求。

(7)其他:如图纸目录、修改表、选用表、设备总量、特殊材料重量、压力容器设计许可证等。当技术要求的内容在数据表内交代不清楚时,可另写技术要求进行详尽说明。

图10-42是部分化工设备的示意图。

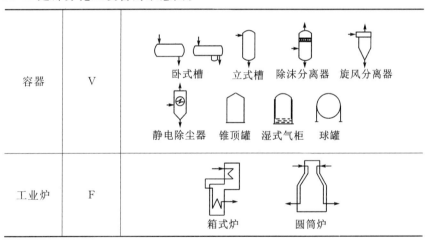

图 10-42 化工设备示意图

绘制化工设备图之前,首先要弄清所绘部件的用途、工作原理、零件间的装配关系、主要零件的基本结构和部件的安装情况,然后确定视图表达方案,最后根据图面标准格式进行绘图。

10.4.2 化工流程图

化工流程图的设计要遵循《管道仪表流程图设计规定》(HG 20559—1993)。绘制工艺流程图应根据图面设计的基本方案进行,大致步骤如下。

(1)根据图面设计确定的设备图例大小、位置,以及相互之间的距离,采用细点画线,按照生产流程的顺序从左至右横向标示出各设备的中心位置。

(2)用细实线按照流程顺序和标准(或自定)图例画出主要设备的图例及必要的内构件。

(3)用细实线按照流程顺序和标准图例画出其他相关辅助、附属设备的图例。

(4)用细实线按照流程顺序和物料种类,逐一分类画出各主要物流线,并给出流向。

(5)用细实线按照流程顺序和标准图例画出相应的控制阀门、重要管件、流量计和其他检测仪表,以及相应的自动控制用的信号连接线。

(6)对照流程草图和已初步完成的流程图,按照流程顺序检查,看是否有漏画、错画情况,并进行适当的修改和补面。尤其是从框图开始绘制流程图,必须注意补全实际生产过程所需的泵、风机、分离器等辅助设备和装置,以及其他必需的控制阀门重要管件、计量装置与检测仪表等。工艺流程图绘制完成后,应反复检查,直至满意为止。

(7)按标准将物流线改为粗实线,并给出表示流向的标准箭头。标注设备位号、管道号和检测仪表的代号和符号,以及其他需要标注的文字,给出集中的图例、代号及符号说明。按标准绘制标题栏,并给出相应的文字说明。

10.4.3 图纸规格

所用图纸一般采用 0 号标准尺寸,也可用 1 号标准尺寸。同一装置只能用一种规格的图纸,不允许加长、缩短(特殊情况除外)。所有线条要清晰、光洁、均匀,线与线之间要有充分的间隔,平行线之间的最小间隔不小于最宽线条宽度的两倍,且不得小于 1.5 mm,最好为 10 mm。在同一张图上,同一类的线条宽度应一致,一根线条的宽度在任何情况下都不应小于 0.25 mm。

字或字母之间要留适当间隙,使之清晰可见。汉字高度不宜小于 2.5 mm(2.5 号字),0 号(A0)和 1 号(A1)标准尺寸图纸的汉字高度应大于 5 mm。指数、分数、注脚尺寸的数字一般采用小一号字体。分数数字最小高度为 3 mm,且与分数线之间至少应有 1.5 mm 的空隙,7 号和 5 号字体用于设备名称、备注栏、详图的题首字。5 号和 3.5 号字体用于其他具体设计内容的文字标注、说明、注释等,文字、字母、数字的大小在同类标注中的大小应相同。

化工设备与机器的图形表示方法在原化工部标准《管道及仪表流程图中设备、机器制图》(HG 20519.31—1992)中已作了规定。在标准中未规定的设备、机器图形可以依照其实际外形和内部结构特征绘制。化工工艺流程图中各设备、机器的位置应便于管道连接和标注,其相互间物料关系密切者的相对高低位置与设备实际布置相吻合。需隔热的设备和机器要在其相应部位画出一段隔热层图例,必要时标出其隔热等级;管道有伴热的也要在相应部位画出一段伴热管,必要时可标出伴热类型和介质代号。地下或半地下的设备、机器在化工工艺流程图上要表示出一段相关的地面。设备、机器的支撑和底(裙)座可不表示。设备位号由设备分类代号、车间或工段号、设备序号和相同设备序号组成,同一设备在不同设计阶段必须是同一位号。

10.4.4 管道仪表流程图表示方法

化工工艺流程图中用线段来表示管道的,常称为管线。工艺物料管道采用粗实线,辅助管道采用中实线,其他均用细实线。管道仪表流程图的一般图面安排不宜太挤,四周均留有一定空隙;图中的备注栏、详图、表格可根据图面安排,在有空的位置上表示;推荐在 0 号(A0)标准尺寸图纸上的设备不多于 8 台,1 号(A1)标准尺寸图纸上的设备为 5 台左右,在一张图上设备台数不宜太多。

在每根管线上都要以箭头表示其物料流向。图上的管线与其他图纸有关时,一般应将其端点绘制在图的左边或右边,并在左边和右边的管线上用空心箭头标出物料的流向(入或出),空心箭头内注明其连接图纸的序号,在其附近注明设备位号或管道号。在化工工艺流程图中管线的绘制应成正交模式,在管线交叉时,应将一根管线断开。

管线标注是用一组符号标注管道的性能特征。这组符号包括物料代号、工段号、管段序号和管道尺寸等。物料代号为原化工部 HG/T 20519.36—1992 标准中规定的物料代号。管道外径和壁厚构成管道尺寸,管道尺寸以 mm 为单位,只标注数字,不标注单位。在管道尺寸后应标注管道材料代号,隔热隔音代号和管道等级号可分别参见原化工部 HG/T 20519.30—1992 和 HG/T 20519.38—1992 标准,并给出了使用温度范围代号和隔热隔音功能类型代号。当简单工艺、管道品种不多时,管道等级代号和隔热隔音代号等单元可省略。

每根管线(即由管道一端管口到另一端管口之间的管道)都应进行标注。对横向管线,一般标注在管线的上方;对竖向管线,一般标注在管道的左侧,也可用指引线引出标注。

管道仪表流程图设计的基本内容如下:

(1)用规定的类别图形符号和文字代号表示图中所设计装置的各工序中工艺过程的全部设备、机械和驱动机等,并进行编号和标注。

(2)用规定的图形符号和文字代号,详细表示所需的全部管道、阀门、主要管件、公用工程站和隔热等,并进行编号和标注。

(3)PI 图并不表示现场性能检验、耐压、气密性试验、试车、清洗、检修和应用于开车的临时管道和阀门等主要管件。

(4)用规定的图形符号和文字代号表示全部工艺分析取样点,并进行编号和标注。

(5)用规定的图形符号和文字代号表示全部检测、指示、控制功能仪表,包括一次仪表和传感器,并进行编号和标注。

10.4.5 阀门、管件和管道附件的表示方法

在化工工艺流程图中,一般用细实线按规定的图形符号全部绘制出管道上阀门管件和管道附件(但不包括管道之间的连接件,如接管法兰、紧固件、阀门、管件,仪表的连接法兰、连接头等以外的管件等),但为安装和检修等原因所加的法兰、螺纹连接件等需要

标示。阀门图形符号长为 6 mm,宽为 3 mm,或长为 8 mm,宽为 4 mm。常见阀门、管件和管道附件的连接方式及其图形符号如图 10-43 所示。

螺纹连接	—▷◁—
法兰连接	—┤▷◁├—
焊接连接	—▶◁—
卡套连接	—┤▷◁├—
环压连接	—┤▷◁├—

图 10-43 常见阀门、管件和管道附件的连接方式及其图形符号

10.4.6 仪表控制点的表示方法

在化工工艺流程图上要绘出和标注全部与工艺相关的检测仪表、调节控制系统、分析取样点和取样阀等。这些仪表控制点用细实线在相应管线上的大致安装位置用规定的符号画出。该符号包括仪表图形符号和字母代号,它们组合起来表示工业仪表所处理的被测变量和功能。仪表的图形符号为一直径 10 mm 的细实线圆圈,圆圈中标注仪表位号。仪表位号由两部分组成:一部分为字母组合代号,其第一个字母表示被测变量,后继字母表示仪表的功能;另一部分为工段序号,它由工序号和顺序号组成,一般用 3~5 位阿拉伯数字表示。字母组合代号还填写在仪表圆圈的上半圆中,工段序号填写在下半圆中。图 10-44 为某仪表位号的表示示意图。

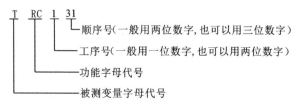

图 10-44 仪表位号

练 习 题

1. 绘制一个圆并将其分为 6 等份。
2. 将圆沿曲线路径拉伸成管道。
3. 将 40×30 的矩形倒圆角,圆角半径为 5。
4. 将三角形拉伸成实体。

附录 A 国内外化学化工文献数据库名称及网址

1. ScienceDirect(SD)数据库

网址:http://www.sciencedirect.com/

(1)Catalysis Communications(催化通讯)

(2)Journal of Molecular Catalysis A:Chemical(分子催化 A:化学)

(3)Tetrahedron(T)(四面体)

(4)Tetrahedron:Asymmetry(TA)(四面体:不对称)

(5)Tetrahedron Letters(TL)(四面体快报)

(6)Applied Catalysis A:General(应用催化 A)

2. BSCOhost 数据库

网址:http://search.china.epnet.com/

(1)Synthetic Communcations(合成通讯)

(2)Letters in Organic Chemistry(LOC)

(3)Current Organic Synthesis

(4)Current Organic Chemistry

3. Springer 数据库

网址:http://springe.lib.tsinghua.edu.cn/

(1)Molecules(分子)

(2)Monatshefte für Chemie/Chemical Monthly(化学月报)

(3)Science in China Series B:Chemistry(中国科学 B)

(4)Catalysis Letts(催化快报)

4. ACS Publications(美国化学会出版物)

网址:http://pubs.acs.org/

(1)Journal of the American Chemical Society(JACS)(美国化学会杂志)

(2)Organic Letters(OL)(有机快报)

(3)The Journal of Organic Chemistry(JOC)(美国有机化学)

(4)Journal of Medicinal Chemistry(JMC)(美国药物化学)

(5)Chemical Reiew(化学评论)

5. Royal Society of Chemistry(RSC)(英国皇家化学会)

网址:http://www.rsc.org/Publishing/Journals/Index.asp

(1)Green Chemistry(绿色化学)

(2)Chemical Communications(CC)(化学通讯)
(3)Chemical Society Reviews(化学会评论)
(4)Journal of the Chemical Society(化学会志)
Journal of the Chemical Society,Perkin Transactions 1(1972—2002)
Journal of the Chemical Society,Perkin Transactions 2(1972—2002)
Journal of the Chemical Society B:Physical Organic(1966—1971)
Journal of the Chemical Society C:Organic(1966—1971)
(5) Organic & Biomolecular Chemistry(OBC)(有机生物化学)
http://www.rsc.org/publishing/joptype=CurrentIssue

6. Wiley

网址:http://www3.interscience.wiley.com/

(1)Advanced Synthesis & Catalysis(ASC)(先进合成催化)
(2)Angewandte Chemie International Edition(德国应用化学)
(3)Chemistry-A European Journal(欧洲化学)
(4)Chinese Journal of Chemistry(中国化学)
(5)European Journal of Organic Chemistry(欧洲有机化学)
(6)Helvetica Chimica Acta(瑞士化学)
(7)Heteroatom Chemistry(杂原子化学)

7. Ingent 数据库

网址:http://www.ingentaconnect.com/

(1)Journal of Chemical Research(JCR)(化学研究杂志)
(2)Canadian Journal of Chemistry(加拿大化学)
(3)Current Organic Chemistry
(4)Mini-Reviews in Organic Chemistry
(5)Phosphorus,Sulfur,and Silicon and the Related Elements(磷、硫、硅和相关元素)
(6)Letters in Organic Chemistry

8. Taylor & Francis 数据库

网址:http://www.journalsonline.tandf.spreferrer=default

(1)Synthetic Communications
(2)Journal of Sulfur Chemistry(硫化学杂志)
(3)Phosphorus,Sulfur,and Silicon and the Related Elements

9. Thieme 数据库

网址:http://www.thieme-connect.com/
(1)Synlett(合成快报)

(2)Synthesis(合成)

10. 日本化学会

(1)Chem. Lett. (CL)(化学快报)

http://www.jstage.jst.go.jp/browse/cl/vols

(2)Bull. Chem. Soc. Jpn.

http://www.csj.jp/journals/bcsj/index.html

11. 澳大利亚化学会(Australian Journal of Chemistry)

http://www.publish.csiro.au/nid/52.htm

12. 巴西化学会

http://jbcs.sbq.org.br/

13. Molecules

http://www.mdpi.org/molecules/

14. 韩国化学会

http://journal.kcsnet.or.kr/

15. 印度化学会

http://www.indianchemicalcouncil.com/

16. 国际有机制备和程序(Organic Preparations and Procedures International, OPPI)

http://www.oppint.com/

17. 有机化学

http://sioc-journal.cn
中国科学院上海有机化学研究所联合编辑室

http://www.orgsyn.org/
有机合成手册(Organic Syntheses)

https://www.organic-chemistry.org/
有机化学门户

http://cssp.chemspider.com/
化学结构式与文献数据库

https://www.stolaf.edu//depts/chemistry/courses/toolkits/247/practice/medialib/data/
Reaction Finder for The Organic ChemIST

https://pubchem.ncbi.nlm.nih.gov/
有机小分子生物活性数据

https://www.organic-chemistry.org/reactions.htm
有机化学门户:有机反应

https://onlinelibrary.wiley.com/doi/book/10.1002/9780470638859
Wiley 在线图书馆:综合有机人名反应和试剂

https://www.chemicalbook.com/ProductIndex.aspx
化学信息搜索

http://webbook.nist.gov/chemistry/
美国技术与标准研究所化学网络图书

https://www.drugfuture.com/chemdata/index.aspx
化学物质索引数据库(Chemical Index Database)

http://www.chemexper.com/
chemexper

http://www.drugfuture.com/Organic_Name_Reactions/index.html
有机人名反应

http://data.huaxuejia.cn/
化学加搜索-化合物百科

18. 药物化学

https://www.drugfuture.com/fda/IIG_query.aspx
美国 FDA 批准药物非活性成分数据库

http://www.drugfuture.com/excipients/index.html
药用辅料手册(Handbook of Pharmaceutical Excipients)

http://www.drugfuture.com/toxic/index.html
化学物质毒性数据库(Chemical Toxicity Database)

http://www.drugfuture.com/synth/synth_query.asp
药物合成数据库检索系统

https://db.idrblab.net/ttd/
Therapeutic Target Database

https://bidd.group/NPASS/
Natural Product Activity and Species Source / NPASS

https://www.ebi.ac.uk/chembl/
靶点与生物活性数据库(ChEMBL)

http://lilab-ecust.cn/pharmmapper/submitfile.html
PharmMapper

http://stitch.embl.de/
Search Tool for Interacting Chemicals / STITCH

https://pubchem.ncbi.nlm.nih.gov/
National Library of Medicine

https://www.ncbi.nlm.nih.gov/Structure/MMDB/mmdb.shtml
Molecular Modeling Database(MMDB)

https://www.uniprot.org/
Universal Protein Resource / UniProt

https://old.tcmsp-e.com/tcmsp.p
中药系统药理学数据库与分析平台（TCMSP）

19. 生物化学

https://www.ncbi.nlm.nih.gov/genbank/
美国国家生物技术信息中心（National Center for Biotechnology Information）

https://asia.ensembl.org/index.html
Ensembl

https://www.ncbi.nlm.nih.gov/
National Library of Medicine

https://www.uniprot.org/
UniPort 数据库

https://www.rcsb.org/
蛋白质结构数据库（PDB）

http://www.cathdb.info/
CATH 结构分类数据库

https://www.ebi.ac.uk/ena/browser/home
欧洲核苷酸序列数据库（European Nucleotide Archive）

https://www.ddbj.nig.ac.jp/index-e.html
日本 DNA 数据库（DNA Data Bank of Japan）

https://www.insdc.org/
International Nucleotide Sequence Database Collaboration

https://asia.ensembl.org/index.html
Ensemble

https://www.jcvi.org/
微生物宏基因组数据库（JCVI）

http://scop.mrc-lmb.cam.ac.uk/scop2/
Scop2 结构分类数据库

https://www.kegg.jp/
京都基因与基因组百科全书（Kyoto Encyclopedia of Genes and Genomes）

附录B 参考答案

第2章

1. 文献检索能把时代最前沿的文献资源和信息带给人们。

2. (1) 一次文献即原始文献,文献作者在科学研究、生产实践中根据科研成果、发明创造撰写的文献,称为一次文献,如期刊论文、专利文献、技术标准、科技报告等。

(2) 二次文献即检索工具。将分散、无序的一次文献,按照一定的原则进行加工、整理、简化、组织,如著录(即记录)文献的外部特征、摘录内容要点等,使之成为便于存储、检索的系统,如目录、题录、文摘、索引等检索工具。

(3) 三次文献指在利用二次文献的基础上,选用一次文献的内容,进行分析、概括、评价而产生的文献,如专题述评、动态综述、教科书、专著、参考工具书等。

3. 图书、期刊、学位论文、会议文献、科技报告、专利文献、标准文献、科技档案、政府出版物、产品资料,其中常用的是图书、期刊。

4. 顺查法、倒查法、抽查法、追溯法、循环法(综合法)。

第7章

1. B
2.
3.
4.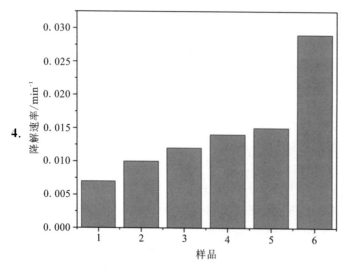

第8章

1. MATLAB 系统主要由开发环境、MATLAB 数学函数库、MATLAB 语言、图形功能和应用程序接口五个部分组成。

2. 程序代码如下：

[x,y]=meshgrid((-9:0.5:9)+eps);   ％加 eps 避免出现 0/0
z=2*sin(x).*sin(y)./(x.*y);
mesh(x,y,z)

3. 程序代码如下：

x=(-3:0.01:3)+eps;   ％加 eps 避免出现除 0 警告
y1=x.*sin(1./x);
y2=sin(2*x);
plot(x,y1,x,y2)

第9章

1. 略。

2. 对体系轨道的数学描述，对应于体系的波函数。将其代入薛定谔方程中，即可解出体系的本征值(能量)。根据体系不同选择不同的基组，构成基组的函数越多，近似和限制越少，对轨道描述越准确，所求的解越准确，计算量也越大。

3. 单点能计算是指对给定几何构性的分子的能量及性质进行的计算，由于分子的几何构型是固定不变的，是"一个点"，所以叫单点能计算。单点能计算可以用于计算分子的基本信息，作为分子构型优化前对分子的检查。在由较低等级计算得到的优化结果上进行高精度的计算，体系只能进行单点能计算。单点能的计算可以在不同理论等级采用不同基组进行。

第10章

1. 点击主菜单"绘图"→"点"→"定数等分"；接着选择圆，然后要输入等分的数字 6，点击"确认"按钮。

2. 在俯视图中画一个曲线，切换到主视图，画一个圆，圆心画在曲线的一个端点上(可以用对象捕捉)，选择绘图菜单中的实体中的"拉伸"，然后选择圆右击"确认"按钮。输入"P"确认(P 是按路径拉伸，命令行中有提示的)，然后再选择曲线。

3. 点击修改菜单里面的圆角工具，或在命令栏输入"F"命令，空格键执行，然后点击【半径 R】，设置圆角半径，如输入 5，空格键执行，选择要倒圆角的第一条边，再选择另一条直线，这样就完成了矩形的倒圆角。

4. 保证画的三角形是闭合的 pline 线，在命令栏输入"EXT"，选中三角形，再输入想要拉伸的厚度即可，实际这个叫做挤压。

REFERENCES
参考文献

[1] 陈泓,曹庆文,李梦龙. 化学信息学发展现状[J]. 化学研究与应用,2004,16(4):453-455.
[2] 董惟昕. 基于Internet的化学化工文献信息检索及其利用途径研究[J]. 内蒙古科技与经济,2015(6):100-101,104.
[3] 肖信,袁中直. Internet化学化工文献信息检索与利用[M]. 北京:化学工业出版社,2014.
[4] 李一梅,罗时忠,王银玲,等. 化学化工文献信息检索[M]. 3版. 合肥:中国科学技术大学出版社,2021.
[5] 张艳玲,董阿力德尔图,张君,等. 化学信息学[M]. 北京:化学工业出版社,2021.
[6] 翟红林. 化学信息学[M]. 北京:化学工业出版社,2019.
[7] 李梦龙,文志宁,熊庆. 化学信息学[M]. 北京:化学工业出版社,2011.
[8] 李梦龙,文志宁. 化学信息学[M]. 2版. 北京:化学工业出版社,2018.
[9] 邵学广,蔡文生. 化学信息学[M]. 3版. 北京:科学出版社,2013.
[10] 林亚维,胡晓松,郑铮. 化学信息学[M]. 北京:化学工业出版社,2019.
[11] 余向春,黄文林. 化学文献及查阅方法[M]. 5版. 北京:科学出版社,2019.
[12] 海滨. Origin 2022科学绘图与数据分析[M]. 北京:机械工业出版社,2022.
[13] 刘振,刘军娜,赵爽. 化工模拟:从分子计算到过程仿真[M]. 北京:化学工业出版社,2017.
[14] 孙晖. 实用AutoCAD教程[M]. 2版. 北京:中国轻工业出版社,2018.
[15] 张翔,李婉宁,孙威. 基于计算机的绘图软件Origin在化工基础实验中的应用[J]. 广东化工,2018,45(11):264-265.
[16] 汪海,田文德. 实用化学化工计算机软件基础[M]. 北京:化学工业出版社,2011.
[17] 许文松. 科研工作中科技文献检索的重要作用[J]. 吉林工程技术师范学院学报,

2022,38(1):55-57.

[18]吴素研,吴江瑞,李文波.大规模科技文献深度解析和检索平台构建[J].现代情报,2020,40(1):110-115.

[19]陈睿,温金莲.Internet上化学化工资源的利用[J].云南化工,2006,33(3):35-40.

[20]魏传承,荣一霖,刘磊.ChemDraw软件的使用方法[J].广州化工,2020,48(9):135-140,176.

[21]陈新国,何建强,姚宁,等.EndNote软件编辑中英文混排和双语参考文献格式的方法[J].科技创新导报,2021,18(34):81-86.

[22]陈定权,刘颃颉.参考文献管理软件评析与展望——以EndNote、NoteExpress为例[J].现代图书情报技术,2009(7):80-84.

[23]龚沛曾.Visual Basic程序设计教程[M].5版.北京:高等教育出版社,2020.